2020年度教育部人文社会科学研究一般项目"对话句法理论的发展及应用研究"结题成果（项目编号：20YJA740041）

对话句法理论
本体研究与应用研究

Dialogic Syntax Theory
Ontological Research and Applied Studies

王德亮　著

中国国际广播出版社

前 言

2014年下半年，我在翻阅学术期刊时，发现认知语言学领域最核心的国际期刊 *Cognitive Linguistics*（《认知语言学》）的第3期是一个专刊，主题即 dialogic syntax（对话句法）。当时我对此一无所知，但这个名字引起了我的注意。dialogue 即对话，对话也是语篇的一种，我之前一直研究语篇语言学（之前的研究选题是语篇向心理论，这个选题已经基本完成了，最终的成果是专著《语篇向心理论研究》，2015年在外语教学与研究出版社出版），对话也是我关注的范围，对话是在我先前的研究基础上易于扩展的领域，所以也就引起了我的好奇。然后就是"syntax"，syntax 是指句法，我一直对句法也很感兴趣，Chomsky（乔姆斯基）开创的语言学革命，即以句法为突破口。句法研究、句法革命影响了一代人。所以，我就特别想知道对话句法到底是什么样的理论，到底是研究什么的。于是，我就把这一期的所有文章都仔细阅读了一遍，发现这个理论还真是挺有意思的，我决定深入地研究一下。平常如果只是为了了解一下动态，各类文章随便浏览一下即可，但如果决定要深入研究，相关文章就一定要细读。这一期里 Du Bois（杜波依斯）的文章是最经典的，这篇文章我读了不少于十遍。我认为，只有真正做到揉碎了、吃透了、吸收了，才能找到你能有所作为的地方，才能有所输出，才能写出你自己的文章。

任何一个伟大理论的诞生都是不容易的，不是一蹴而就的，需要经过长期的积累，只有条件成熟了，才能瓜熟蒂落。对话句法理论也不例外，尽管它在 Cognitive Linguistics 2014年第3期上强势推出，引发热议。但在此之前 Du Bois 跟他的学生和合作者可是卧薪尝胆十几载。2001年，Du Bois 已经有了对话句法的思想和基本框架，他写了一篇题为 "Towards a dialogic syntax"（《走向对话语法》）的文章，之后于2003、2005、2007、2010、2012年又写了一系列文章，其中有些文章一直没有发表，以手稿的形式在圈内流传。他和他的合作者一直对此理论不断进行修改和扩展，最终于2014年出版了关于对话句法理论的专刊。Cognitive Linguistics 的主编也是非常有眼光和魄力的，如果没有这一专刊的推动，对话句法理论可能仍然深藏闺中无人知。

这一专刊出版以后，立刻引起了学术界的积极关注。高彦梅（2015）、曾国才（2015）反应最迅速，率先把这一理论引入中国，在国内的核心刊物上发表了介绍性的文章。我也写了一篇引介性的文章，发表于《外国语》（上海外国语大学学报）2017年第2期。之后关于对话句法的研究文章大范围出现。

对话句法理论之所以如此吸引人，是因为它的视角比较独特。一句话讲，对话句法理论是研究对话互动与对话结构的认知功能理论，主要关注对话之间的语言、认知和互动过程。对话一直以来是被忽视的，尤其是句法学，一般只考察完整的句子，不会考虑这些结构零散且还涉及多个说话者的对话现象。尽管会话分析（conversation analysis）的研究方法出现以后，这一情况有所改善，但会话分析仅局限于分析对话话轮转换的社会学特征。而对话句法理论观察到，当一个人回答另一个人的问话时，会自觉或不自觉地借用问话中的语言材料和语言结构，问话与答语之间会形成映射和共鸣，Du Bois 认为问话与答语之间的这种关系是一种超句句法结构，传统的句法学无法解释这一现象，所以他把传统的句法学称为"线性句法",而将对话中的这些关系称为"对话句法"。所以说,当两个人在交谈时,并非漫无边际。事实上,交谈者是在遵循着一种潜在的规律,Du Bois 将其命名为"跨句图谱"(diagraph),就像两个人按照某个谱子来实现自己的语用目的和交际目的。

对话句法理论吸收了前人的研究成果,并做出了自己的创新。一方面,对话句法理论抓住了很好的契机,Chomsky 的句法学在最简方案之后就没有新的增长点了;另一方面,认知语言学的核心理论框架也已完善。对话句法把两者结合起来,必将为两者的发展带来新的突破。

我在确定要以对话句法为选题之后进行了广泛和深入的研究,经过六年的努力,终于完成了这本专著。因为时间跨度比较长,其中的某些章节已经以独立文章的形式在相关刊物上发表。

最后,我介绍一下本书的章节安排。全书共分四大部分,第一部分是对话句法理论简介,从总体上介绍了该理论的基本主张、核心概念,并挖掘了其理论背景,以便读者对该理论的来龙去脉有一个了解。第二部分是对话句法理论的本体研究,人无完人,金无足赤,所有理论都有漏洞,对话句法也不例外,尽管 Du Bois 经过十多年的积累,已经做到了尽量完善,但其中有些理论本体的内容,还有商榷的空间。我们分别对其中的一些核心概念,如句法、共鸣、映射和句法启动等进行了深入探讨和进一步拓展。对于这一部分的研究,我个人还是比较满意的,这一部分其中的三个章节都作为独立文章发表在了外语类核心刊物上。第三部分是对话句法理论的应用研究,分别探讨了对话句法与汉语研究、对话句法与构式语法、对话句法与语言学习、对话共鸣与语用推理、对话句法与立场表达、对话句法与互动语言学,以及基于对话句法的自闭症儿童会话研究和中国手语的对话句法研究。第四部分是对话句法理论的回顾与展望,通过对对话句法理论进行文献计量学分析,讨论其不足和缺陷,并指出未来的研究方向。

做学术研究很苦，但我们可以苦中作乐。当我们发表了一篇好文章或完成了一部专著，这种成就感也是无可比拟的。这本小书既算是对我这几年来所做研究的一个总结，也算是抛砖引玉。如果阅读这本小书能够给您带来一点启发，我会感到无比欣慰。另外，因为本人才疏学浅，难免存在各种疏漏，欢迎大家批评指正。

目 录

第一部分　对话句法理论简介

第一章　概论 ··· 003
　引　言 ··· 003
　一、对话句法的基本主张 ··· 003
　二、对话句法中的核心概念 ·· 005
　　（一）平行（parallelism） ··· 005
　　（二）共鸣（resonance） ·· 007
　　（三）跨句图谱（diagraph） ··· 010
　　（四）重现（reproduction） ··· 012
　　（五）选择（selection） ·· 013
　　（六）对比（contrast） ··· 014
　　（七）类比（analogy） ··· 014
　三、对话句法论辩 ··· 016
　结　语 ··· 020

第二章　对话句法的理论背景······022
引　言······022
一、功能主义的相关理论······023
　　（一）对话理论······023
　　（二）平行结构······024
二、认知语言学概念······027
三、互动语言学理论······033
结　语······038

第二部分　对话句法理论的本体研究

第三章　对话句法之"句法"······041
引　言······041
一、对话句法理论中的"句法"概念······044
　　（一）动因······044
　　（二）界定······045
　　（三）根源······046
　　（四）概念区分······047
二、再论"句法"······050
　　（一）什么是"语法"······050
　　（二）什么是"句法"······052
　　（三）语法和句法的关系······052
　　（四）句法能否跨越句子的藩篱······053

结　语·· 057

第四章　对话句法中的共鸣·· 059
　　引　言·· 059
　　一、Du Bois对共鸣的界定······································ 060
　　二、对话共鸣与先前研究的关系································ 061
　　　　（一）对话共鸣与会话合作原则····························· 062
　　　　（二）对话共鸣与关联理论································· 064
　　　　（三）对话共鸣与衔接连贯理论····························· 066
　　三、再议共鸣·· 068
　　四、共鸣度的含义及其衡量····································· 071
　　结　语·· 076

第五章　对话中的认知映射·· 078
　　引　言·· 078
　　一、映射的概念及其相关研究··································· 079
　　二、对话中的认知映射··· 082
　　　　（一）对话映射有何与众不同······························· 082
　　　　（二）对话映射的运行机制································· 085
　　三、对话句法中的映射··· 088
　　　　（一）映射与平行··· 089
　　　　（二）映射与共鸣··· 090
　　　　（三）映射与跨句图谱····································· 091
　　结　语·· 093

第六章　对话中的句法启动 ······ 094
引　言 ······ 094
一、句法启动的文献综述 ······ 094
二、对话句法中的启动思想 ······ 097
三、对话启动的驱动因素 ······ 098
四、关于对话启动的实证研究 ······ 104
结　语 ······ 108

第三部分　对话句法理论的应用研究

第七章　对话句法与汉语研究 ······ 111
引　言 ······ 111
一、汉语对话句法分析 ······ 114
　（一）汉语对话中的平行 ······ 114
　（二）汉语对话中的共鸣 ······ 116
　（三）汉语对话中的跨句图谱 ······ 119
　（四）汉语对话中的重现 ······ 121
　（五）汉语对话中的选择 ······ 122
　（六）汉语对话中的对比 ······ 123
　（七）汉语对话中的类比 ······ 124
二、讨论 ······ 125
结　语 ······ 126

第八章　对话句法与构式语法 ················· 128
引　言 ···································· 128
一、对话句法中的构式思想 ················· 129
二、构式语法与对话句法融合的理论可能性 ········ 132
三、构建对话构式语法理论框架的尝试 ············ 136
　　（一）对话构式的界定 ·················· 136
　　（二）对话构式语法框架 ················ 139
结　语 ···································· 142

第九章　对话句法与语言学习 ················· 143
引　言 ···································· 143
一、对话教学法回顾 ······················ 143
二、对话句法理论中与语言教学有关的概念 ········ 146
　　（一）互涉 ·························· 146
　　（二）语言建构语言 ···················· 148
　　（三）平行 ·························· 150
　　（四）共鸣 ·························· 152
　　（五）自展 ·························· 155
三、对话句法理论对语言教学的启示 ············ 157
结　语 ···································· 158

第十章　对话共鸣与语用推理 ················· 160
引　言 ···································· 160
一、对话句法与对话共鸣 ···················· 161

二、对话中的语用推理 ·· 165
　　三、对话共鸣与语用推理的互动机制 ······························· 169
　　结　语 ··· 175

第十一章　对话句法与立场表达 ·································· 176
　　引　言 ··· 176
　　一、立场的基本概念及其先前研究 ································· 177
　　二、立场三角理论 ··· 182
　　三、对话句法理论 ··· 186
　　四、立场表达的对话句法模式构建 ································· 189
　　五、基于真实语料的实证研究 ······································· 191
　　　　（一）研究设计 ·· 191
　　　　（二）描述性统计分析 ·· 192
　　　　（三）推断性统计分析 ·· 197
　　结　语 ··· 199

第十二章　对话句法与互动语言学 ·································· 201
　　引　言 ··· 201
　　一、互动语言学简介 ·· 202
　　二、对话句法的互动本质 ··· 203
　　三、从对话句法切入互动语言学 ···································· 206
　　　　（一）互动中的对话共鸣 ··· 207
　　　　（二）互动中的平行结构 ··· 208
　　　　（三）互动中的跨句图谱 ··· 208
　　　　（四）互动中的对话互涉 ··· 209

　　　　结　语 ……………………………………………………… 210

第十三章　基于对话句法的自闭症儿童会话研究 ………… 212
　　　　引　言 ……………………………………………………… 212
　　　　一、文献综述 ……………………………………………… 213
　　　　　　（一）关于汉语自闭症儿童会话的先前研究 ………… 213
　　　　　　（二）对话句法理论 …………………………………… 215
　　　　二、研究设计与测评指标 ………………………………… 218
　　　　　　（一）研究问题与设计 ………………………………… 218
　　　　　　（二）儿童会话质量测评指标 ………………………… 220
　　　　　　（三）数据处理方式 …………………………………… 227
　　　　三、数据分析与讨论 ……………………………………… 227
　　　　结　语 ……………………………………………………… 231

第十四章　中国手语的对话句法研究 ……………………… 233
　　　　引　言 ……………………………………………………… 233
　　　　一、手语简介及中国手语的基本特征 …………………… 234
　　　　　　（一）手语简介 ………………………………………… 234
　　　　　　（二）中国手语的概况 ………………………………… 235
　　　　　　（三）中国手语的语言学特征 ………………………… 235
　　　　　　（四）手语语言学的研究现状 ………………………… 237
　　　　二、对话句法理论简介 …………………………………… 237
　　　　三、中国手语的对话句法分析 …………………………… 242
　　　　　　（一）语料收集 ………………………………………… 242
　　　　　　（二）手语对话的考察维度 …………………………… 243

（三）手语对话中的共鸣 ………………………………… 245
　　（四）手语对话中的平行结构和跨句图谱 ………………… 248
　　（五）手语对话与有声语言对话的异同 …………………… 250
四、手语对话研究的深层理论意义 ……………………………… 252
结　语 ……………………………………………………………… 253

第四部分　对话句法理论的回顾与展望

第十五章　对话句法理论研究回顾 ……………………… 257
引　言 ……………………………………………………………… 257
一、对话句法理论的文献计量学分析 …………………………… 257
二、对话句法理论的发展脉络梳理 ……………………………… 260
三、对话句法理论的不足和缺陷 ………………………………… 263
结　语 ……………………………………………………………… 264

第十六章　对话句法理论研究展望 ……………………… 265
引　言 ……………………………………………………………… 265
一、未来研究的基本思路 ………………………………………… 266
二、可创新之处 …………………………………………………… 267
三、可开发的应用领域 …………………………………………… 268
结　语 ……………………………………………………………… 269

参考文献 …………………………………………………………… 271

第一部分

对话句法理论简介

第一章　概论*

引　言

认知语言学界最重要的核心期刊 Cognitive Linguistics 2014年第3期是一个专刊,其主题是dialogic syntax(对话句法),这是认知语言学领域近几年最新的研究成果,此刊出版后,在国内引起了一些关注和反响(曾国才,2015;王寅 等,2016)。

对话是会话分析(conversation analysis)的研究对象,之前的研究大多从社会学、民俗学或语用学视角进行(于国栋,2003;马文,2011;王立非 等,2015),从认知功能视角来做的研究还不多见。有鉴于此,本章拟对对话句法理论进行详细考察,探寻其理论背景、理论主张、相关概念及未来可能的应用前景。

一、对话句法的基本主张

对话句法(Du Bois,2014)观察到,一句话会重现上一句的部分或全

---

* 本章曾作为独立文章发表于《外国语》(上海外国语大学学报)2017年第2期,发表时有改动。

部结构模式，形成平行现象，结构和意义上会产生某种共鸣（resonance）。句法在平行结构中被有效利用，一句话和另一句话形成映射（mapping）。平行语句之间的共鸣会界定一个关系亲密度的矩阵，触发类比关系，从而生成此刻推断意义的增量。一个语句与另一个语句的并置产生的结构耦合（structural coupling）会创造一种新的、更高一阶的语言结构，我们称之为"跨句图谱"（diagraph）。在跨句图谱中，耦合的成分之间进行重新语境化，产生新的意义。

从对话句法的视角来看，语言结构组织的目的不只是交际或思考，还包括参与（engage）。在语句与语句交锋的动态环境下，语言的用法就是对话性的，体现为说话者用刚刚使用过的语词积极地参与这种对话的状态（Bakhtin, 1981[1934]）。正是在这样的对话环境下，语法可以连接、适应、重现、进化和发挥作用（Du Bois, 2014; MacWhinney, 1999）。为了理解语言、认知和应用的关系，对话句法旨在探索交际互动中语句之间结构耦合的动态机制。按照结构的术语，对话句法理论研究语法如何组织语句之间的映射，提供一个代表互动的语言结构分析框架；按照功能的术语，对话句法理论研究话语中结构共鸣的动态出现如何为使用者的交际、认知和合作目的服务。

对话句法最能够辨识的映像（reflex）是当一个说话者基于他的对话同伴刚刚呈现的语句来构建自己的语句的时候，第一个说话者唤起（invoke）的词语、结构和其他语言资源都有可能被第二个说话者选择性地重现。不管第二个说话者的意思与第一个说话者是平行的、相反的还是互不相关的，这个策略都可以被应用（Du Bois, 2007）。语句之间的校准（alignment）会在抽象的不同层面上产生模式（pattern）的配对，包括相同的词语和词缀、句法结构的平行、语法范畴和结构、意义和功能抽象特征的对等。这种映射会产生对话共鸣，对话共鸣被界定为语句之间亲密关系的催化激活。

亲密关系，不管是像似性还是差异性，会沿着语言形式和意义的多个维度把配对语句连接起来。亲密关系的激活充分地开发了语言系统的潜力，为配对词语和结构之间新的类比赋值。

对话句法会唤起类比推断，即形式上的平行意味着意义上的平行。对话句法明示形式上的相关性，暗示功能上的对等性。对话句法在发展过程中吸收了对结构映射（Gentner，1983）、像似（Medin et al.，1993）、类比（Gentner，2003；Gentner et al.，2010；Gentner et al.，1997）等的一般认知过程的研究成果。

二、对话句法中的核心概念

对话句法中的基本概念和核心分析工具主要包括平行、共鸣、跨句图谱、重现、选择、对比、类比等，下面详述之。

（一）平行（parallelism）

平行表征的是一个对话并置语句之间的映射，可以唤起它们对应成分之间像似的感知。简而言之，相邻两句之间的结构像似就会产生平行。例如[①]：

(1)

1. JILL: You missed like all the drama here.

2. JEFF: No drama.

[①] 本章无特殊说明，例句皆转引自 Du Bois（2014）。引用时为了行文方便，去除了语音特征标注。

3. JILL: Yeah, there was such drama.There was drama, and there was suspense. And then there was relief, and then there was ecstasy.

（1）中，第1和第2句之间是平行结构，标示如下：

（2）

1. JILL: you   missed   like   all   the   drama   here   .
2. JEFF: no   drama   .

（2）中第2句话用"no"来对应第1句中的"all"，用"drama"来对应第1句中的"drama"，形成句法平行结构。但这一平行还是比较有限的，（1）中第3句中的平行就更加明显，标示如下：

（3）

1. JILL: there   was   such   drama   .
2. JILL: there   was   drama   ,
3. JILL: and   there   was   suspense   .
4. JILL: and   then   there   was   relief   ,
5. JILL: and   then   there   was   ecstasy   .

（3）中第1—5句之间有非常明显的平行结构。平行结构之所以平行，是因为多个纵栏共鸣的出现，在系统的一致结构中排列，导致产生一系列共鸣映射，结构成分按照相同顺序排列，填充相同的结构角色。当

006

然平行也有度的概念，像似的成分越多，平行性越强。换言之，共鸣的纵栏越多，平行结构越凸显，如（3）中有5栏共鸣，而（2）中只有两栏共鸣。

（二）共鸣（resonance）

共鸣被界定为语句之间亲近关系的催化激活。共鸣是语篇成分之间的关系属性，代表的是可比较的语言成分之间，某些特定方面激活和阐述的发展过程，因此不能被归入任何孤立的成分。共鸣可出现在任何语言层面的成对成分之间，如语符、词汇、词素、构式、音位、韵律结构、特征、意义、参照、言外语力、语用功能、交互语步等。共鸣既可以是系统的，也可以是动态的。例如：

（4）

1. KATHY：I don't know this one so,

2. NATHAN：You don't know how to do this one? So we in trouble.

3. KATHY：Well you apparently knew how to do it.

4. NATHAN：Did I get it right?

5. KATHY：Well you didn't get the whole thing right...but you... well...you just missed one part of it.

6. NATHAN：So what's that problem?

这是两个人之间的自然对话（Kathy在辅导她的男朋友Nathan做数学题），其中的共鸣似乎不太明显。这是因为在日常生活中，我们把很多语言现象想当然了，如果转写一下，竟然会有惊人的发现（Du Bois, 2014）：

（5）

		A	B	C	D	E	F	G	H	I	J	K	L	M	N	O
1	KATHY：		I	do	n't		know			this		one		so		,
2	NATHAN：		you	do	n't		know	how	to	do	this		one			?
3	KATHY：	well	you			apparently	knew	how	to	do			it			.
4	NATHAN：		I	did						get			it	right		?
5	KATHY：	well	you	did	n't					get	the	whole	thing	right		.
6	NATHAN：		but	you												-
7	KATHY：	well	you			just				missed	one	part of	it			

从（5）可见，这些句子之间至少有十几处共鸣，可以把其中比较突出的共鸣可供性（resonance affordance）提取出来，如（6）所示：

（6）

纵栏	映射	关系	描述
F	know：know：knew	屈折变化	时态对应
F	know：know	形态	单一类型的共同标记（在第1行和第2行）
C	do：do：did：did	助词	助动词的时态屈折变化
B	I：you	共指	不同形式，相同所指（在第1行和第2行）
B	I：you：you：I：you：you：you	范式	人称代词，并非都共指
J-L	it：this one：the whole thing	成分性	单一词汇暗淡短语扩展的等同物
F-I	know：know how to do	嵌入	从句补语改述，隐藏性问题
B-C	did I：you did	倒装	Harris转换式的助词倒装
C-D	did：did n't	否定	否定词的附着
I-M	do it：get it right	同义	结果补语构式 vs. 及物式
I-M	get it right：missed...it	反义	结果补语构式 vs. 及物式
E	apparently：ø	标记性	状语修饰 vs. 状语修饰空位
B	you：you	对比	对比重音 vs. 非重读形式（第2行和第3行）
O	，：？	尾调	音调曲拱对比标记问题（第1行和第2行）

共鸣可供性体现在语言的多个层面上，如形态句法、语义、语用以及韵律组织等。两句话之间，不仅词可以共鸣，小句内成分的层级结构也可以共鸣，这也是句法平行的一个维度。Du Bois（2014）介绍了一种表征这一关系的图式方法，如（7）所示：

（7）

S								
NP	VP							
^	VBD	NP			PP			
^	^	^			IN	NP		
PRP	^	DT	JJ	NN	^	DTP	NN	
I	threw	a	green	pepper	down	your	blouse	
You	threw	a	green	pepper	down	my	shirt	
PRP	VBD	DT	JJ	NN	IN	DTP	NN	
NP	^	NP			^	NP		
^	^	^			^	PP		
^	VP							
S								

从（7）可以看出，前后两句话之间形成了标准的平行，它们的内部结构也是一致的，形成了共鸣，这一情况也被称为镜像跨句图谱（mirror diagraph）。关于跨句图谱的概念，我们在下一节进行详细介绍。这里需要提醒的是，两句的结构之间就像是在照镜子一样，呈现结构上的一种形式对称和美感。当然，在大多数情况下，对话的形式没有这么规整，但这一分析方法同样也是适用的，如（8）所示：

(8)

						S		
						NP	VP	
						PRP	BEZ	JJ
						it	's	erasable

I	do	n't	care	if	it	's	erasable
PRP	AUX	NEG	VB	CS	PRP	BEZ	JJ
NP					NP	VP	
	VP				S		
S							

在第1句话中,"it's erasable"是一个主句,但映射到第2句话中,变成了从句,之所以能够这样,是因为他们之间形成了共鸣。在这一共鸣作用下,双方的认知和互动相互激活。

(三)跨句图谱(diagraph)

对话句法把跨句图谱当作一种语言结构的基本单位、关键的分析工具。跨句图谱是一种高阶的超句句法结构,它是在两个或多个句子的结构耦合中,通过有共鸣关系结构排列的映射而产生的。diagraph其中"dia-"是across的意思,"graph"是mapping的意思,合在一起就是mapping across,我们把它译为"跨句图谱",意指两个或多个语句之间平行结构的映射图谱。跨句图谱,顾名思义,是一种图谱(Edelman, 2008; Gross et al., 1999; Solan et al., 2005),但又不是一种纸面上的图谱,它是一种通过参与者实时对话产生的真实词汇和结构的映射生成的新创图谱结构(Fauconnier, 1997; Gentner et al., 1997)。对话参与者的语言行为构建了图谱关系,一个有着内部结构的语句成分的排布与平行语句中它们的相应成分之间形成像似性映射关系,所以,"跨句图谱"这个术语可以被认为适用于真实语句中的体验实现，或说话者体验后结构耦合的心智表征。比如：

（9）

JOANNE: It's kind of like you Ken.

KEN: That's not at all like me Joanne.

（9）的两句话之间的语句成分具有邻近的标引联系，这使得它们之间的映射关系构成了跨句图谱，可以标示如下：

（10）

1. JOANNE:　　It　　's　　kind of　　like　　you　　Ken　　.
　　　　　　　　↑　　↑　　↑　　　↑　　↑　　↑　　↑
2. KEN:　　　　That　's　　not at all　like　me　　Joanne　.

跨句图谱还可以通过表格的形式标示，如（11）所示：

（11）

| 1 | JOANNE: | It | 's | kind of | like | you | Ken | . |
| 2 | KEN: | That | 's | not at all | like | me | Joanne | . |

跨句图谱通过语言系统抽象化调节的平行成分之间的映射，致力于揭示作为超句句法结构的跨句图谱的结构完整性。对于对话句法来说，跨句图谱作为一个联合构建结构，可以获取语言符号独立句法配置的结构耦合。作为一种参与结构，跨句图谱为发现交谈者之间的共同点提供了句法可供性的框架。

（四）重现（reproduction）

重现是指交谈者说出之前话语中的相同词汇或结构。重现会使基底和目标的关系更加凸显。重现看似简单，但实际认知过程并没有那么简单。在重现过程中，交谈者必须选择是否启动重现，如果重现，要考虑重现先前话语的哪些部分，还要考虑重现的部分如何与新引入的成分进行协调。所有这些都不是简简单单的重复，例如：

（12）
1. BETH: So what about you, Sherry, are you gonna put lemon in your hot tea?
2. SHERRY: I don't put lemon in my hot tea.
3. BETH: You ever do? Cause I only do when I have a sore throat.

在这个对话中，两人都通过重现回应先前语句，但重现的只是部分而不是先前语句的全部内容，为了清楚地看到其中的重现关系，改写如下：

（13）
1. BETH: are you   gonna put lemon in your hot tea ?
2. SHERRY: I   don't   put lemon in my hot tea   ,
3. BETH: you ever do
4. BETH: cause I   only do   when I have a sore throat .

在重现过程中，交谈者可以选择不同策略，如Sherry被问及是否在茶里放柠檬，她没有回答yes或no，而是选择重现一个关于她的习惯行为的陈述"I don't put lemon in my hot tea"。

（五）选择（selection）

对话句法就是建立在有选择性地重现先前语句的某些方面的基础之上。选择性重现对说话者来说是决策过程，不管是有意识的还是无意识的。如：

（14）

1. JENNIFER: I'm not going to be able to wipe this striped guy out yet. I don't think...

2. DAN: I'm not going to be able to either.

在此对话中，Dan实际上有很多种方式可以回应Jennifer，如（15）：

（15）

1. ~ I'm not going to be able to wipe this striped guy out yet either.

2. ~ I'm not going to be able to wipe this guy out yet either.

3. ~ I'm not going to be able to wipe him out yet either.

4. ~ I'm not going to be able to do it either.

5. ~ I'm not going to be able to either.

6. ~ I'm not going to be either.

7. ~ I'm not going to either.

8. ~ I'm not either.

9. ~ Me neither.

但Dan偏偏选择了第5句，这一过程不是随机的，而是有其认知理据的。在交谈中，交谈者需要做出言语化表达的决定，并且面临很多选择，而不只是自动机械地回应外部刺激，有时交谈者的选择是非常中立的，而有时选择某个成分，不选其他成分，在特定语境下都有着特殊意义。

（六）对比（contrast）

当交谈者希望把两个可相互替代的想法框架化时，他们通常选择把它们的关系界定为对比关系。对比的一种方式就是平行关系，而且韵律凸显通常可以标示出对比成分。例如：

（16）

1. SHERRY：I don't even like ice tea.

2. BETH：do you like hot tea?

3. SHERRY：Yeah，I love hot tea.

本例中包含两处对比，一个是ice：^hot，另一个是like：^love。

（七）类比（analogy）

对话句法要做的一个重要的事情就是为生成新的形式和意义创造可供性。跨句图谱的共鸣可以激活类比，类比不管对语言还是对一般认知来说，都是引入推理的强大引擎。对话句法在语言的各个层面上，包括音系、形态句法、语义、语用都构建类比，对认知有显著的启示作用。比如，当听者听到下面这句：

（17）

He saw them porking.

一开始听者可能不理解其中"pork"的意思,第一反应是"猪肉",但看到其后的-ing,会想到这是一个动词,可能表示"像猪一样狼吞虎咽",但是当回到语境中时:

(18)

1. JOANNE: He saw them porking.
2. KEN: You know, I saw em, I saw em actually doing it.
3. JOANNE: [@@]
4. KEN: I'm one of the very few living human being, who've seen turtles having sex.

听者会首先构建跨句图谱之间的共鸣,如(19)所示:

(19)

1. JOANNE: he   saw   them   pork- -ing   .
2. KEN: I   saw   -em   actually do-   -ing it .
3. KEN: who've seen turtles   hav-   -ing sex.

通过三句之间的类比,尤其是在同一个句法形式下"see sb. doing",听者会把porking: doing: having sex 联系起来,从而解析出porking的意义。从本例中,我们可以看出,跨句图谱框架为类比提供条件,从而使类比可以解析语法和语义。有了恰当的跨句图谱映射,共鸣也可以为类比提供条件。类比不管对成人还是对儿童来说,都代表一种附带学习语言的强有力的策略,也是对话导引策略的重要组成部分。

三、对话句法论辩

对话中的结构重现早就被研究者注意到了（Harris，1952），那还有什么必要提出"对话句法"的概念？Du Bois（2014）认为，语言使用者在了解语法的情况下，在做出句法选择时，会选择平行句法结构，这样的安排是否具有更深层的启示？这一点是否会改变语言学家着手描写语法系统的方式？对话句法涵盖了当说话者选择性重现先前话语的某些方面，当听话者辨识出其中的平行结构，并且从中有所推断时，所涉及的语言、认知和互动过程。但问题是，为什么这一看起来比较特殊的现象引起了普遍注意？对话句法可以提供一个机会，让我们重新审视作为动态互动实践的句法，以便对语言、认知和功能有新的认识。Du Bois（2014）总结了提出对话句法的四个动因：

第一，对话句法对于意义的研究有重要作用。通过仔细考察两个独立句法结构之间具体的映射关系，对话句法可以为句内共鸣和句间共鸣提供统一的分析框架。通过提出一种新的结构关系概念，对话句法可以充分显示两个内部建构的话语之间的映射过程如何系统地影响彼此的结构和意义。

第二，对话句法把口语现象纳入了直接描写和有效理论化的范围。标准的独白式语法不把复杂的自然口语纳入考察范围，因为里面有太多变体、间断语流和其他不方便分析的地方，但是，对话句法可以直接处理所有语言现象，不需要在分析之前对数据进行净化。对话的路径扩展了句法的应用范围和鲁棒性（robustness），通过提出跨句图谱的概念，辨识出更高阶的结构，涵盖了多个平行但是独立，甚至跨越多个交谈者的句子。在对话句法看来，口头的、符号化的以及所有偶发语言的全部领域，都应该纳入统一语法理论的直接描写和阐释范畴中。

第三，对话句法为语言结构的心理现实性引入了新的证据。对话句法早期的研究发现了一些证据，可以证明关于抽象语言结构的某些判断。在激烈的对话中，参与者似乎要通过激活抽象的范畴和结构来回应不断变化的话语环境的挑战。从这个意义上来说，对话句法可以为当代结构语言学的一致分析，包括从音系到形态，到句法，甚至句法之外的东西的抽象结构和理论构式提供潜在的支持。

第四，对话句法为对话导引（dialogic bootstrapping）创造了丰富的环境。对话导引是通过利用对话共鸣的协调，学习语言的一种强有力的策略。成人会话的证据表明，在对话的过程中，参与者会自然而然地使用一些平行、范式和语篇中的其他模式，不管有意还是无意，为了回应实时互动中的紧急情况，参与者双方会共同激活一个对话过程，产生暗示性很强的共鸣话语序列。对于儿童或者任何年龄的语言学习者而言，对话导引策略可以促进局部显著模式的有目的学习，从而产生合乎语法的语言范畴、语言结构和语言规则。

看完以上分析，可能仍然有人存有质疑，Du Bois早就预料到了这一点，他在这篇文章中专门单列了一节，给了大量篇幅，论述他的这一理论模型到底算不算句法。他说："肯定不是我们已知的那种句法。"为了区分，他把传统的句法称为线性句法（linear syntax）。

著名句法学家James McCawley（詹姆斯·麦考利）曾经提出，句法这个术语不应该局限于单句研究之中，他说"我（不像其他大部分句法学家）认为，句法应该包括句子以及话语的其他更大单位之间结合的限制规则"（McCawley，1998：9）。还有一些语言学家（Ariel，2010；Harris，1952a/1952b；Sag et al.，1984）主张句法应该也可以是跨句的。对话句法中的跨句图谱概念正好与以上观点一致，只是我们需要进一步考察跨句图谱的构建和阐释过程中有哪些句法规则和限制在起作用。

对话句法和线性句法有什么区别和联系呢？线性句法是指传统（非对话性）句法，也就是平时大家所谓的句法，之所以称为"线性"，是因为它刻画的是句子中词语序列的线性化（Givón，1979；Hudson，2007；Saussure，1916），这一点是与对话句法中的核心概念"映射关系"相对的。对话句法和线性句法是密不可分的，传统线性句法的发现反映了独立句子内部结构的心理现实性，这为对话句法提供了有价值的输入。话语证据表明线性句法描写的从句内部组织结构可作为对话句法中高阶句法结构的跨句图谱的产出和理解的限制条件。如此一来，对于跨句图谱结构和对话共鸣限制条件的界定，线性句法和对话句法都从自己的角度出发做出了贡献。但是，线性句法在构建孤立的、理想的句子过程中倾向于压制话语的特殊性，而对话句法致力于同时保留特殊性和一般性。更关键的是，线性句法忽视了句子之间的映射，而对话句法把句间映射作为句法分析的关键要素。还有，跨句图谱在传统句法的结构中是被忽视的，而在对话句法中，它被当成对语法和语用有重要启示作用的更高阶的结构。跨句图谱致力于抓住每个语句的特殊性，充分反映出说话者投入其中的具体的意义、权利和目的。

事实上，句法中任何概念都没有排除向对话互动扩展的可能性。当今的大部分语言学家已经忘记了句法转换的发明者是Zellig Harris（泽里格·哈里斯）。很少有人知道，Zellig Harris提出句法转换的目的是解决话语分析中的问题（Harris，1952a/1952b），这一点对对话句法有着非常重要的启示。早在1946年，Zellig Harris就已经想象着把他的形态句法分析的形式方法扩展到"句子以及话语序列（不管是独白，还是会话）"中（Harris，1946：178）。

Du Bois（2014）强调，提到"句法"，大家首先想到的是语言学家的模型，而不是语言现象本身。关于句法，有一个广泛的假设，即它不考虑意义，但是Du Bois主张，我们应该回到那个更天真的时代，在那个时代，"句法"这个词更多地被应用于语言现实，而不是解释语言现实的任何断言。比如，Charles Morris（查尔斯·莫里斯）（1938）[6]把句法界定为"符号与符号之间的形式关系"。Du Bois（2014）认为，我们重温Morris的句法定义，不是要摒弃当代流行的句法分析的力量和精巧，而是重新获得自由，以便构建对句法需要解释什么事实，什么样的理论应该解释这些事实的新的设想。如果句法是"符号与符号之间的形式关系"，那么很自然，我们可以把它扩展到句与句之间的结构映射关系之上。

那么，对话句法到底算不算是"句法"？答案在于我们如何看待"句法"这个概念，以及最终如何看待语言的本质。有些人受到长期存在的成见的影响，认为句法应该严格地与语义割裂开来；而另外一些人认为形式和意义是紧密联系在一起的。之所以需要搞清楚这些问题，不仅因为它们是术语问题，还关涉到如何对一些语言现象，如结构平行、重现、共鸣、对比等的分类和阐释问题。对话句法致力于构建一种方法，可以辨识独立句子之间结构关系的情景意义的结果，从而开启一个新的层面来探寻句法是什么，更重要的是，探寻交谈双方如何运用句法来构建参与结构。

对话句法虽然是比较新的理论，但从早前的研究到现在，已经取得了很多成果。对话句法的应用范围也非常广泛，Du Bois（2014）做了非常全面的总结，引述如下：对话句法被应用于态度立场的研究、平行结构的研究、句法互补的研究、家庭争吵言语研究、议会辩论研究、僧侣论辩研究、儿童语言研究、孤独症中的共鸣研究、教学互动中对话手势研究、对话中的故事研究、仪式话语研究、语言的非字面意义使用（包括反语、戏剧、玩笑），以及从理论上探索对话句法与构式语法和认知语法的关系研究。研究中涉及的语言包括日语、德语、法语、西班牙语、芬兰语、希伯来语和英语等。

结　语

关于单句结构（Chomsky，1957；Tesniere，1959）和语篇结构（Halliday，1985；Grosz et al.，1986；Mann et al.，1987）的研究，学界已经取得了很多成果，但关于对话的研究还比较薄弱，究其原因，对话结构不像单句或语篇那样规整，对话至少有两个参与者，形式灵活，而且有大量的重复、省略、指代，口语化程度很高。这导致关于单句或语篇的很多理论模型在对话中都不适用。但是对话又是我们日常生活中不可或缺的、常见的语言现象，而且未来的人工智能和人机对话都需要我们深刻认识和把握对话现象，所以对话结构分析在当前语境下有着特殊的意义。

对话句法理论独辟蹊径，从认知功能主义的视角，通过论证更高阶的超句结构（即，跨句图谱）的存在，试图解决会话之间的语言、认知以及互动问题。对话句法整合了相关的分析概念，如平行、共鸣、重现、选择、对比、类比等，从语言的各个层面，包括音系、形态句法、语义、语用，把纷繁复杂的会话现象纳入了统一的、清晰的分析框架。与传统的句法理论相比，它更加立体，分析范围更广，视野更开阔，把语言形式、意义、认知、功能都涉及了，应用范围更加广泛。

但是，对话句法理论毕竟还很年轻，尽管2007年Du Bois已经开始致力于发展它的理论框架，但真正发展成熟和形成规模，也只能从 Cognitive Linguistics 2014年第3期出版的关于对话句法的专刊算起。现在看来，对话句法也有一些缺陷。如，生成句法依靠树形图，认知语法依靠图式，而对话句法具体如何表征，Du Bois自己也没想清楚，他自己也承认"如何表征对话句法，这是一个复杂的问题"，还需要进一步的研究，需要开发一套动态跨句图谱的结构分析方法，这样的分析应该是具有即刻的心理现实性、对话明晰性、符合易操作性以及分析可及性。实现这样的目标可能需要使用更加创新性的句法模型。更加吸引人的可能性，是从已有的一些模型中汲取营养，包括自组织的图表或状态图（Edelman，2008；Solan et al.，2005），依存语法比如词汇语法（Hudson，2007）、认知语法中的结构映射合成分析（Fauconnier，1997）或从其他一些还未实现的模型中汲取营养或与其他模型结合。另外，对话句法的理论模型结构不够清晰和完整，目前只是依靠一些核心概念来支撑，没有像转换生成语法那样的具体规则和框架。相关学者对它不好把握，如此一来，势必会影响它的接受度和生命力。还有，对话句法只能局限于两个相邻语句的分析，尤其是对第二句话的分析，那么我们的疑问是，开头这一句话的结构从哪里来？以何为依据进行认知生成？而且，对话参与者也不是每次都产生对话共鸣，对话共鸣只是一个选择，它代表了一种常见现象，但不是语言使用永恒不变的特征。

但无论如何，对话句法还是认知功能主义对会话现象的重要探索，是这个领域取得的最新研究成果，值得我们关注。

第二章 对话句法的理论背景

引 言

对话句法理论（Du Bois，2014）被提出之后，在国内外引起了广泛关注。本章旨在探索对话句法理论形成的理论基础和思想来源，为感兴趣的相关研究者提供更多背景信息，以便大家更深入地理解对话句法理论的思想精髓，更好地发展它和应用它。

我们搜索了国内外各大数据库的文献，发现国外尚未有专文讨论对话句法理论的思想来源，相关的观点散见于Du Bois（2010/2014）。国内有两篇文章对此有所涉及，高彦梅（2015）指出"Du Bois在Bakhtin（巴赫金）的对话理论、Jakobson（雅各布森）的平行理论和Harris（哈里斯）的话语分析程序的启发之下，依据自然口语语料、从社会认知角度发展了对话句法理论，目的在于揭示人类交流过程中符号与符号之间通过符号表达的介入结构"。刘兴兵（2016a）认为对话句法理论从语言的研究对象、研究方法、语言观等方面继承了巴赫金的一系列对话理论思想，他专门探讨了对话句法理论中体现的巴赫金对话理论思想。但经过文献调研和详细研读，我们发现除了高彦梅（2015）和刘兴兵（2016a）指出的这些方面，对话句法理论还包括一些其他重要的思想来源。本章将对此进行更加深入和全面的探讨。

对话句法理论从根本上来说是跨学科的，它从各种不同的理论资源中汲取了营养，其中包括语言学、心理学、认知科学、文学理论、人类学、社会学、交际学、哲学等。Du Bois（2014）也指出，在所有对对话句法理论来说最基础的种子思想中，有四个支柱概念特别明显：平行、类比、启动和对话性。他对这四个概念的思想来源进行了详细说明。

高彦梅（2015）认为对话句法理论主要有三个思想来源：第一，Bakhtin的对话理论；第二，Jakobson（1966）对平行结构（Parallelism）的研究；第三是Harris（1952a/1952b/1963）的语篇分析。

但我们认为要探究对话句法理论的思想来源，应该把它放到更大的背景下讨论。经过详细分析关于对话句法的核心文献（Du Bois，2001/2003/2010/2012/2014），我们认为对话句法理论的思想来源可以归纳为三个方面：一是功能主义理论，如对话理论、平行概念等；二是认知语言学概念，如基于用法的语言学路径、图式、框架等；三是互动语言学理论，如互涉（engagement）、立场和互文等。下面详述之。

一、功能主义的相关理论

（一）对话理论

对话理论（Bakhtin，1981［1934］；Voloshinov，1973［1929］）是巴赫金的关键思想。Du Bois（2014)[364]明确指出，"巴赫金的对话理论是对话句法的主要理论根基之一"；Haddington（哈丁顿）（2005)[53]也认为"对话句法与巴赫金关于前后文本联系的观点存在很多接合之处"，"巴赫金的对话理论确实为对话句法提供了有用的理论框架和背景"（刘兴兵，2016a）。

对话思想在古希腊哲学中早就存在，在20世纪初的德国哲学中，对话思想已经逐渐流行开来，而且在后来发展起来的阐释理论中也广泛涉及这一问题。巴赫金则对这一理论进行了独特的阐发，形成了对话主义理论，并且深入地渗入今天的人文科学（钱中文，2009）。巴赫金对形式主义进行了批判，认为在研究语言时，不能只局限于语言自身，要关注"非语言的语境"，他说非语言语境由下列三个因素组成：说话人共同的空间视野；两者对情景的共同的知识和理解；他们对这个情景共同的评价。（巴赫金，2009a）[82] "如果进行较认真的分析，就会发现，内部言语的单位是一些完整的、有些像独白言语的段落或者完整的表述。而它们更令人会想起对白。难怪古代的思想家把内部言语视为内部对话。"（巴赫金，2009a）[375]

巴赫金所说的对话性或对话关系无疑绝不等同于实际对话的对语之间的关系，它要更为广泛、更为多样、更为复杂。"意识的对话本质，人类生活本身的对话本质。用话语来表现真正的人类生活，唯一贴切的形式就是未完成的对话。生活就其本质来说是对话性的。生活意味着参与对话：提问、聆听、应答、赞同等等。"（巴赫金，2009b）[348] 巴赫金设想将一切语言形式以对话性的标准进行分类。他的思想对于语言学理论来说，是一个全新的思想。尽管无论在实践上还是在理论上巴赫金都未能将上述任务完全实现，但这显然是他语言学构想的最终目标（巴赫金，2009b）[486]。

（二）平行结构

平行是对话句法理论的核心概念之一。Du Bois（2014）说，关于平行的研究，在语言学和其他相关学科中，有着非常悠久和丰富的历史（Blanche-Benveniste，1990；Harris，1952a/1952b/1991；Jakobson，1966；Lowth，1815〔1753〕；Norman，1980；Rubin，1995；Silverstein，1984）。当然有些学者没有用"平行"这个术语，但使用了意义相近的其他类似概念，如重复

（repetition）（Johnstone，1994；Keenan，1977；Tannen，1987）、变体集（variation sets）（Kuntay et al.，1996；Onnis et al.，2008）、格式结（format tying）（Goodwin，1990）以及衔接（cohesion）（Halliday et al.，1976）。

关于平行结构的研究起源于对诗学（poetics）的研究，研究者在研究各个国家的诗歌时，注意到了平行现象。Robert Lowth（罗伯特·洛思）在1778年出版的《以赛亚书》译本的"初步论文"（Preliminary Dissertation）中说"一个诗节或诗行与另外一个诗节或诗行的对应，我称之为'平行'。当一个命题被表达时，第二个命题增补上来，或罗列下去，意义对等或相反，在语法结构上类似，我把这种现象称为'平行行'；把在对应行中相互对应的词或短语称为'平行词'。平行行可以被归纳为三类：同义平行、对偶平行和合成平行"。

Lowth所说的这三类平行，每一种都有其特点和适当的效果。在同义平行的两行中，不同但在意义上相等的词句相互呼应，当一个命题被表达时，它立刻会在整体或部分上被重复，表达可能不同，但意义完全或近似完全一致。对偶平行的诗行通过对立相互呼应，有时在表达中只在意义上对立。由此，对偶的程度常常不同，从全句中词与词的针锋相对，到两个命题中整体上的差异或某种程度上的不同。与这两类不同，Lowth把两个诗行语法上的一致称为"合成或结构平行"（synthetic or constructive），这类平行只存在于结构的相似形式中。在诗节中，不同的命题一一对应，不管是整个诗句的形状或变换还是结构成分方面，如名词对名词，动词对动词，成员对成员，否定对否定，疑问对疑问（Jakobson，1966）。

J.F.Davis（约翰·弗朗西斯·戴维斯）在1829年皇家亚洲协会的一场会议上，阅读的一篇关于汉语诗歌的论文中指出，平行是汉语诗歌中最有意思的特征，因为"它呈现了与希伯来诗歌研究惊人的联系"。Davis进一步指出，Lowth所说的第三种平行——"合成或结构平行"是汉语中最常见的平行种类。另外两种总是由这最后一种伴随着，意义的对应，不管是相等还是相反，总是由结构的对应观照着：后者在没有前者的情况下也经常出现，但相反的情况很少发生。在汉语诗歌中这些情形非常普遍，这一点正是它主要的结构特色，也是它的人造魅力的源泉（Davis，1830）。

在19世纪，唐朝日本僧人空海（法号遍照金刚，卒后封弘法大师）（Kukai）根据中国的古代典籍编辑了 *Bunkyo Hifuron*（《文镜秘府论》）一书，在这本关于文学理论的专著中，他列举了29种平行的类型。Hightower（海塔尔）讨论了六种简单的平行结构——重申、同义、反义、像似（词汇层面和语法层面的比拟）、差异（语法的，但不是词汇的比拟）、形式配对（词汇语义方面牵强的联系，没有语法的比拟）。他也讨论了复杂平行以及韵律、语法和语音方面的平行问题（Jakobson，1966）。

P.A.Boodberg（卜弼德）的汉学论文讨论了平行的不同方面——语法的、词汇的、韵律的，还讨论了与汉语诗歌翻译相关的、错综复杂的匹配词汇或诗行的多义加载，这些研究可以算作突破性序曲，因为相对于壮丽的诗歌传统框架，还欠缺一些系统的语言探索。Boodberg表明，诗歌对句中的第二行的功能是"给我们提供一些关于第一行建构的线索"，而且显现出对应词句的最基础的含义。他也清晰地指出"平行不是公式化句法复制的文体手段，平行的目的是达到一种效果，使人联想到视野的扩大、两个句法意象的叠加，以便赋予它们硬度和深度，范式的重复，产生的效果是使本来看起来排列很松散的语段紧密地联系起来"（Jakobson，1966）。

Harris（1952a/1952b/1991）的思想对Du Bois发展自己的平行理论有非常重要的影响，但Harris本人并没有使用"平行"这个术语。Harris（1963）认为，在任何连续的语篇中，总有一些成分是重复出现的。这些重复出现的成分可能是词、词的部分（词素）、短语或等同于数学成分或其他非语言材料的成分。因此语篇分析的重要步骤之一就是对对等成分进行判定。成分之间的类别对等并不是意义上的对等，而是分布上的对等，即出现环境的对等。对于不对等成分，Harris（1952a/1952b）发明了12条语法对等规则来将其转换为对等成分。最后，语篇可以表征为一个由对等类别序列构成的矩阵（高彦梅，2015）。

Harris（1952a）的语篇分析方法，不同于先前的描述语言学（descriptive linguistics）的思路，他不太关注语篇说了什么，但关注语篇是如何说的——语篇中的主要形态成分反复出现的模式是什么。描述语言学通常聚焦在单句之内，止步于句子之间，从而忽略了不同句子中语言成分的相似模式或规律。Harris（1952a）所倡导的语篇分析为语篇结构或某一类语篇，以及每个成分在这样一个结构中所起的作用提供了很可观的信息，而描述语言学只指出了每个成分在句子结构中所扮演的角色。另外，语篇分析会告诉我们语篇如何构建以便满足各种指标的要求，正如描述语言学针对构建语言体系来满足各种不同要求的方式提出了复杂的理论。语篇分析针对比句子长的言语片段也给予了很多信息，如此一来，尽管连续句子之间存在一些关系，但这些关系在句子结构中是不可见的（什么是主语，什么是谓语，诸如此类），它们存在于连续句子之间相同类别的复现模式之中。

Du Bois（2010）[1]从Harris的语篇分析中借鉴了两个方面：其一，借鉴他关于对等成分重复出现的观点，在自己的理论中，将这一现象称为平行性，指在两个或多个话语片段之间存在的结构关联，如一对话段之间结构上的像似性关系。其二，对等结构的抽象描述所呈现的序列（高彦梅，2015）。

二、认知语言学概念

Du Bois的对话句法理论从认知语言学中也汲取了大量养分。首先，Du

Bois深受基于用法的语言学（usage-based linguistics）哲学思想的影响，不拘泥于Chomsky（乔姆斯基）的转换生成语法，以及传统句法学的框架，突破性的创新思维，把句法概念扩大到对话语篇中，跳出语言形式的束缚，把说话者这种人的因素、认知的因素、社会环境的因素都考虑进来，从而丰富了对话句法理论的生存土壤；其次，Du Bois对认知语言学中的重要概念和术语进行加工，发展出了自己的一套概念系统和理论框架，对Du Bois影响比较大的认知语言学概念包括框架、映射、启动、构式语法、意象图式等。下面详述之。

目前，主流语言学理论从传统的规定主义，经过了结构主义、转换—生成语法等"基于规则"（rule-based）的语言理论，进入了以认知语言学为主要代表的"基于用法"（usage-based）的语言理论时代（武和平 等，2016）。

Langacker（兰盖克）（1988/2000）提出的"基于用法的语言模型（Usage-based Language Model）"核心理念为：语言存在的根本目的是交际；任何自然语言总是在语境中使用，受语境因素的影响；语言是后天学会的，不存在先天的语言习得机制；语言意义不仅来源于词项，语法结构本身也具有意义；不严格划分句法、词法等语言层次和范畴，每个结构都有其独特的意义。

Hopper（霍伯尔）（1998）认为语言结构产生于话语（discourse），而话语动态地影响和构建语言结构，并据此提出浮现语法（Emergent Grammar）的概念。Evans（伊万斯）和Green（格林）（2006）指出，认知语言学者都秉持用法基础论，其核心理念就是语言系统的组织直接来源于语言的使用方式，语言的使用整合到我们的语言知识（或者说"心理语法"）当中，因此我们不可能脱离语言使用去研究语言结构。以用法为基础的理论认为，语言单位出现得越频繁，在语言使用者的语言系统中的固化程度

（entrenchment）越高。

结构主义和生成语法等语言学理论认为语言知识由一套形式规则系统组成，人脑对语言的处理就是基于这种形式系统的"符号操作"，整个人脑被隐喻成一部按程序操作符号的巨型计算机。用法理论的语言结构浮现观认为语言是一个自发、自组的动态系统，语法是从经验中浮现建构起来的，认为语言获得是一种基于对大量输入语料的统计学习，规则不是事先确定的，而是在输入和使用的基础上自然浮现出来的，是一个从无到有逐渐形成的过程（Barlow et al., 2000）。

对话句法中的跨句图谱是在借鉴了认知语言学的框架、意象图式和构式语法的基础上发展出来的核心概念。

框架（frame）这个概念是由Fillmore（菲尔莫尔）（1975）提出的。Fillmore和相关的研究者（Fillmore, 1982; Fillmore et al., 1992/2000）认为框架是纯语言知识和概念知识之间的一个接口（interface），是一种和情景认知相联系的知识和观念。他在1982年出版的《框架语义学》（*Frame Semantics*）中表示框架是一种认知结构方式。框架还有很多其他的名字，如script, scenario, scene, cultural model, cognitive model, idealized cognitive model, domain, schema, experiential gestalt, 等等。

在认知语言学中，图式（schema）又称为意象图式（image schema），是Lakoff（莱考夫）在1987年提出的一个概念，他还一度称之为"动觉意象图式（kinesthetic image schema）"。意象图式是在对事物之间基本关系的认知基础上所构成的认知结构，是人类经验和理解中一种联系抽象关系和具体意象的组织结构，是反复出现的对知识的组织形式，是理解和认知更复杂概念的基本结构，人的经验和知识是建立在这些基本结构和关系之上的（赵艳芳，2001）。

框架结构的内部元素是一种基于体验的形象化存在，那么这种存在是什么样的呢？这种存在应该是人的体验的表征，是对人的感觉与体验的抽象描写，而且这种描写是可以再现的。在我们对认知语言学的认识中，意象图式符合上述这些特征。Gibbs（吉布斯）和Colston（科尔斯顿）（1995）认为，意象图式一般可以定义为动态类比表征的空间关系与运动。Oakley（奥克利）（2004）认为意象图式是为了把空间结构映射到概念结构而对感性经验进行的高度抽象的再描写。

构式语法（Goldberg，1995；Jackendoff，1997；Kay and Fillmore，1999）认为，构式是形式与意义的结合体，包括语素、词、半固定和固定的习语和熟语，以及抽象的句型、跨语言的多个层次、有关语言的所有知识都可用构式的网络来建构。各类构式都是习得者接受了足够的输入，并借助一般的认知机制而习得的。构式语法对构式的分析采取"所见即所得"的方法，构式不是推导得出的。构式语法所考察的构式，纵跨语言各个层次，语素、词、习惯用语、半能产的搭配以及句型都是约定俗成的"形式—意义"结合体。这就是说，词汇和句法结构具有共同的性质，有时无法划出严格的界线，都体现了人类认知对现实的反映（严辰松，2006）。

以上所介绍的框架、图式和构式有一个共同点，即它们都是在挑战形式主义和结构主义的基础上发展起来的，它们都不同意语言只是基于规则运行，它们都开始重视分析语言知识本身以及人作为认知主体的作用。所以，按照它们的观点，语言的运行是基于知识块，这种知识块融合了先前经验、语言知识、运行机制、认知因素等成分。在这样一个基本共识的基础上，Du Bois借鉴了框架、图式和构式的思想，并把它们扩展到了对话研究之中，其中最大的一个影响就是Du Bois创造了跨句图谱（diagraph）这个概念。Du Bois通过观察和分析对话结构，发现两个临近对话之间的句法结构存在某种联系，基于这些联系，他把其中这种跨句的内在耦合结构称为"跨句图谱",意即,两句对话之间似乎存在某种图谱,问话人话句的句法结构会映射进听话人的答语之中。换句话说,当听话人回答问话人时,是在参照上一句话句法结构所建立的"图谱"的基础上进行填充,听话人可以选择全部填充或部分填充,或有改变性地填充。总之,听话人不可以随意填充,否则就会形成答非所问的无逻辑对话,导致交际失败。下面举例说明:

(1)

    1. Harry: What are you going to do?
    2. Snape: I am going to break into your mind.

在这个对话片段中,Harry使用的是WH问句,Snape进行了回答,看似非常平常的一个对话,但仔细分析两句的结构,会发现它们之间存在某种抽象的关联,Du Bois建议用箭头或表格的形式来表示这种关联:

(2)

	A	B	C	D	E	F	G
1. Harry:	What	are	you		going to	do	?
				↓	↓	↓	
2. Snape:			I	am	going to	break into your mind	.

横栏用数字标示,纵栏用大写的字母标示。注意,不是单词与单词的对应,是意群之间的对应,是不同层级的构式与构式的对应。跨句图谱也可以用表格来表示:

（3）

		A	B	C	D	E	F	G
1	Harry：	What	are	you		going to	do	?
2	Snape：			I	am	going to	break into your mind	.

为了更深入地理解跨句图谱的概念，我们再举一例。

（4）

Trelawney：You cannot sack me!

Umbridge：I can do whatever I wish!

我们直接用表格表示法来呈现：

（5）

		A	B	C	D	E
1	Trelawney：	You	cannot	sack	me	!
2	Umbridge：	I	can	do	whatever I wish	!

Du Bois 做了广泛考察，他认为任何两句对话中都存在跨句图谱，跨句图谱是一种含有结构映射的复杂关系，两个句子在对话中形成对话并置，就会产生内部结构化的图谱。跨句图谱不仅是句法结构的对应，更重要的是它激活了一种抽象的认知关系，构成认知映射，横跨两个不同的域，这个域包括两个说话者、两个短句、两个语调单位等。另外，跨句图谱内部也含有共鸣关系（resonance），比如示例中的箭头、纵栏对应都代表了一种共鸣关系。所以，总结起来看，跨句图谱反映的就是一种共鸣的映射关系，与框架、图式和构式有着千丝万缕的联系，从中可以看到它们的影子。因此不可否认 Du Bois 的跨句图谱思想受到了以上认知语言学概念的影响。

另外，对话句法在发展过程中还吸收了对结构映射、像似、类比等的一般认知过程的研究成果。

三、互动语言学理论

Du Bois（2010）的对话句法从本质上讲，就是探讨符号之间的互涉（engagement）或通过符号进行互涉的理论。互涉是互动语言学中的核心概念，Du Bois 在构建对话句法的理论框架时，也受到互动语言学的影响，借用了互动语言学中的核心概念。

互动语言学是语言学研究中近些年来出现的一个新路向，它充分吸收了功能语言学、会话分析以及人类语言学的优秀理论资源及其科学的分析方法，强调语言的意义是在人与人之间的互动交流过程当中出现并不断发生变化的（林大津 等，2003）。Gumperz（甘柏兹）（1982）在《话语策略》（*Discourse Strategy*）一书中，将"互动"这一术语引入语言研究，并提出了"互动社会语言学"的概念。此后，以互动为视角的语言学研究迅速发展，出版了一系列有影响的著作，如《互动中的语法：美国英语会话中的状语从句》（*Grammar in Interaction: Adverbial Clauses in American English Conversation*）、《会话中的韵律：互动研究》（*Prosody in Conversation: Interactional Studies*）、《互动中的语音模式》（*Sound Patterns in Interaction*）、《互动与语法》（*Interaction and Grammar*）等。Selting（塞尔廷）和 Couper-Kuhlen（库珀-库伦）（2001）主编的论文集《互动语言学研究》明确提出了"互动语言学"这一名称，标志着互动语言学逐步走向成熟（罗桂花，2013）。

尽管语言具有对话性的本质，但在实际研究中独白性（monologic）材料一直占有绝对统治地位，并存在去语境化（decontextualization）倾向和书面语偏向（written language bias）。互动语言学的兴起改变了这一局面。互动语言学是基于互动行为的语言研究。互动语言学家认为，自然语言最基本的特征是由语言交际所处的互动环境塑造的，是适应于交际环境的产物，或者说语言本身就是交际架构的一部分（Schegloff，1996）。

Hyland（海兰德）（2001）把"互涉"定义为作者通过语篇中所体现的立场与读者产生的某种联系。这是一种协调的维度，通过它，作者可以与其他人辨识和联系起来，识别读者的存在，把作者和他们的观点放到一起，聚焦他们的注意力，辨识他们的不确定性，把他们作为话语的参与者包括进来，引导他们去做阐释。Hyland（2005）认为互涉与立场（stance）紧密相关，他把语篇中表达的声音或者体现个性的社区，称为立场。立场可以被看作一种态度维度，包括一些特征，也就是作者呈现他们自己，表达他们的判断、观点和承诺的方式。通过这个方式，作者给他们的观点贴上自己的权威，然后再后撤一步，掩饰他们的涉足。

Du Bois（2007）进一步发展了立场理论，他指出"立场是一种有社会因素的公共行为，通过有显性交际手段的对话来实现，可以同时评估物体，定位主体（自己和其他人），与其他主体进行协调，涉及社会文化领域的所有显性维度"。这一定义，如果换成第一人称，可以表述如下："我要评估一些事情，所以要给我自己进行定位，与你进行协调。"基于深入分析和广泛考察，Du Bois（2017）还发展出了自己的立场三角理论，如图2-1所示（刘兴兵，2016b）：

这个三角形的三个角分别代表三个立场行为中的主要实体，也就是第一主体、第二主体和（共享的）立场客体。三个边分别代表组织立场关系的有导向行为的向量。尽管立场三角形包括三个附属行为：评价、定位和协调关系，但它们并不是平均分配到三个边上。其中，三个边中的两个边代表了评价向量，从两个主体立场导向一个共享的客体立场。请看下例：

第一部分　对话句法理论简介

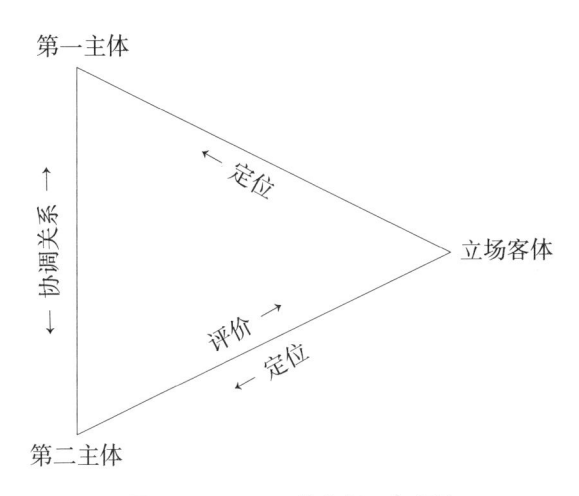

```
              第一主体
                 ▲
                / \
               /   ← 定位
              /     \
     协调关系 /       \
       ↑    /         \ 立场客体
       ↓   /           ●
          /       ↑     \
         /       评价    \
        /       ↗         \
       /              ← 定位
      /                   \
     ▼                     \
   第二主体
```

图 2-1　Du Bois 的立场三角理论

（6）

1. Ken：I would love to go to Nicaragua.

2. Joanne：I want to go to Nicaragua too.

按照立场三角理论，这个对话可以标记为：

（7）

	Stance Speaker Subject	Positions/ Evaluates	Stance Object	
				Aligns
1. Ken：	I_1	would love	to go {to Nicaragua}	
2. Joanne：	I_2	want	to go {to Nicaragua}	too

在一个对话中，一句话中说话者的立场话语会携带与前一个说话者的立场话语的像似性。立场通过对话构建起来，它们的结构平行性所隐含的

像似性会激发一系列阐释性和互动性的后果,这一点对于眼前的互动或整体上的互动有一些有意义的启示。

Hyland(2005)把立场、互涉与互动之间的关系总结如图2-2:

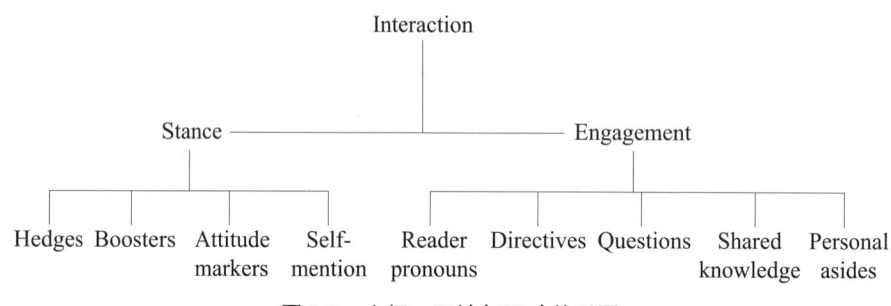

```
                    Interaction
                   /           \
               Stance         Engagement
              / | \          / | | | \
        Hedges Boosters Attitude Self-  Reader  Directives Questions Shared    Personal
                        markers  mention pronouns                    knowledge asides
```

图2-2 立场、互涉与互动关系图

Hyland(2005)认为互涉与立场是一个硬币的两面,它们都贡献于话语的人际维度,它们之间也有重合。互不相连的种类不可避免地隐藏了一个事实,形式常常具有不止一个功能,在表达他们的观点的过程中,作者同时在构建声明,评论其真实性,建立一致性,体现可信性。当然,也有可能通过比较不同话语社区中的修辞模式,辨识先入为主的意义。

Evans等人(2018)认为互涉就是语法化的互文性(grammaticalised intertextuality)。"互文性"(intertextuality)这一概念在1960年代首次被提出,其首创者是保加利亚裔法国符号学家克丽斯蒂娃(Kristeva,1986)。Kristeva(1986)[36]指出,一个语篇是对"一些语篇的重新排列,是一种互文组合:在一个语篇的篇幅内,来自其他语篇的言论相互交叉和中和"。Kristeva使用"互文性"这个词,就是要表达语篇生成过程中相互交叉的各种语料的这种复杂和异质的(heterogeneous)特性(辛斌,2000)。互文性理论是在西方结构主义和后结构主义思潮中产生的一种文本理论。这一理论的倡导者认为,由于语言作为存在的基础,世界就作为一种无限的文本而出现。世界上的每一件事物都文本化了。一切语境，无论政治的、经济的、社会的、心理学的、历史的、神学的，都变成了互文本，这意味着外在的影响和力量都文本化了。这样，文本性代替了文学，互文性代替了传统。这些理论家用互文性理论作为武器，打破传统的自主、自足的文本观念，对文本及主体进行解构（程锡麟，1996）。

互动语言学的核心理念是：从社会交际互动（social interaction）这一语言最原本的自然栖息地（natural habitat）中来了解语言。其研究主要包括两方面：第一，要从语言的各个方面（韵律、形态、句法、词汇、语义、语用）研究语言结构是如何在互动交际中被塑造的；第二，在社会交际中，言谈参与者的交际意图、会话行为（conversational actions）是如何通过语言以及非语言的多模态资源（例如眼神、手势、身势等）来实现的（乐耀 等，2017）。

互动语言学在研究方法上既继承了话语功能语法的研究理念，关注交际—社会因素对真实的语言产品产生的影响，又获取了会话分析学派的观察视角，关注交际—社会因素对言谈过程的制约作用。互动语言学强调，要通过对言谈参与者的话轮构建和会话序列构建，观察分析言谈的在线生成过程，揭示语言规律，解释语言结构的形成动因和使用规律。因此，互动语言学不仅要看言谈双方说了什么、怎么说的，还要从互动交际的角度来解释为什么这么说（沈家煊，2016）。

由以上的讨论可以看出，互动语言学中的互动、立场、互文等核心概念都是对话句法重要的思想来源，Du Bois 在吸收这些概念的基础上进一步发展了互涉的概念，并作为对话句法的支柱。对话句法突出强调了对话之间的互动，当然这种互动不仅包括语言之间的，还包括功能上的、认知维度上的互动。

结　语

　　以传统的会话分析和句法研究为切入点，基于功能语言学、认知语言学和互动语言学的研究成果，对话句法形成了自己独有的理论框架和理论主张。尽管借用了先前文献的一些概念，但对话句法还是有很多自己的创新性，比如，扩大了传统句法概念的内涵和外延，创新性地提出了跨句图谱的概念，这些都体现了该理论对整合相关研究成果，创立独立阵地的努力。对对话句法理论渊源的探析，将有助于我们深入理解该理论的来龙去脉，便于理解理论本身和推动其相关应用研究。

第二部分

对话句法理论的本体研究

第三章 对话句法之"句法"*

引 言

对话句法理论是由 Du Bois（2001/2003a/2010/2014）提出的，旨在研究对话互动与对话结构的认知功能理论。2001年，该理论已现雏形，后来逐步发展完善。2014年，*Cognitive Linguistics* 第3期以专刊的形式发表了 Du Bois 和他的学生及合作者关于对话句法理论的研究成果，在学界引起了强烈反响。目前，国内包括笔者在内的一批学者已经开始关注该理论，并做了一些相关研究（刘兴兵，2015；高彦梅，2015/2018；胡庭山 等，2015；曾国才，2015；王寅 等，2016a/2016b）。

闻其名，知其意。但第一次听到"对话句法"，很多人不知其意。"对话句法"关注的到底是什么语言现象？是"对话中的句法"还是"与句法的对话"？尤其是其中的"句法"到底是何意？与传统上我们所理解的"句法"是不是一回事？与我们经常提到的"语法"有何关系？与Chomsky学派研究的"句法"有何联系和区别？这些都是最根本的问题，这些问题如果解决不彻底，其他的相关问题就更加不易厘清。目前国内外对这方面的探讨还不多，本章尝试对这些问题进行梳理，以期帮助读者对对话句法理论有更深入的理解。

---

* 本章曾作为独立文章发表于《当代语言学》2021年第1期。

Du Bois（2014）提出对话句法的目的就是要探讨对话之间的语言、认知和互动过程。两人交谈时，听话者会或多或少地重现说话者话语中的某些语言成分，对话双方的话语会形成某种平行结构（parallelism），产生形式和意义上的共鸣（resonance）。平行话语之间的共鸣会界定一个关系亲密度的矩阵，激活类比关系（analogy），产生即时语境下的推断意义。

第一个说话者话语中的任何语言成分都可能被重现，比如语音、词汇、语法结构以及其他的语言资源。一句话中的句法结构会映射（mapping）到另外一句之中，两句之间结构上的耦合（coupling）会产生一种新的、更高阶的超句句法结构，对话句法称之为"跨句图谱"（diagraph）。在跨句图谱中配对的成分相互重新语境化，产生新的意义可供性（affordance）。

对话句法探索交际互动中话句（utterance）之间结构耦合的动态机制，最终目的是理解语言、认知和应用之间的关系。从结构主义的角度来说，对话句法理论考察语法如何组织话句之间的映射，为表征互涉（engagement）的语言结构提供一个分析框架；从功能主义的角度来说，对话句法考察话语中结构共鸣的动态出现如何服务于使用者的交际目的、认知目的和合作目的。下面举例说明：

（1）

1. 甲：哎呀。

2. 乙：你们现在紧不紧呀？

3. 甲：紧不紧就看自己了，我这两天还行。

4. 乙：全自己安排？

5. 甲：就自己安排，我这两天稍微放松一下儿。①

---

① 本例句选自中国社会科学院语言所研发的CADCC-汉语普通话自然口语对话语料库。

这是从CADCC-汉语普通话自然口语对话语料库中选取的一个对话片段。这段对话看似比较自然，如果我们不对它进行深入分析，我们也不会发现有什么特殊的地方。因为语言是我们生活的一部分，我们很容易习以为常。但是如果我们从对话句法的视角仔细考察一下，这里面还是有一些很有意思的现象。第2句的结尾语气词"呀"与第1句的"呀"呼应，完成打招呼的交际功能。第3句中的"紧不紧"是从第2句中借用的，与第2句产生了映射。但"紧不紧"的句法地位发生了变化，在第2句中做谓语，到了第3句中，变成了主语。另外，第5句中的"就自己安排"是第4句中"全自己安排"的平行结构。第5句中的"我这两天稍微放松一下儿"是第3句中"我这两天还行"的映射结构。按照Du Bois（2014）跨句图谱的标示方法，我们可以把这五句之间的关系表示如（2）：

（2）

		A	B	C	D	E	F	G	H	I	J	K	L
1	甲:										哎	呀	。
2	乙:	你们现在	紧不紧									呀	？
3	甲:			紧不紧	就看	自己		了	，	我这两天	还行		。
4	乙:			全	自己	安排							？
5	甲:			就	自己	安排		，	我这两天	稍微放松一下儿			。

通过跨句图谱，我们可以更加清楚地看到对话之间的映射关系。词汇和结构上的对应产生语义和语用上的共鸣。语义不一定是原义重现，也可以是反义、近义或替代回指等。

基于对话句法理论，我们对于对话结构的分析有了更明晰的框架和有力的抓手，对于对话之间的语义、语用和认知互动理解得更加深入。

一、对话句法理论中的"句法"概念

接触到对话句法理论（Dialogic Syntax）之后的第一个疑问就是，这里的"句法"到底指什么，似乎跟我们传统上理解的句法（Chomsky，1957）不一样。Du Bois（2010）自己也明白，这一概念的提出肯定会引来一片质疑之声，所以他花费了很多精力来竭力地阐释这一问题。他说，"对话句法到底算不算句法呢？肯定不是我们所熟知的、传统意义上的句法"（Du Bois，2010）[21]。那么对话句法中的"句法"到底是何意呢？在本节中，我们将从其动因、界定和根源的角度加以分析，并区分与之相近的、容易混淆的概念。

（一）动因

我们都被禁锢在了某些自我设立的限制或假设之中，传统句法认为句法就是研究语句内部结构关系的，并且认为这是理所当然的事情，这样的做法自20世纪后半叶一直持续到现在。事实上，当我们要探讨说话者如何使用语法时，生成语法解决不了这个问题，这是它设计上的盲点。已经有些方案，努力尝试重塑语法的根本概念，比如构式语法（Goldberg，1995/2006）、基于样例的语法（exemplar-based grammar）（Bod，2006）、面向数据的句法分析（data-oriented parsing）（Scha，1990）、句法启动（syntactic priming）（Bock，1986）等。但对话句法认为这些还不够，这里还有很大的可发挥空间。对话句法识别出一套全新的语言现象，会为语法研究带来前所未有的启示，为探索全新的领域提出方法和概念。对话句法从一开始就聚焦话句（utterance）之间的而不是语句（sentence）之内的关系。

如果只研究单句的句法，单句中的对话潜力就被抹杀了。只看单句，看不出某些被用于互涉（engagement）、被用于两人之间连续交谈轮回的一些设计。这些单句都成了"例句"，它们被创造出来，只是为了说明，而不是为了互涉，只为语言学家研究之用，只为用来说明语法的某个规则或原则。在单句模式中，每个句子被分析时，都是基于它自己的内部结构进行的，这个内部结构是从与其他孤立单句的比较中挖掘出来的。当然，这些句子都来自该语言所有可能句子的全部集合（Harris，1951）。某些句子的标记可能碰巧与话语中的其他句子的标记相似或相近，不管语句间存在怎样的连贯性，我们都自然而然地把它们列入单句例句列表里面（Fillmore，1981），这一现象在单句句法的研究中没有意义，在传统的句法研究中没有立足之地。当然也有些关系是跨句的，比如回指（anaphora），这一现象曾引起语法学家的注意，在传统句法中也有些研究，Du Bois（2010）认为，对话句法也会关注它，而且会关注得更加深入。基于单句的分析，忽视了句子之间的映射层面，而句子之间的这种映射关系应该是一个丰富的、但尚未被充分开发的研究领域，急切呼唤一种新的句法类型出现。

（二）界定

对话句法不仅仅是对话中使用的句法。传统句法处理语句内部的结构关系，而对话句法处理两个独立的、在对话并置（juxtaposition）中由不同的说话者产出的话句之间的结构关系。对话句法设想了符号之间的一个全新的结构关系类别，这些关系在传统语句层面的句法中是不可见的。Du Bois（2010）认为句法如果能够扩展出去，把这一系列新的结构现象纳入句法理论构建的研究范围，句法作为一个整体肯定会更受益。

从一开始，"对话句法"这一短语就意味着在探索符号与符号之间形式关系的一个新维度。对话句法提议，我们应该承认两句对话之间的映射在本质上是句法性的。如此一来，它把传统的视野扩大了，把横跨两个交谈者之间的关系也纳入了考察范围。具体来说，对话句法探讨一个说话者产出的特定结构和另一个说话者产出的（部分）平行结构之间的映射形式关系。当代句法的传统标准往往把这种跨越不同语句之间的结构映射关系当成是与句法无关的，甚至是与语义也无关的。但Du Bois(2010)认为现在有充分理由需要识别跨句句法（diatax）的句间关系。他提出，我们应该认可对话句法是一个更包容的句法分支，是已经被广泛认可的传统句法的兄弟。

（三）根源

为什么非要提"对话句法"这个术语呢？"句法"这个词在当代的含义更倾向于指语言学家的模型而不是语句或话句建构的语言现象。先把当下广泛应用的句法模型是否足以解决问题放在一边不谈，Du Bois(2010)认为我们应该先回到那个更加纯真的年代。当时，句法被应用于语言现实，而不是解释语言现实的特定主张。Morris(1938)[2566]把句法定义为"语言符号之间的形式关系"(the formal relation of signs to one another)。这一定义虽然是纲要性的，需要通过各种方式进一步验证和阐释。但Morris聚焦交叉于符号之间的系列关系，这一思路可以作为重新思考句法理论发展方向的不受束缚的起点。各种理论模型在描写句法现象时取得了许多多样化的革新，我们目前这样做的重点，并不是要丢弃这些革新所带来的精巧和力量，而是暂缓一下当前广泛运用的、最常见的句法模型身上表现出的某些死板的假设和预期。剥除一些虚妄，使句法回到Morris时期的定义上，可以重新获得设计一个新概念的必要自由，可以重新考虑一个句法模型应该描述什么事实，一个理论应该如何去解释这些事实（Du Bois，2010）。

有一点应该注意，句法概念本身从未排除向不同的说话者（不同的头脑）产出的话语扩展的可能性。早在1946年，Zellig Harris就已预见了他的形态句法分析的形式技法会扩展到"语句和话句序列（不管是独白还是会话）"（Harris 1946）[744]。在美国鲜为人知的是，Harris在接下来的40年里，一直恪守着自己的承诺，一直致力于研究严格发展的、广泛例证的话语句法（Harris，1952/1982）。同样，McCawley（1998）也认为，原则上没有理由把句法限制在单句之内。他说，"尽管在本书中，语句是我们主要关注的单位，我（不像其他大部分句法学家一样）认为句法也应该包括语句和/或其他单位组合成话语的更大单位时所用到的限制规则"（Du Bois，2010）[22]。

（四）概念区分

一个新的语言学理论的出现，必然会带来一些新的术语，对这些术语的界定和理解是认识这一理论的第一步。要想充分理解对话句法理论，我们有必要区分一下与它相关的概念和术语之间的联系和区别。

1.对话句法vs线性句法

为了避免混乱，Du Bois使用"线性句法"（linear syntax）这一术语来指传统的、非对话性的那类句法，以区别于这里所谓的"对话句法"。对话句法并不是一个竞争者，它并不想取代传统句子层面的句法。但是，句子内的句法研究必须作为一个独立的分支，因为它处理的现象是与众不同的。为了方便区分，Du Bois（2010）把研究语句内部现象的句法称为"线性句法"。线性句法定义了从句的序列结构和一定范围内的层级结构。线性句法所界定的结构可以通过对话句法进行相互映射。线性句法和对话句法之间有着有意义的互动，但二者又有着足够的差异和足够的独立性，所以有必要认可两者作为学术术语的地位。

2.对话句法vs跨句句法

跨句句法（diatax）可以被理解为两个或多个分离的、不同的话句之间组织结构关系的规则、表征和/或策略。规范来讲，这些话句表征的是不同说话者产出的从句、句子或其他句法结构，其中任何一个都有其自己的内部结构。个体结构自身已经被传统的线性句法辨识（比如顺序结构和层级结构），但它们之间的映射被忽略了，这正是跨句句法的领域。跨句句法这个术语来自 dia-（意为 across，"跨越"）和 -tax（意为 arrange，"组织安排"）。在一个层面上，跨句句法可以或多或少地与对话句法混用，可以作为对话句法的简体版本。从形式上来讲，diatax 作为一个词，正好与 syntax 平行（或可以对比）。而对话句法作为一个短语与线性句法更为平行；在另一个层面上，跨句句法隐含的是对话句法结构方面的东西，强调对话性层面的功能和语义维度之上的结构映射关系。

跨句句法引入了一种新的结构关系，这种关系既不是顺序关系，也不是层级关系，而是映射关系。跨句句法把一个语句中的结构成分映射到另一个语句局部区域内相等的结构成分之上。有一一对应关系的个体成分通过 Harris 式（Harris，1946/1952）的对等类别内的替换过程可以相互联系起来。但跨句句法在语言系统中并不是一种潜在的替代，而是语言使用符号之间的实际关系。跨句句法涉及的也不是个体成分之间的可替换问题，而是整个关系之间的映射问题。

为何我们要留意话语中这些跨过看似独立句子边界的平行关系呢？有这些关系的句子事实上并非独立，跨句句法会对语言成分的形式分布产生一些影响。如此一来，话句之间跨句句法关系的表征就成了发展一个完整句法理论的必要前提。另外，跨句句法在使用对话语言的语境中会影响意义的派生，在语义学，尤其是语用学中起着不可或缺的作用。

3. 对话句法 vs 互文性

对话句法与互文性（intertextuality）既有联系也有区别。它们的相同之处是它们都是基于对结构主义研究路径的质疑而发展起来的，结构主义把文本设想成一个自足的语言实体，意义只存在于语言封闭结构内部各种因素的相互关系中。互文性认为，任何一个单独的文本都是不自足的，其意义是在与其他文本相互参照、指涉的过程中产生的；任何文本都是一种互文，在一个文本中，不同程度地以各种能够辨认的形式存在着其他的文本（Kristeva，1986）。另外，对话句法与互文性都是受了巴赫金对话理论的启发而建立起来的。通过巴赫金的对话理论可以发现，文本之间的对话是普遍存在的。文本中的每一种表达都是多种声音相互交叉、相互渗透以及文本世界各式人物展开对话的结果（李小坤 等，2009）。

但两者又存在着明显的差异，互文性有时也提到文本之间的对话，因为文本之间的对话也就是互文性最本质的特征（秦海鹰，2004），但这里所谓的"对话"是抽象层面的互动；而对话句法中的"对话"是指两个说话者之间的会话。对话句法关注两句连续对话之间的语言、认知和功能上的互动，而互文性所关注的是一个具体文本与其他具体文本之间的关系，尤其是一些有本可依的引用、套用、影射、抄袭、重写等关系。互文性所关注的文本含义更广，不仅包含对话，还包含其他类型的文本。

4.对话句法 vs 话语或文本语法

对话句法与话语或文本语法的相同点是它们都持有功能主义语言观，都是在对抗Chomsky形式句法的基础上发展起来的。但它们之间也有着显著差异：对话句法有自己清晰的理论框架，而话语语法比较松散和宽泛，至今未形成统一的理论框架，甚至连名称都未统一，有人区分话语与文本，认为话语侧重口语，文本侧重书面语（De Beaugrande，1979），也有人用其中一个术语涵盖两者（Halliday et al.，1976；Van Dijk，1985），还有学者使用其他名称如语篇语法、篇章语法等。话语语法重点关注超出句子层面的东西，如语篇语义、语篇语用、话语标记、语篇衔接与连贯、语篇样类等。话语语法既研究对话体，也研究单一说话者产出的连贯语篇。所以，从另一个角度来说，对话句法可以说是话语语法的一个次类，是话语语法的有机组成部分。对话句法的提出，丰富和发展了话语语法的研究范围和研究深度。

5.对话句法 vs. 语义和语用

另外一个领域对对话句法这个术语也可能提出挑战。功能语言学家可能会问，为何语言使用者给处理共鸣和对语义、语用和互动产生影响的现象贴上句法的标签呢？对很多人来说，"句法"这个词，不可避免地会被联系到有意剥除意义的语言研究路径。但Jakobson（1990：332）曾经说过，"不涉及意义的语法是无意义的"（Grammar without meaning is meaningless）。Morris把句法看作符号与符号之间的形式关系，符号是意义的载体，如果我们重温一下他对句法的看法，我们就不应该对对话句法有所担忧，因为对话句法试图把形式关系和意义影响重新联合起来，这一点与Morris对句法的理解完全一致（Du Bois，2010）。

二、再论"句法"

在充分讨论"句法"的定义和内涵之前，我们有必要讨论一下"语法"的定义和内涵，因为句法和语法关系密切，如果搞不清楚语法是什么，也很难搞清楚句法是什么。

（一）什么是"语法"

从最广的意义上来说，"语法"这个术语是指对语言中存在的规则性和不规则性所作的概括性描述。对希腊人来说，语法是哲学的一个分支，研究"写作艺术"。到中世纪时，语法开始被作为一套规则，常常以教科书的形式出现，给人们指出"正确的"用法。传统语法是规定性的

（prescriptive），今天大多数语言学家赞成语法应是描写性的（descriptive）。专为教学目的制定的语法被称为"教学语法"（pedagogical grammar），而研究一般语言或特定语言的语法被称为"科学语法"（scientific grammar）。语法可以是共时的，也可以是历时的，研究语言历时变化的语法是"比较语法"（comparative grammar）。完全依据语言的可见形式进行语法描写的是"形式语法"（formal grammar），但依据意义而不依据形式的描写叫作"概念语法"或"哲学语法"（notional or philosophical grammar）。直到近期，语法才被看作语言研究的一个分支或平面，它介于语音学和语义学之间，包括形态学（词形研究）和句法学（对单词组成较大结构的连接方式的研究）。某些当代的语言学家把语法看作包容一切的语言分析理论，如转换生成语法、系统功能语法、法位学、层次语法等（Hartmann et al., 1972）。

Chomsky 在其 1965 年的专著《句法理论要略》（*Aspects of the Theory of Syntax*）的第 3 页上指出"生成语法是语言能力的理论"（generative grammar as theories of linguistic competence）。这说明，Chomsky 扩大了"语法"的内涵，使之不再只是指语言规则，而是指一种语言理论。Chomsky（1965）[4] 主张一种语言的语法应该是对理想的说话者和听话者的内在语言能力的描写。

那么"语法"到底是什么呢？语言学家通常模糊地使用这个术语，语法最重要的意义是指一个会这门语言的人具有的知识，是储存在他头脑中的知识。语法研究就是研究这一专门的知识——它是如何构成的、它是如何习得的、它是如何使用的。语法的另外一个意义是指语言学家对语法的"结构"或语言的"定义"的解释（Van Riemsdijk et al., 1986）。

从广义的角度来看，语法有两层含义：第一层是指关于语言如何运作的所有知识都是语法，句法只是它的一个次类；第二层含义是指词汇如何根据格、级、性、情态、数、人称、时体等进行屈折变化、接合和缩减。第一层含义通常是语言学家使用的意义，第二层含义通常是没有语言学背景的人使用的大众化含义。所以，有时你会听到有人说"汉语没有语法变化"这样的表述。

（二）什么是"句法"

"句法"研究句子内的词和其他单位的语法关系（Matthews，2005[1997]）。对句法的思考和描写的历史可以回溯到几千年前，但真正对句法进行理论化研究，则是从Chomsky（1957）的句法结构研究开始的（Culicover，2014）。

在语言学中，"句法"是关于词汇组成短语，短语组成句子的统辖规则或"模式关系"（patterned relations）的研究。从这个意义上讲，句法应该与其他两个关于语言表达研究的分支——语义学和语用学是相对的。

句法，字面意义是"组成"（composition），词源是古希腊语，而语言学其他分支的名字，比如语义学、形态学等，都是更晚（大约19世纪）才出现的。句法在20世纪逐步确立了在理论语言学中的中心地位，所以20世纪也可以被称为"句法理论世纪"。最主要的研究路径就是Chomsky创立的转换生成语法。另外，Chomsky的研究也激发了后期的其他各路流派，如依存语法（L.Tesnière）、系统功能语法（M.A.K.Halliday）和树连接语法（A.Josh）等。

（三）语法和句法的关系

语法有时被当成句法的同义词或近义词，语法和句法混用。Van Riemsdijk（范·里姆斯戴克）和Williams（威廉姆斯）（1986）直接把语法的研究特指为句法的研究，认为语法研究是语言研究的一部分，探讨句子构建的规则。

语法与句法是两个重叠的学科，它们都关注语言中词汇、短语和句子的建构。正因为句法和语法都处理语言的规则和结构，很多人都认为语法和句法指的是同一个概念。然而，这样的假设是不对的，句法和语法之间存在明显的区别。句法是研究句子结构的语言学分支，而语法是结构规则的集合，操控着句子、从句、短语和词汇的建构，这是两者之间的主要差异。详细来说，句法是指创造一门语言之中形式良好的句子所需的词汇和短语的排列。句法研究任何语言中管辖句子结构的一系列规则、原则和过程。句子的意义可以依赖它的结构，比如：

（3）

1. Really got Jake like he it nodded.

2. Jake nodded like he really got it.

仔细看一下，我们就会发现，这两句话中的词汇是一模一样的。但是第1句没有意义，这两句话的唯一差异是词汇排列的顺序不同。所以词序是句子的一个主要成分，句子的词序或结构是句法的主要成分。

语法研究词类、词汇的屈折变化，以及它们在句子中的功能和关系。正字法（拼写）、词法（词汇的屈折变化）和句法（句子的结构）都属于语法的研究范畴。

语法和句法还有一个差异，语法是日常生活中较常用的词，而句法是语言学的一个分支，更加学术化。

（四）句法能否跨越句子的藩篱

正如Du Bois（2014）所说，现在的研究者大都接受了句法的传统定义，很少有人去问为什么。当学生或新研究者刚刚接触句法时，他们被告知的就是这样的传统意义，很多教材和入门书（Yule，2006；戴炜栋 等，2010；胡壮麟，2011；Fromkin, et al., 2014）上都是这样写的：句法是研究句子（语句）内部结构关系的语言学分支。

而且汉语对syntax的翻译是"句法"，这里"句"字已经把它限定死了，认为它只能处理句子层面的事情。而事实上，syntax这个词起源于希腊词συν（syn）（"共同"或"一起"）和τάξις（taxis）（"次序、顺序"或"安排"）。可见在其原始意义中并未提及句子的概念。也就是说，最初并没有说syntax不能管句子之外的事情。

当然，除了Du Bois找到的证据，我们发现有些语言学家也认为句法不一定只管句子内部的事情。比如，Crystal（克里斯特尔）（2008：471）在给"句法"下定义时，指出"句法作为一个传统的术语，是指对一种语言内管辖着词汇组合成句子的规则的研究。从这个意义上讲，句法与词法相对，词法是研究词汇结构的。另外一个定义是指对句子结构成分之间的相互关系，以及管辖着句子如何构成序列规则的研究"。重点看最后一部分，Crystal认为句法也包括研究那些管辖着句子如何构成序列的规则，即不仅研究句子内部的现象，也超越句子的界限，研究句子之间的排序问题。

Givón（吉翁）（1984）[10]也指出，语言学家们在采用传统方法研究句法时，几乎全都局限于研究孤立句子的意义和结构，与说话者、听话者和交际语境是割裂的。人类交际是多命题的，当前的话语语境和整体的主题语境会控制着大多数语法手段的选择和使用。对孤立句子的研究只是一个必要的、初步的步骤，通过这一步骤辨识构成词汇句法结构编码手段的清单，之后还应探讨这些手段在编码和交际知识过程中是如何使用的。

Longacre（朗埃克）（1983）指出，语言只有在语境中才是语言。很长时间以来，语言学被限制在研究孤立的句子之中，这些句子有些是从语料库中精心挑选出来的，更多的时候是巧妙地设计出来的，精妙到似乎不需要语境。以至于语言学课堂的黑板上充斥着这样的句子——John kissed Mary，Stephen knew that Mary knew that something was wrong。句子的多重含义或歧义在被讨论、剖析时，又不考虑语境的自然功能。另外，很多棘手的问题仅限于部分解释，或者在缺乏语境考虑的情况下被束之高阁。故而，Longacre（1983）转向研究话语语法。

其实之前的很多研究者（Schegloff，1979；Labov，1984；Chafe，1994；Ono et al.，1995；Du Bois，2003b；等等）已经着力从语篇的视角探索句法，基于话语的句法认为获取语言分析数据的正确途径应该是自发语言者使用的语料，而不是关于语言使用的反思语料。在这个方面，对话占据着绝对的首要位置，因为对话是我们花费最多时间使用的语言形式，对话也是我们在孩童时期最早的、没有经过正规教学习得的语言形式，对话还提供了最系统化的语法分析语料，因为对话是在实际生活中实时产生的（Travis et al.，2012）。

Erdmann（艾德曼）（1990）认为，对语法结构的分析和描述应该被放置于口头或书面的语篇背景之下。我们通过语言和语言形式来实现各种目的：传递信息、发展或强化社会联系、阐明个人观点或立场、施加影响等。不同的语言形式，不管是书面的还是口头的，在交际中为特定目的服务。说话者/书写者的目的只构成了他们要表达的一个方面，听话者/读者必须理解这些目的，吸收这些目的，而且在某些情况下还要把它们转化成行为。当语言使用的各种交际因素被纳入研究范围的时候，这些研究就必须考虑话语中的交际伙伴。这就使我们得出结论，语言形式和语法结构在构建时，是围绕着说话者/写作者的交际目的，以及听话者/阅读者的阐释需求进行的。所以，当描写语法结构时，我们必须把它放置到与话语参与者的交际关系之中。

Klein-Andreu（克莱因-安德鲁）（1983）指出语言学研究中有一个趋势在增长，研究者越来越有兴趣通过分析语言本体（langue）达到解释话语中的实际语言使用（parole）的目的。也就是说，以语言的实际用法作为语言分析的基础，目的是使研究达到最大限度的普遍性和解释性。基于这样的视角，Klein-Andreu（1983）主编的著作里的十篇文章都以实际语境中的语言用法为研究对象。他们的首要假设是：任何实际发生的语言用法都是有目的性的。也就是说，语言使用者（说话者/写作者）采用的任何语言成分都是为了实现某个特定的交际意图，这一点会体现在语言成分出现的语境里。

越来越多的语言学家认识到，对孤立句子的句法研究是割裂的，没有说话者有目的构建的相关自然语境。这样的方法论已经超出了它的价值。首先，孤立的句子和它们的句法通常与自然的、主动提供的话语中的句子语法是有很大差异的，以至于我们对于它们的合法性和终极现实性可以持严重的怀疑态度。其次，句法的研究，如果仅仅局限于句子—从句层面，剥除其交际—功能语境的话，常常会掩盖交际因素在影响话语结构中句法规则运行方面所起的作用（Givón，1979）。

Schegloff（谢格洛夫）（1979）在研究句子修复（repair）的句法问题时，甚至提出会话句法（syntax-for-conversation）和超级句法（super-syntax）的概念。在实际的口头会话中，人们的思路有时不是那么清晰，说出的句子不会像书面语那样规整，言语中存在大量待修复问题。

（4）

M is looking at a picture of V and his family

M: *I saw it but I never looked yihknow et did-eh-deh-deh-middle one looks // just like*

这句话中的"middle one"与前面的部分存在潜在的句法关系,但它似乎又成为另一句的"主语"。

在某些方面,句子中的修复运作有点像超级句法,它可以对句子中的成分系列进行排序或重新排序,也可能改变句子的整体结构。句子修复与句子有着系统的相关性,并且在任何一点上,是下一句组织顺序的诱导成分。所以在分析会话修复时,不得不跨过句子的界限分析相关的句法关系。

事实上,已经有大量学者跨越句子在研究句法,只是他们在这样做的时候,有时会把"句法"这个术语换成"语法"。比较早期的是Bolinger(鲍林格)(1952/1954)对语序的语用学研究,还有后来布拉格学派(Firbas,1964/1966)、福斯学派(Halliday,1967/1970/1974)和Kuno(库诺)(1972a/1972b)的研究。后来Grimes(格林斯)(1975)和Longacre(1971/1976)探索了语篇语法和段落结构。Van Dijk(范·迪克)(1972)、Chafe(切夫)(1976/1977)、Halliday和Hasan(韩礼德和哈桑)(1976)、Hinds(海因兹)(1976/1977)对叙述文体、故事流和连贯进行了研究。在另一条线上,Sacks(萨克斯)、Schegloff和他们的同事研究了会话结构和其与语法的互动关系(Schegloff et al.,1973;Sacks et al.,1974;Sacks et al.,1974)。

基于以上的介绍和分析,我们的立场和观点越来越明确,句法研究是可以跨越句子的藩篱的。对话句法是很好的尝试,值得推崇和鼓励。

结　语

Du Bois关于对话句法的论辩,最大的贡献在于引发了我们的思考。对于"句法",我们已经习以为常,想当然地认为它就是指单句中的语法现象,而现在Du Bois的这一努力,启发我们重新审视"句法"的含义到底是什么，句法到底该不该管辖超出句子界限的语言现象。

对话句法面临的主要问题是具体运用时不易把握，Du Bois的文献中自己举的一些例子能够体现句法概念的也不多，有时分不清它们到底属于句式还是语法范畴。这就会导致一个结果，虽然Du Bois给这一理论起的名号很响亮，挑战的对象很强（挑战自Chomsky以来的所有线性句法），但它有没有持续的生命力、会不会扭转学界的研究潮流，还是一个很难说的问题。

对话句法理论的出现，既有偶然性也有必然性：第一，在Chomsky的句法理论进入最简方案阶段之后，人们渴望新的研究增长点的出现，对话句法理论抓住了这一有利时机，为句法研究提供了新的思路。第二，认知语言学的发展和兴盛也达到了一个平台期，内核的理论框架和基本观点已经成熟，也在迫切需要新的增长点的出现，对话句法理论抓住了这一空档，把认知和功能结合起来，从对话切入语法研究。所以在我们看来，对话句法理论是比较重要的语言学探索，还有很大的发展空间，值得进一步深入研究。

另外，把对话句法理论引入汉语研究也是非常有意义的。汉语是意合语言，轻形式，重意义和功能，形式松散，更适合对话句法这种认知功能的研究路径。而且，对话句法理论也是作为一种普遍理论被提出来的，已经被应用于多种语言的研究之中，如日语（Sakita, 2006）、德语（Zima, 2013）、法语（Zima et al., 2009）、西班牙语（Oropeza-Escobar, 2011）、芬兰语（Laury, 2012）、希伯来语（Nir et al., 2014）等，汉语的语料和研究将进一步验证该理论的普遍性。由此，我们断言将对话句法理论引入汉语研究有着广阔的应用前景。

第四章　对话句法中的共鸣[*]

引　言

两个人之间的对话（dialogue）之所以能够成立，是因为前后两句话之间存在某种联系。至于两人之间的对话是如何形成的，为何能够被对话双方成功理解，它们在形式上具体存在什么样的联系，其中有何认知因素在起作用，这些一直是研究者想要搞清楚的问题。

许多学科都对对话进行过研究，但他们的目的、侧重面及研究方法都有差异（廖秋忠，1991）。例如，社会学家把讲话当作一种社会行为，一般以研究对话为主，侧重研究对话的整个过程、对话的结构，并试图解释为什么人们能够有条不紊地进行交谈（Fairclough，1995；Ruiz，2009）。人类学家把讲话当作一种交际事件，侧重研究这种交际事件的各个组成部分，包括情景、参与者、目的、媒体、信息形式与内容、交际的标准模式、语体等，以及研究它们与篇章形式和结构的对应关系（Nazaruk，2011）。语用学家也把讲话视为一种行为，试图从语句所表达的言语行为的类别、对话的一般行为准则等来解释对话的连贯性和言外之意等（Sperber et al.，1987；Sperber，1994）。（认知）心理学家、人工智能学家则把对话当作一

---

[*] 本章曾作为独立文章发表于《当代语言学》2018年第2期。

种认知、心理过程或其产物，侧重研究世界知识（记忆）在大脑中的储存模式、在篇章生成与理解过程中的作用，以及篇章生成与理解的过程（Langacker，2001）。

以上各种角度的探讨各有利弊，虽然在某些方面取得了一些进展，但仍然存在一些问题。因为对话不像单句或语篇那样规整，而是涉及多个参与者，存在大量停顿、省略、重复等语言现象，关于单句结构（Chomsky，1957；Tesniere，1959）和语篇结构（Halliday，1985；Grosz et al.，1986；Mann et al.，1987）的很多理论模型在对话中都不适用，致使对话研究成为未被充分挖掘的研究领域。

Du Bois（2014）从认知功能主义的角度提出了对话句法理论（Dialogic Syntax）。他把对话之间的这种关联称为"共鸣"（resonance），这一提法有一定的创新性。共鸣是对话句法理论中的核心概念，Du Bois（2014）尽管对共鸣的定义有过论述，但笔者在研究对话句法时发现，对作为基本概念的共鸣，Du Bois 的界定并不明晰，本章的主要研究问题是：对话句法中共鸣的确切含义是什么？对话句法中共鸣的具体表现形式是什么？共鸣是否存在一个"度"的概念？如果有的话，按照什么标准衡量"共鸣度"？

一、Du Bois 对共鸣的界定

根据《现代汉语词典》（第7版），"共鸣"有两个意思：一是物体因共振而发声，如两个频率相同的音叉靠近，其中一个振动发声时，另一个也会发声。二是由别人的某种情绪引起的相同的情绪，如"诗人的爱国主义思想感染了读者，引起了他们的共鸣"。

"共鸣"是与对话句法文献中的"resonance"对应的，高彦梅（2015）的译法也是"共鸣"，但曾国才（2015）采用的译名是"共振"。我们认为，共振的含义更多地侧重于物理现象，而这里更强调的是一种心理认知现象，"共鸣"更贴切一些。

Du Bois（2014）把共鸣定义为"语句之间亲近关系的催化激活"（the catalytic activation of affinities across utterances），既可以出现在先前语境，也可以出现在未来语境（Giora，2007）。共鸣不是任何成分独有的内在本质，而是语篇中两个或多个成分之间关系的属性。被激活的亲近关系可能基于像似性，但也可以基于差异性。如果有合适的结构平行来支持亲近关系的感知，语言的任何方面都可以引发共鸣的产生。共鸣可以产生于成对的语符、词素、单词、短语、从句、构式或言语行为之中，是在单一语句中同时横跨所有这些层次的特征。当语言成分处于平行的结构配置中时，共鸣的感知会被提升。共鸣基于对整个语言社区成员都可用的稳定的语言属性来说是系统性的；它也可能是动态性的、在匆忙之中构建的，仅仅对处于当时的对话时刻中的人来说是可理解的。共鸣虽然不是强制性的，但在语言使用中无处不在。它的多样性足以使它作为对话参与的基本通用属性（Du Bois et al.，2014）。

共鸣可供性体现在语言的多个层面上，如形态句法、语义、语用以及韵律组织。两句话之间，不仅词可以共鸣，小句内成分的层级结构也可以共鸣，这也是句法平行的一个维度。原则上，共鸣可以在语言结构的任何层面上创建，从单个的语音到韵律模式，再到手势或动作模式。但哪个层面对这类分析最有成效，与说话者最相关，还有待考证。

二、对话共鸣与先前研究的关系

尽管"共鸣可供性体现在语言的多个层面上"，但在操作上，对话共鸣主要着眼于词汇和句法，这和Grice（格赖斯）（1975）的会话合作原则、

Sperber(斯珀伯)和 Wilson(威尔逊)(1986/1995)的关联理论等以往重要的语用学研究成果有没有，有多大关系？与 Halliday 和 Hason(1976)的衔接与连贯理论有何关系？

（一）对话共鸣与会话合作原则

Grice(1975)认为人们的交谈通常不是由一串互不相干的话组成的。话语至少在一定程度上反映双方的合作意愿，"……不妨说有一条双方都需遵守的总原则，即：你的话应当符合参与交谈的双方都接受的目的或方向。我们称它为合作原则"。Grice(1975)的合作原则包含四个准则：数量准则、质量准则、相关准则和方式准则。Grice 也注意到人们在实际会话中常常不遵守这些原则，有时故意违反某些原则，这就使得听话者要通过说话者话语的字面意义推测出话语的真正含义。请看下例：

（1）
1. 甲：你看我的裙子怎么样？
2. 乙：很漂亮。

（2）
1. 甲：你看我的裙子怎么样？
2. 乙：这颜色不错。

在（1）里乙遵守了合作原则；而在（2）里乙违反了量的原则，实际上乙的意思是说"颜色不错，但式样不好"。Grice 认为正是会话者不遵守合作原则才产生了会话隐含（conversational implicature）——把真实意义隐含在表面意义之下，可谓话中有话（周利娟 等，2000）。

以上是对会话合作原则的分析，如果放在对话句法理论框架中来看，我们可以做出如下分析：

（3）

		A	B	C	D	E
1	甲：	你	看	我的裙子	怎么样	？
2	乙：				很漂亮	。

基于跨句图谱（diagraph）来看，乙的答语"很漂亮"与甲的问句中的"怎么样"形成了共鸣。还有一处共鸣是标点符号的共鸣。甲句是问号，表示疑问；而乙句是句号，表示回应。另外，甲乙两句也有语用上的共鸣。而（2）可以改写如下：

（4）

		A	B	C	D	E
1	甲：	你	看	我的裙子	怎么样	？
2	乙：				这颜色不错	。

如果只是从对话共鸣的角度来看，（3）和（4）没有区别，也分析不出两句话的会话含义不同。

通过以上的举例分析，我们可以看出对话共鸣与会话合作原则有关系，但各自的侧重点不同：首先，会话合作肯定会产生共鸣，从这一角度来说，共鸣比合作原则涵盖的范围要广，会话合作算是对话共鸣的一个次类。共鸣不仅关注语用共鸣，还关注其他层面的共鸣，比如词汇、句法、语音与语义等。其次，各自的侧重点不同，会话合作关注会话含义，更侧重于对言外之意的分析，分析的深度是对话共鸣远远不能及的。而对话共鸣，就目前的发展阶段来看，还主要停留在词汇与句法的共鸣分析上。也许随着该理论的发展，在未来会做更多的语用共鸣分析，但目前还没有清晰的分析框架。

（二）对话共鸣与关联理论

关联理论（Relevance Theory）是由 Sperber 和 Wilson 在 *Relevance: Communication and Cognition*（《关联性：交际与认知》）（1995[1986]）中系统地提出的。关联理论试图找出以下问题的答案：为什么交际双方各自的谈话意图会被对方识别？为什么交际双方配合得如此自然，既能产生话语又能识别对方的话语（何自然、冉永平，1998）？根据关联原则，任何一个交际行为都传递着最佳相关性的假定或期待，听话者总是以最小的认知努力来获得最大的语境效果，并以此推导说话者的交际意图（苗兴伟，1999）。

试看下面一组例子（Sperber et al., 1995[1986]）[133-5]：

(5)

1. Peter: I'm tired.

2. Mary: If you are tired, I'll make the meal.

这里我们能很容易感觉到 Mary 的答话是与上文存在关联的。此时理解她的答话的语境是上文明确表达出来的假设：Peter 累了。

(6)

1. Peter: I'm tired.

2. Mary: The dessert is ready, I'll make the main course.

Mary 在（6）中的答话也是与上文存在关联的。然而理解该答话的语境就不仅仅是上文明确表达出来的假设（Peter累了）和上文的暗含意思（Peter不想做饭，能否让Mary做饭），还包括了"西餐里meal（一顿饭）是由dessert（饭后甜点）和main course（主食）组成"这一百科知识（杜福兴，2005）。

如果我们运用对话句法理论来分析，（5）可以改写如下：

（7）

		A	B	C	D	E	F	G
1	Peter：		I	'm	tired	.		
2	Mary：	If	you	are	tired	,	I'll make the meal	.

在此例中，有着非常明显的共鸣：在词汇层面上，I和you，am和are，tired和tired。在句法层面上，说话者的subj+be+adj被听话者借用，把它变成了条件句中的成分If+"subj+be+adj"。因前后两句的共鸣比较明显，我们理解起来没有困难。

再看（6）的情况：Peter说他累了，Mary说甜点已经做好，我再来做主食。其实这个对话之间省略了一步，那就是像（5）那样，"如果你累了的话，我来做饭"，具体做的什么饭呢，甜点和主食，甜点已经做好，下面继续做主食。为了把中间这些认知处理过程体现出来，我们可以改写如下：

（8）

		A	B	C	D	E	F	G
1	Peter：		I	'm	tired	.		
2	Mary：	（If	you	are	tired	,	I'll make the meal）	.
3							The dessert is ready，I'll make the main course	.

从（6）的跨句图谱来看，第二行是省略之后补回来的，在（8）中我们用括号表示，Mary的答语与Peter的言说之间的共鸣没有（5）那么直接，需要更多的认知努力，才能分析出其中的共鸣关系。

通过以上的考察，我们可以看出，对话共鸣和关联理论之间也是既有联系又有区别的。关联理论是对Grice（1975）合作原则的批判和发展，和合作原则有着紧密的联系，但它并不是对Grice合作原则四个准则之一"相关准则"的简单扩充和修正。它综合了当代认知科学、语言哲学和人类行为科学的研究成果，因而其理论背景是多源性的（曲卫国，1993）。Levinson（莱文森）(1989)认为Sperber和Wilson试图通过关联理论将语用学理论的重点转移到认知的一般理论上来。何自然和冉永平（1998）也认为Sperber和Wilson的关联理论从认知科学的角度对语言交际进行了探讨，将语用学的研究重点转移到认知理论上，所以在西方它又被称为"认知语用学"。

由此可见，关联理论更关注认知处理和语境效果，在认知语用方面研究得更深入，对话共鸣也包括认知语用的共鸣，但目前还没有研究得如此深入，不过对话共鸣涵盖的范围更广，不仅包括认知语用共鸣，还包括语法、语义和语音等其他方面。笔者认为，对话共鸣未来在认知语用方面的深化和发展倒是可以借鉴关联理论的研究成果。

（三）对话共鸣与衔接连贯理论

Halliday和Hasan（1976）[4]把衔接定义为："存在于语篇内部的，能使全文成为语篇的各种意义关系，是一种语义概念。"当话语中某一成分的解释取决于另一个成分的解释时，便会出现衔接。衔接的手段主要有两大类：一类是语法手段，包括照应、替代、省略、连接等；另一类是词汇手段，包括重述和搭配等。

Halliday 和 Hasan（1976/1985）始终把衔接方式的研究与语篇连贯紧密联系起来，强调语篇的连贯性势必通过语言本身得到反映，而反映的一个重要途径便是语言的衔接。在 Halliday 和 Hasan 看来，衔接和连贯都是语义概念，两者之间的关系是：连贯的语篇必须衔接，衔接促进语篇的连贯。

（9）

1. Did the gardener water my hydrangeas?

2. He said so.

（Halliday and Hasan，1976）

根据衔接与连贯理论，He 与 the gardener 之间是照应关系，so 与 water my hydrangeas 之间是替代关系，通过这两种衔接手段，两句话之间呈现连贯状态。下面我们来看一下（10）中的对话共鸣情况：

（10）

	A	B	C	D	E
1	Did	the gardener		water my hydrangeas	?
2		He	said	so	.

（10）中的 He 与 the gardener 形成共鸣，so 与 water my hydrangeas 形成共鸣，句号与问号形成共鸣，疑问句与肯定句的句式之间也有共鸣。

对话共鸣和衔接与连贯也是密不可分的，衔接与连贯是对话共鸣的基础，但衔接与连贯主要关注词汇与语法，应用范围比对话共鸣窄。另一个区别是，衔接与连贯理论是系统功能语言学的重要成果，更关注语用语义和交际功能，而对话句法是认知功能主义的产物，更关注认知处理。

三、再议共鸣

通过仔细考察 Du Bois（2014）对"共鸣"的界定和研究，我们发现，他对作为对话句法核心概念的"共鸣"的界定并不清晰，尤其是当我们想借用这一概念分析实际的对话语料时，存在一些模糊或有异议的地方。比如，Du Bois（2014）声称共鸣会产生于语言的各个层面，这种界定太泛，没有边界。Du Bois 提到"亲近关系"（affinity），那么我们要问，什么是亲近关系？如何才算亲近？如何判断两个词或结构之间存在亲近关系？他没有进一步界定和说明。

Du Bois（2014）还尝试把共鸣的定义扩展到表征（representation），如果这样做的话，共鸣的定义就变为"表征之间亲密关系的催化激活"。这样的定义将涵盖语句（如语篇中的显性表征）和它们（认知处理和记忆中）的心理表征。Du Bois 自己也不确定是否需要追究这两类表征（言语的 vs. 心理的）之间的联系，他将这一问题留给了未来的研究者。他当前的研究忽略了这些复杂性，只关注显性语句之间的关系。

我们认为，为了更好地把握和应用"共鸣"这一有力工具，有必要从不同维度和不同层次对共鸣的概念进行刻画。我们尝试把"共鸣"定义为"对话双方语言或动作方面的关联[①]"。动作方面包括手势、眼神或其他肢体语言。例如，听话者听到讲话者的一句话后，没有说什么，而是点点头，这也算是一种共鸣。这方面的探讨可以归入身势语（body language）和手语（sign language）的研究范围，在本章中我们不再展开，本章研究的重点是有声的语言现象。

[①] 这里的"关联"与关联理论（relevance theory）中的"关联"含义不同，这里是指广义上的某种联系。

言语方面可以按照语音、结构层次和交际功能三个维度继续划分，在语音层面上，可以继续分为音素的共鸣和音调的共鸣；在结构层次上，可以分为字、词、句式、标点四个方面；在交际功能上，可以分为语义和语用两个方面。为了清晰地展示对话共鸣的不同类别和不同层面，请参看图4-1：

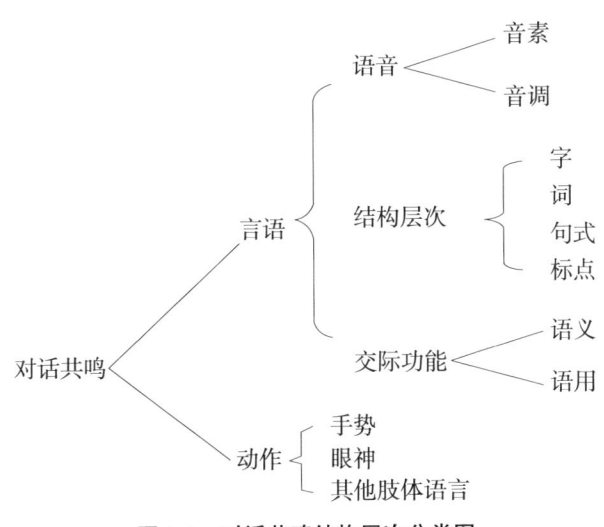

图4-1 对话共鸣结构层次分类图

下面举例说明：

（11）

a. Mark：Hey Jen，would you like to go to dinner with me?

b. Jenny：I don't know. You know what they say about office romances.

c. Mark：No. I don't. What do they say about office romances?

d. Jenny：They say you shouldn't mix love and work.

这是两个公司同事之间的对话，Mark首先说Hey Jen，引起对方注意，

Mark使用的是言语的方式，但听话者可以说Hey Mark，也可以选择其他的共鸣方式，比如只是点一下头，或用眼神交流一下，或者摆一下手，这些都可以与Mark的Hey Jen产生共鸣，这些方式就可以归入动作类，因动作类共鸣不是我们探讨的重点，我们在此只简单以此例说明。我们的重点是探讨言语之间的共鸣，Mark接下来说would you like to go to dinner with me? 采用的是升调，表示疑问，等待回答。Jenny的回应是I don't know（降调），其实I don't know只是简略的说法，它的完整形式是I don't know whether I would like to go to dinner with you。因为小句whether I would like to go to dinner with you处于认知激活状态（Ariel, 1990），为了交流的方便，可以被省略。Jenny接着说You know what they say about office romances. Mark回应说No. I don't. What do they say about office romances? 为了讨论的方便，我们可以把这两句改写如下：

（12）

  a. Jenny： You know what they say about office romances.
  b. Mark：No. I don't. what do they say about office romances?

这一回应与前一句之间产生了多层次共鸣，在结构层面，有些字词再次出现，如what、they、say、about、office romances，还有些词具有对应性，如you与I。句式层次也有共鸣，在Jenny的话中what they say about office romances是WH问句做宾语从句，而Mark把WH问句升级为主句，语用含义是他非常想知道别人对办公室恋情的看法。标点符号之间的共鸣体现为a句中Jenny用了句号，b句中Mark用了问号来回应。语义方面的共鸣体现为同义、反义、上下义及其他语义关联。语用方面的共鸣体现为符合特定社会群体应用的语言交际。

我们对"共鸣"的重新定义，使其有了明确的界限和层次感，进行相关的共鸣分析时，有了标准的规范和抓手，比 Du Bois 的定义更进一步。这一探索可以推进对话句法理论建设。

四、共鸣度的含义及其衡量

当我们分析对话之间的共鸣时，我们会说"这两句话之间有很多共鸣，这两句话之间共鸣不强，或共鸣很少"。多与少的表述，说明对话之间的共鸣存在一个"度"的概念，即，也许我们应该找出一种方式或工具，衡量一下两句话之间的共鸣程度。通过以上分析，读者也许已经意识到，对话之间的共鸣还是一个比较复杂的概念，衡量起来没有那么容易，即使对话句法理论的提出者 Du Bois 自己也还没有想清楚这个问题，在他 2010 年的手稿中指出，"要知道共鸣的定义是语句之间亲密关系的激活，这种激活的标准一定是参与者对某个概念的明确识别。从这个角度来界定共鸣的后果就是：除非明确说明对话的参与者没有感知到亲密关系，那么按照定义，共鸣一定是存在的。但是，我们如何来理解这一论断呢？如果两句话之间间隔不是两三行，而是十行，或是十分钟，甚至十天，我们还能说这两句话之间有共鸣吗？最终，我们非常期待能够找到某种测量共鸣的手段，以便我们能够非常自信地说，这两个语句之间的共鸣比那两个语句之间的共鸣大"（Du Bois，2010）[36]。

据我们掌握的资料，我们还是发现有一位研究者已经朝着这个方向努力了，他就是 Hobson（霍布森）。Hobson 等（2012）提出衡量共鸣的主要手段是框架抓手（frame grab）。框架抓手表现为一种语言结构，它可以召唤说话者结合自己的能力去注意到谈话对象之前的语言产出，并做出合乎语法的改编，同时在表达说话者自己的视角的过程中，允许创造性地阐发。当一个语句体现与交谈对象所说的前面的话语有密切联系的语言特征时，框架抓手才会出现。确切来说，Hobson 等（2012）认为，作为一个合格的框架抓手，两句话之间的共鸣需要满足一个结构的或和谐共鸣的基本门槛，也就是说，两个连续语句之间至少包含三个或三个以上的共鸣语言成分（词汇或短语）。Hobson 等（2012）认为共鸣包括语义相关（同义、反义、上下义等）、指称连贯（比如，共指）以及其他形式和功能的像似性。

Hobson 等（2012）尽管开始尝试衡量共鸣，还提出了一个新的概念"框架抓手"，但他的研究仍然无法让我们明白衡量共鸣的具体操作方法。其研究目的更像是界定一个判断共鸣的标准，比如，至少有三处共鸣的成分，但哪些成分算是共鸣，还是有些不清楚，语义相关和指称连贯还好辨认，但"其他形式和功能方面的像似性"，这一说法还是相当模糊。

正如前文所述，对话共鸣是一个多层次、多种类的概念，对于共鸣的衡量如果眉毛胡子一把抓，试图通过一个公式解决所有问题，几乎是不可能的，至少就目前的发展阶段来说，任何单一的公式都会有漏洞，很容易让人找到反例。

为了避免战略上的失误，作为衡量对话共鸣的初步尝试，我们首先聚焦对话句法最擅长的层面，即言语结构层次层面。在本研究中，我们尝试提出一个"共鸣度"的概念。共鸣度是一个指数，它是一组对话中共鸣的个数与纵栏的个数的比值，表示如下：

$$共鸣度 = \frac{共鸣的个数}{纵栏的个数}$$

"纵栏"是指对话句法分析时所划分的分析单位，Du Bois（2010/2014）在进行对话句法分析时，都是采用纵横栏分析法，如下例：

（13）

1. The Huntsman: What are you talking about?

2. Beith: I'm talking about the girl.

我们可以按照Du Bois的分析惯例，改写如下：

（14）

		A	B	C	D	E	F	G	H	I
1	The Huntsman:	What	are	you		talking	about			?
2	Beith:			I	'm	talking	about	the	girl	.

横栏用数字标识，纵栏用字母标识，把有共鸣可能性的成分放到同一个纵栏中。我们可以看出，在这个对话中，共有9个纵栏，但只有4个纵栏产生了共鸣，即C、E、F、I栏。所以这个对话的共鸣度为：4/9=0.44。共鸣度的取值范围是[0，1]，如果共鸣度为0，表示两句话之间没有任何共鸣，如：

（15）

甲：明天咱们一起去公园吧？

乙：~我的家在东北~松花江上~啊~。

甲邀请乙明天一起去公园，但乙心不在焉，没说行，也没说不行，只自顾自地唱起歌来"~我的家在东北~松花江上~啊~"。在这种情况下，两句话之间没有产生共鸣，它们的共鸣度为0。也许乙有意回避与甲的共鸣，不想接受甲的邀约，所以采取了共鸣度为0的交际策略。

当共鸣度为1时，表明对话的所有纵栏都是共鸣的，这种情况很可能是完全平行状态，即听话者重复了说话者的话语。例如：

（16）

　　1. A: What are you doing?

　　2. B: What are you doing?

两个人之间发生矛盾，A想质问B到底想干什么，但是B也不示弱，反过来质问A想干什么。B的话语的所有成分都与A形成了共鸣，而且"you"还是重读。这两句对话的跨句图谱如下：

（17）

		A	B	C	D	E
1	A：	What	are	you	doing	?
2	B：	What	are	you	doing	?

当共鸣度为1时，对话双方两句话的所有成分及整个句式都产生共鸣，会形成平行现象（parallelism）。所以，对话平行是最佳的共鸣状态。这里所谓的"最佳"，并不是说对话中交谈双方尽量向最佳靠近，共鸣状态的选择取决于听话者的交际意图，听话者可以根据不同的目的选择不同共鸣度的回应语句。

此外，希望读者正确理解共鸣度为0和共鸣度为1的概念。始终记住一点，共鸣是无处不在的，共鸣是多层次、多方面的复杂概念。我们这里所说的共鸣度目前只针对词汇语法层面。这个层面共鸣度为0，并不代表其他方面（如语义语用层面）没有共鸣，比如：

（18）

    1. A: The linguistics class Prof. Smith is teaching really sucks!

    2. B: Nice weather for the time of year.

两个学生在聊天，学生 A 说，"Smith 教授上的语言学课真是糟透了"，学生 B 回答道："就今年这个时候来说，天气不错。"这两句话看似没有共鸣，但真的是如此吗？我们来看看（18）的跨句图谱：

（19）

		A	B
1	A:	The linguistics class Prof. Smith is teaching really sucks!	
2	B:		Nice weather for the time of year.

按照词汇语法层面的共鸣度公式来算，这两句话的共鸣度为 0，因为两句话没有对应的纵栏。但实际上，这两句话在语用层面上是有共鸣的，学生 B 有意转移话题，不想回应学生 A 对 Smith 教授的负面评论，不想在学生 A 的话题上产生共鸣，这是学生 B 的交际策略，如果学生 A 想继续与学生 B 保持成功会话的话，学生 A 也就明白了学生 B 的意思，不会继续谈论 Smith 教授的课，可能会回应一句"是的，天气不错"。

衡量共鸣度时，我们借用纵栏的概念，一方面，纵栏是对话句法分析的必要手段，另一方面，纵栏可以量化，便于计算。另外需要指出的是，我们所提出的"共鸣度"的计算方法也只是一种初步的尝试，是一种化繁为简的做法。如上文所分析的那样，共鸣所含的内容很多，不仅是这些可以明确计数的，还有一些比较模糊的关联，如语音语调共鸣、句法构式共鸣、语用共鸣等，这些都是很难量化的。在未来的研究中，也可考虑不同句法位置的权重，比如话题的连续性，主语位置上的共鸣有可能比其他位置上的共鸣产生的作用更大。

Du Bois（2010）指出，也许我们可以通过语料库的数据统计手段或心理语言学实验从实证的角度来解决共鸣的测量问题。或者，首先必须清晰地认识测量对话共鸣意味着什么，这有可能需要提出一种复杂的计算方式。因为共鸣功能是非常复杂的，它必须考虑以下因素：多少个词或一个单位中多大比例上的词汇与另一个单位中的词汇匹配？多大比例上的匹配词汇呈现的是完全匹配或部分匹配（比如，有屈折变化或其他变体）？多少个分支（或单位）涉及共鸣？把潜在的分支分割开来的距离是多少（不管这个距离是按照消逝的时间、间隔的词汇、从句、音调单位还是其他的组合来计算）？对于每个词，相关语义域中有多少种聚合选择？共鸣的成分之间有何差异（比如，某些成分是习惯性表达或成语表达）？总之，共鸣的测量是一个非常大的话题，但是也是一个非常有意思的话题。

无论如何，本章所提出的共鸣度测量方法，可以解决最直观的词汇语法方面的关联程度问题，可以在一定程度上反映对话之间的亲密程度，与我们的主观直觉一致，也为下一步的分析奠定了基础。共鸣度的测量公式尽管只适用于词汇语法层面，使用范围受限，但这种探索仍然是有意义的，对于对话的自然语言处理、人机对话、机器翻译等都有重要的参考价值。

结　语

共鸣是语篇成分之间的关系属性，代表的是可比较的语言成分之间某些特定方面激活和阐述的发展过程，因此不能被归入任何孤立的成分。共鸣可出现在任何语言层面的成对成分之间，如语符、词汇、词素、构式、音位、韵律结构、特征、意义、参照、言外语力、语用功能、交互语步等。

共鸣既可以是系统的，也可以是动态的。

　　对话共鸣与学界先前的重要研究成果，如会话合作原则、关联理论、衔接与连贯理论既有联系又有区别。对话共鸣涵盖的范围比它们都广，它们都可以算作共鸣的次类，但这三个理论在特定的方面比对话共鸣研究得更深入。会话合作关注会话含义，侧重于对言外之意的分析；关联理论关注认知处理和语境效果，在认知语用方面研究得更深入；衔接与连贯理论主要关注词汇与语法，它们的研究成果可以帮助对话共鸣在这些方面的纵深发展。

　　尽管"共鸣"是一个非常复杂的概念，但它仍然是可以被量化、被测量的。作为此类研究的第一步，我们首先尝试在词汇语法层面提出了共鸣度的测量公式，并通过实际语料说明了其运用方法。

　　本研究对对话句法的理论建设有一定的推进作用，便于基于该理论进行实际领域的会话分析。

第五章 对话中的认知映射*

引 言

何为映射？何为认知映射？它们是如何运作的？对话中是否存在映射？如果有的话，对话中的认知映射有何特点？目前针对这些问题，我们发现答案似乎比较模糊，不同的研究者基于不同的理论背景有不同的阐释和理解。

映射最初是一个数学概念（Burn，2000；王斌，2001），心理学把映射与认知结合起来，研究"认知映射"（Kitchin et al.，2000），近些年来兴起的认知语言学又扩大了其内涵和应用领域（Fauconnier，1997），另外，对话句法理论（Du Bois，2014）又把映射当成其核心概念之一。

本章将在考察映射的基本概念和相关研究的基础上，重点探讨对话中的认知映射，以期进一步搞清楚对话中的认知机制，为会话分析、对话研究和人机对话系统开发做出贡献。

---

* 本章曾作为独立文章发表于《外语学刊》2021年第5期。

一、映射的概念及其相关研究

在探讨什么是认知映射之前，我们有必要搞清楚什么是映射。浏览文献，我们发现"映射"这个概念被广泛应用于各个领域，比如，在数学里面，映射是两个元素的集之间元素相互"对应"的关系；在制图学（cartography）中，映射指依据地理现状制作地图的过程；在基因学里，映射指把DNA片段分配到染色体上的过程；在脑科学中，映射是研究大脑的一系列技术手段；在计算科学中，两个不同数据模型之间的数据元素可以形成映射；在计算机图形学中，比如大家熟知的3D打印，依靠的就是纹理映射；思维导图也离不开映射，思想的绘制及其各部分之间的关系中都存在映射；宗教学中也使用映射的概念，指一种宗教实践；另外，现在流行的视频技术中也大量使用映射，又称投影映射，是指把视频投影到具有不规则形状的对象表面上，如迪士尼城堡晚上的灯光秀就采用了这类技术。可见，映射的概念应用是相当广泛的，下面我们重点介绍数学、心理学和认知科学中的映射概念。

映射在数学及相关的领域中经常等同于函数，函数是输入的集合和一组可允许的输出集合之间的关系，其特性是每个输入只与一个输出相关，如图5-1：

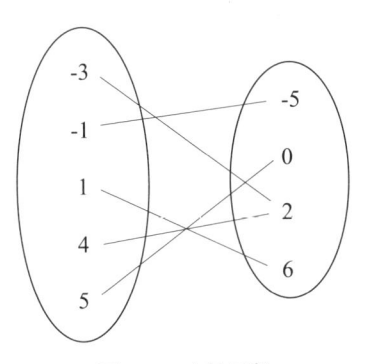

图5-1　映射函数

部分映射相当于部分函数，而完全映射相当于完全函数。在很多特定的数学领域中，这个术语用来描述具有与该领域相关联的特定性质函数，例如，拓扑学中的连续函数，线性代数中的线性变换，等等。在集合论中，设 A 和 B 是两个非空集合，若对 A 中的任一元素 x，依照某种规律（或法则）f，恒有 B 中的唯一确定的元素 y 与之对应，则称对应规律 f 为一个从 A 到 B 的映射，记作 f: A→B，有时记作 f: x→y。

认知映射是一个过程，这个过程是由一系列心理变换组成的，通过这些心理变换，一个个体可以对他日常生活中空间环境内的各种现象的相对位置和特征的信息进行获取、储存、回想和解析（Downs et al., 1973）[7]。心理学家把认知映射归于空间认知的研究领域。Johnson（约翰逊）(1987) 和 Lakoff（1987）认为认知映射是空间认知研究更宽广领域中的一个组成部分，空间认知关注的是空间思想本身，空间认知又是认知本身的一个重要组成部分，对它的理解被认为是从整体上理解"学习和知道"（learning and knowing）的关键。

认知映射（cognitive mapping）和认知地图（cognitive map）这两个术语本身也不无问题（Kitchin，1994）。"认知映射"这个术语曾经被按照 3 种不同的方式使用过。第一种是作为一种描述性的标题，指考察人们学习、记忆和处理关于环境的空间信息研究领域。第二种是作为一种描述性的短语，来描述关于空间关系的思维过程。第三种是作为描述性命名，用以理解包括构建认知过程地图的一般意义上的认知的一种方法论。

认知语言学家认为，在各种认知能力中，一个主要的和普遍的认知能力是想象（imagination），即把一些概念投射到另一些概念中去（王德春 等，2001）。认知语言学借映射概念喻指人类独有的、对不同认知域之间意义的产生、转移和处理的认知能力。它一方面为产生意义和推理的各种现象勾勒出总的过程与原则，另一方面为我们洞察不可直接触及的认知域组织结构提供手段（王斌，2001）。只要人们思考或交谈，认知域间的映射关系即产生。

认知映射是空间映射理论（Fauconnier，1994/1997）中的核心概念。该理论旨在说明意义是言语者在语符信号刺激下所进行的概念的跨空间映射（cross-space mappings）的结果。该理论运用数学中的映射原理来分析联想和认知运算过程，认为这一过程就是使一个心理空间中的概念与另一个或一些心理空间中的概念产生映射关系（项成东，2003：16）。Fauconnier（福柯尼耶）（1997：8-10）认为，人们进行思考和交际时，就是在构建心理空间的映射关系（图5-2）：

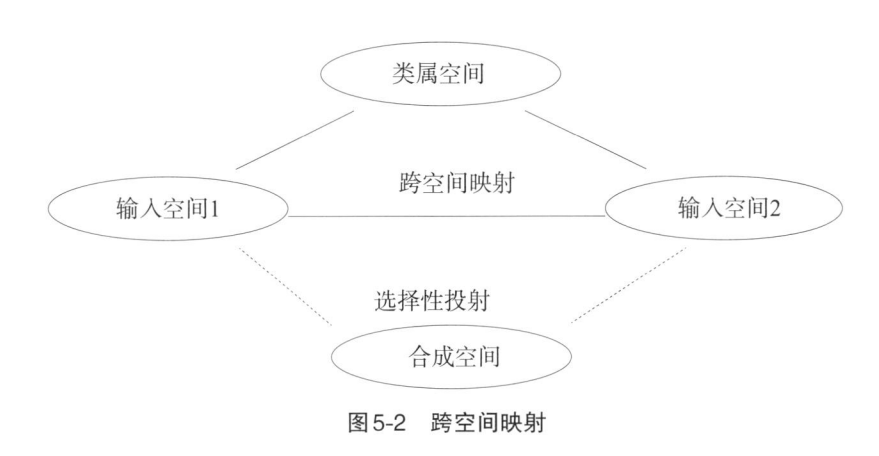

图 5-2　跨空间映射

1985年，Fauconnier在其专著《心理空间》中提出心理空间理论，其中包括3种映射：投射映射（projection mapping）、语用功能/函数映射（pragmatic function mapping）和图式映射（schematic mapping）。

映射也是对话句法理论（Dialogic Syntax）（Du Bois，2014）中的核心概念，对话句法理论是近些年来新提出的处理对话的认知功能理论。该理论观察到，一句话会重现上一句话的部分或全部结构模式，形成平行现象，结构和意义上会产生某种共鸣（resonance）。句法在平行结构中被有效利用，一句话和另一句话形成映射（mapping）。从这个意义上来说，对话句法探讨的是一个说话者产出的特定结构和另一个说话者产出的（部分）平行结构之间映射的一种形式关系。但是，详细考察对话句法理论之后，我们发现，尽管映射是其核心概念之一，但对话句法并未对其进行详细刻画和深入研究，只是把它当成常识。我们认为，事实上，对话之间的映射远比我们想象的复杂，值得进一步详细探索，这也是本研究的动机之一。

二、对话中的认知映射

纵观先前关于映射的研究，大部分都是针对单个词汇、单个句子或单个认知主体的研究。基于单个主体的单句分析，忽视了句子之间的映射层面，而句子之间的这种映射关系应该是一个丰富的但尚未被充分开发的研究领域，急切呼唤一种新的研究模式的出现。

（一）对话映射有何与众不同

非对话中的映射大部分发生在认知主体头脑中，是认知主体的心理认知过程。而对话映射除了认知主体头脑中的认知处理，还会形成对话之间的映射过程，这一部分是客观可见的。非对话映射一般以单人为认知主体，该认知主体接收到语言信息时（通过眼睛阅读或耳朵听到），该信息中包含的词汇或语句会激活该认知主体头脑中存储的相应的知识或图式，如果该词句对应的是具体的、已知的概念结构，该理解过程将非常容易，由认知主体直接进行理解。但如果其中涉及某个或某些抽象的、新的或异质的概念，认知主体就会利用已知的、具体的概念结构来理解它，这个理解过程离不开映射，即认知主体把具体的、已知的概念结构映射到抽象的、新奇的概念结构上，如图5-3所示：

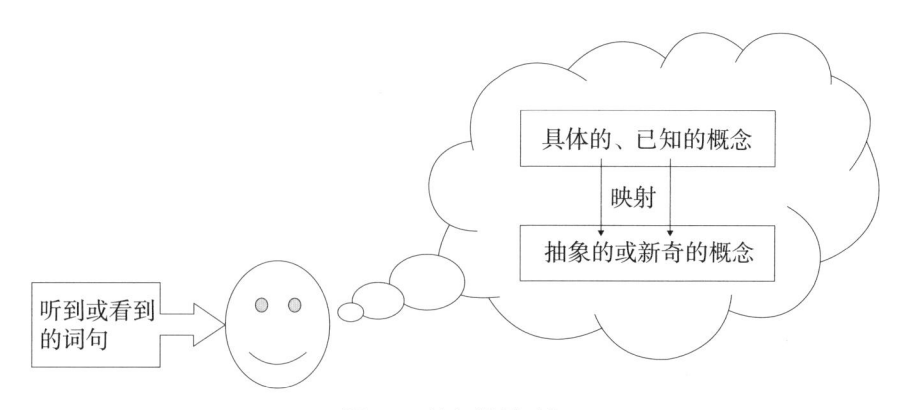

图5-3 认知投射过程

举例说明，如果某人听到（1）中的这句话：

（1）

John is a student.①

他直接从头脑中找到关于student的概念"身份是学生，需要上课、做作业，还没有毕业……"，然后把这些概念赋予John，就能完成对这句话的理解。但是，如果他听到另外一句话：

（2）

John is a lion.

他不能直接把lion的概念赋予John，因为John是人，lion是狮子，人不能是狮子。他只能在头脑中把狮子的概念结构映射到John身上，狮子最主要的特征是"勇猛、力量大、速度快……"，通过映射，他可以将这

---

① 本章中的例句，如无特殊标注，都属于作者自造例句。

句话理解为John是一个像狮子一样的人，勇猛无比，力量大，速度快，等等。

对话中的映射比非对话中的映射要更复杂一些，主要原因是对话映射涉及多个认知主体。对话中，认知主体除了要完成自己的认知理解部分，还要与另外一个认知主体形成对话，如图5-4所示：

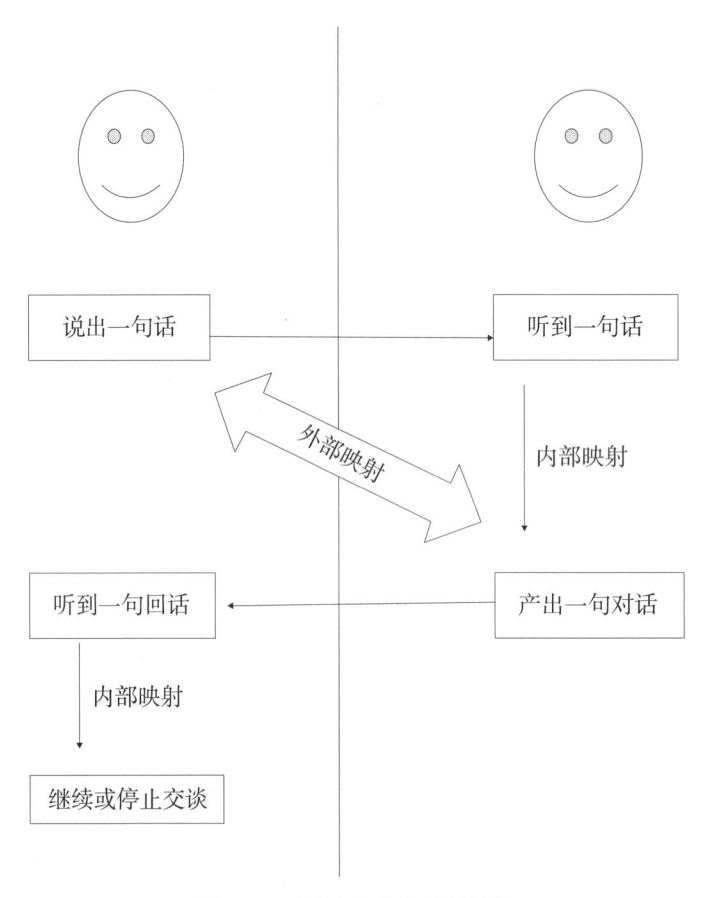

图5-4 对话中的认知映射过程

我们把认知主体自己头脑中完成的从词句到意义的理解过程称为"内部映射"，把听话者所产出的答语与说话者的问话之间的映射命名为"外部映射"。在对话映射中，内部映射可能发生，也可能不发生，取决于认知主体是否需要动用深层认知过程。但外部映射一定会发生，因为听话者产出的话语与说话者的问话之间如果不能形成映射，那就会答非所问，无法形成真正的对话。

（3）

甲：今天星期几？

乙：今天星期五。

在（3）中，当乙听到甲说出"今天星期几？"时，会在头脑中进行加工：这是一个关于时间的问句，乙需要在头脑中搜寻关于时间的认知框架，再加上今天的时间提示，给出答语"今天星期五"。此答语与甲的问话之间无论是词汇的选择还是句式的组构，都形成了映射，即所谓外部映射。但如果乙选择另外一种回应方式，如（4）所示：

（4）

甲：今天星期几？

乙：我不喜欢吃菠萝！

那么此答语与甲的问话就无法形成外部映射。虽然这两句话各自都是没有语法问题的单句，但放在一起，无法形成对话。这也是为什么这两句话读起来感觉答非所问。

（二）对话映射的运行机制

如上文所述，对话映射由两部分组成：内部映射和外部映射。关于内部映射的运行机制，可以参考概念合成理论（Fauconnier，1997；

Fauconnier et al.，1998），此处我们不再展开讨论。我们将重点探讨外部映射的运行机制。外部映射可以根据映射的结构和层次的不同分为不同的种类。

1. 词汇层面映射

一般来说，交谈者的话语中经常重现或提及说话者话语中的某些词汇，有时交谈者会换用相近意义的词汇来回应说话者的话语，我们把这种情况界定为词汇层面的映射，如：

（5）

Simba：His name was Banagi.

Sarabi：I know his name. Your father may not be so pleased to be in his debt.

The Lion King

（5）中的映射关系可以标示如下：

（6）

Simba：His name was Banagi.

Sarabi：I know his name. Your father may not be so pleased to be in his debt.

其中his name是原词重现，Banagi与his之间是指称关系。对话中，问话与答语之间的词汇对应关系就是词汇层面的映射。这类映射是对话必不可少的部分，也是最常见的映射类型。

2.句法层面映射

外部映射关系也会发生在句法层面,如:

(7)

Harry:Don't you ever speak about that again. You understand?

Dudley:Don't point that thing at me!

Harry Potter and the Order of the Phoenix

问话中使用了"Don't do sth."的句式,答话人也采用了此句式,可以表述为,说话人的句法结构被映射到答话人的答语之中。对话的目的是交际,只要有利于交际的进行,只要能满足交际需求,答话者最有可能采用说话者输入的语言资源,句式的复制是最省力的策略。所以,如果说话者的句式能够被采用,答话者会优先采用说话者的句式。

3.语气语调层面的映射

对话双方的语气语调也会形成映射关系,一般来说有两种对应模式。第一种模式是陈述语气对陈述语气。请看下例:

(8)

Maurice:I'm getting a Doberman! Two!

Ellen:You've been saying that for two years; I think they know you're bluffing.

Labor of Love

Maurice使用降调的陈述语气,采用感叹强调。Ellen的回应也是陈述语气,提供了点评,有一点开玩笑性质的嘲讽。

第二种模式是疑问对陈述。这是对话中最常见的模式，即平常所说的一问一答，有问有答。一般来说，问话是带升调的疑问语气，答语为降调的陈述语气，如下例：

（9）

Steve：Where the hell am I?

Diana：This is Themyscira. Home.

Steve：Whose home?

Diana：The Amazons.

Wonder Woman

这里我们只是为了讨论方便，按不同层面考察不同类型的映射。但事实上，在实际对话中，多个层面上的映射会交织在一起。如（9），除了语气语调上的映射，也有词汇的映射，如where→Themyscira；也有句式映射，如WH句式与陈述句式；等等。

三、对话句法中的映射

Du Bois在其2014年的经典论文中56次提及"映射"（mapping），但他没有对此概念进行专门论述，没有展开讨论。一方面，他可能认为此概念众人皆知，没必要进行专门阐释（但实际上，大家对映射概念在认识上还是模糊的，很少有人对它进行过深入的、确切的刻画）；另一方面，Du Bois在着力构建自己的新理论框架——对话句法，该理论在学界还没有得到全面认可，他要把主要的笔墨放在该理论的整体构建上，最多可以分一点精力关注一些新提出的概念，比如"跨句图谱"（diagraph），无暇顾及像

"映射"这样的基础概念。但事实上，映射概念本应该获得Du Bois更多的关注，因为它远比料想中的重要，如果此概念立不住脚，对话句法中的其他核心概念，如共鸣、跨句图谱等，都可能不成立，因为他们都是相辅相成的。下面，我们深入探讨一下映射与对话句法其他核心概念的关系和互动机制。

（一）映射与平行

关于平行的研究，在语言学和其相关学科中有着悠久和丰富的历史（Harris，1952a/1952b/1991；Jakobson，1966；Norman，1980；Silverstein，1984）。Du Bois（2014）认为平行在对话句法中扮演着非常关键的角色，平行可以在以对话的形式并置的内部结构化的话语对之间产生局部的、临时的（ad hoc）映射。平行和映射密不可分，只要有平行，就会产生映射，但在没有平行的情况下，也有可能有映射，所以映射的范围比平行更广，例如：

（10）

Alice：There was trouble at work yesterday.

Manager：Yes.

Alice：I need another week.

Manager：I need something now.

Alice：I can pay something today. What can I offer?

Manager：What were you offering those others?

Nothing like the Sun

在这个对话中，有两处平行，一处是I need...结构：

（11）

    Alice： I need another week.

    Manager：I need something now.

另一处是WH结构：

（12）

    Alice：... What can I offer?

    Manager：What were you offering those others?

在这两处平行结构中，也伴随着映射的发生，但除了这两处，其他地方也有映射：

（13）

    Manager：I need something now.

    Alice： I can pay something today.

这里Manager说的something被映射到Alice的答语中，但这两句话的结构并不平行，一个是一般动词结构，另一个是情态动词结构。

（二）映射与共鸣

Du Bois（2014）把共鸣界定为语句间亲密关系的催化激活，共鸣是话语成分之间的关系属性，所以，它不能被归到单个孤立的成分上。共鸣代表了一种被激活的发展关系，是对可比较的语言成分之间的可感知关系的阐释。共鸣可以发生在语言的各个层面：符号、词汇、词素、构式、语素、韵律结构、特征、意义、指示、言外语力、语用功能、互动语步等。甚至，共鸣可以被比喻为话语互涉的通用货币。

在对话中，共鸣是无处不在的。没有共鸣，对话也就不能成立。没有共鸣，就会出现鸡同鸭讲的情况。从这个角度上看，映射肯定会产生共鸣，映射只是共鸣的一种情况。而共鸣既是映射的来源，也是映射的产物。作为来源，共鸣基于两个语言成分之间的像似性，有效地利用他们，使他们之间产生映射。当共鸣资源被有效利用时，对话并置的话语之间很可能也会形成平行和映射关系。通过激活潜在的关联，共鸣会提升平行和映射关系，增强结构互涉。反过来，平行和映射也可以提高人们对共鸣的感知。

（三）映射与跨句图谱

跨句图谱（diagraph）是 Du Bois（2014）新创造的术语，是指一种高阶的、超句句法结构。顾名思义，diagraph 中的"dia-"是 across（跨越）的意思，而"graph"就是 mapping（映射）的意思，所以，diagraph 的含义是 mapping across，因为它是 Du Bois 提出的新术语，目前国内还没有统一的翻译，我们把它译为"跨句图谱"。

从它的名称上就可以看出，跨句图谱与映射密不可分。映射是跨句图谱形成的必要操作，一个结构化的共鸣关系映射到另一句话上，形成结构耦合，才能产生跨句图谱。请看下例：

（14）

Timon：Welcome to our humble home.

Simba：You live here?

Timon：We live wherever we want.

Pumbaa：Yep. Home is where your rump rests. Heh!

Simba: It's beautiful.

The Lion King

请特别注意一下 Simba 和 Timon 之间的对话：

（15）

Simba：You live here?

Timon：We live wherever we want.

按照 Du Bois（2014）的惯例，这两句话之间的跨句图谱可以标示如下：

（16）

```
Simba: You    live   here              ?
        ↑      ↑      ↑                ↑
Timon: We     live   wherever we want  .
```

这个图谱中的映射关系也非常明显：we 映射 you，live 映射上一句中的 live，wherever we want 映射 here，句号映射问号。

跨句图谱，从名称上听起来确实像是一种图谱（graph），但它又不是纸上的那种图谱，它是一种对话中浮现出来的认知图谱结构（Fanconnier，1997；Gentner et al.，1997），这个结构是通过对话双方在实时对话中使用的实际词汇和结构的映射而生成的。语言行为通过拟像性映射，把一个内部结构化话语中的语言成分映射到平行话语中对应的语言成分上，从而建构了图谱关系。总之，映射与跨句图谱的关系可以概括为：跨句图谱是映射的产物，映射是跨句图谱生成的必要手段。

结　语

映射是多个学科中的核心概念，认知映射在心理学和认知科学中也多有考察，但自然对话中的认知映射研究还显不足。本章重点考察了对话中的认知映射运行机制，区分了内部映射和外部映射，并比较了映射与对话句法中的平行、共鸣和跨句图谱之间的关系。

对话中的认知映射研究既有理论意义，又有现实意义。从理论层面来讲，相关研究成果可以用来进一步建设会话分析、对话句法理论研究，推动对话研究的发展，毕竟对话研究仍然是待开发的、大有发展空间的研究领域。从现实层面来讲，对话映射研究成果可以应用于人机对话、对话机器人等人工智能领域的研究和系统开发。人工智能在软件和硬件方面都取得了长足的进展，但语言模块开发方面仍然不尽如人意，所以希望本研究能够为其带来些许启发。

第六章　对话中的句法启动

引　言

在言语生成过程中,人们倾向于使用新近加工(理解或生成)过的句法结构,该现象被称为结构启动(structural priming)。譬如,如果说话人先前听到一个双宾句(如 A man gave a dog a bone),那么在随后的语言表述中,重复使用双宾结构的可能性就会明显增大,尽管事件的内容既可用介词与格结构(如 Mary baked a cake for Jenny)也可用双宾结构(如 Mary baked Jenny a cake)来表述(姜琳,2012)。

先前关于句法启动的研究,大多只是针对单个说话者的语言加工,启动句的来源可能是视觉或听觉,很少有研究专门探讨对话中的句法启动。对话中的句法启动句来源于上一位交谈者,与其他类型的句法启动应该有不同之处。本章旨在基于对话句法理论探讨对话中句法启动的运行机制。

一、句法启动的文献综述

句法启动(syntactic priming),又称句法坚持(syntactic persistence)或结构启动(structural priming),是指个体在产生和理解句子时,倾向于

重复使用刚刚加工过的句法结构。自Bock（波克）（1986）首先证明句法启动现象以来，该现象在很多语言中被证明存在（Hartsuiker et al.，1998；Scheepers，2003；李荣宝，2006）。目前，句法启动在一些核心问题上仍存在较大争论，如句法启动是语义启动还是句法启动，是词汇驱动还是词汇独立，以及关于句法启动的理论解释，等等（孙颖 等，2018）。

学界普遍认为最早的句法启动研究是Bock在1986年进行的三个系列实验研究。此后，为了深入探讨句法启动的机制，国外学者从不同的角度展开研究，包括句法保持、隐性学习、跨语言启动、双语启动表征、语际及语间启动等（李中山 等，2020）。

心理语言学、二语习得领域的学者们对句法启动效应进行了大量研究，这些研究发现句法启动效应普遍存在于一语和二语（Hartsuiker et al.，1998；Jackson et al.，2017）、言语理解和言语产出（Pickering et al.，1999；Giavazzi et al.，2018）、成人与儿童学习者的语言使用（朱火红 等，2009；Branigan et al.，2016）中，并且句法启动效应可不依赖于词汇重复而独立存在（Traxler，2008）。这说明在句法启动过程中学习者提取了不依赖于词汇意义的句法结构信息（冯丽萍 等，2020）。

国内外大量研究证明了句法启动的稳固性和普遍性，但是关于句法启动的理论机制问题仍存有争议，主要存在三种机制假设：残余激活理论（Pickering et al.，1998）、内隐学习理论（Bock et al.，2000）和双机制理论（Renter et al.，2011）。残余激活理论认为句法启动是词条以及组合节点的激活导致的，效应短暂；内隐学习理论认为句法启动是内隐的无意识的加工过程，具有持续性；而双机制理论认为句法启动涉及内隐与外显两种机制。上述每一种理论均有相应的实证研究支持，这一争议有待进一步考察（刘丹丹 等，2019）。

对句法启动的研究源于探讨是否存在纯粹的句法启动。Bock的研究最早证明了句法启动效应的存在以及其具有一定的普遍性。试验首先要求被试复述一些句子,包括主动句、被动句、包含介宾结构(简称"PO")的句子、包含双宾语结构(简称"DO")的句子,然后要求被试描述图片。结果表明,被试倾向于通过使用先前所复述的句子的句法结构来产生新的句子。例如,被试先复述包含介宾结构(PO)的句子"Nicola gave the book to Mary"(启动句),在接下来的语言产生过程中,被试使用介宾结构的可能性增大;相反,如果被试复述的句子是双宾语结构(DO)"Nicola gave Mary the book"(启动句),则产生包含双宾语结构的句子的可能性更大。后期的研究进一步证明了启动句与目标句之间的一致并不是由词汇、题元或韵律的重复引起的,而确实存在于句法层面(Bock,1989;Bock et al.,1990)。随着新的研究技术的介入,一些研究者采用眼动技术考察了语言理解过程,发现无论启动句和目标句是否有词汇重复,启动句的句法结构对目标句的信息加工都有着显著影响(Arai et al.,2007;Carminati et al.,2008)。然而,也有一些研究揭示句法启动是由词汇(动词)驱动的,当动词一致时,句法启动效应更强,但动词的时态、体、数等方面的特征并不影响启动效应(Pickering et al.,1998)。近年来,认知神经科学的研究方法——事件相关电位(ERP)技术在这一领域的运用为句法启动本质的研究提供了新的手段和方法。ERP技术能将句法加工与语义加工分离,P600是衡量句法加工的重要指标,N400效应代表语义加工。有研究表明,句法启动在本质上是句法的、结构的,启动句与目标句之间单纯的词汇重复(句法结构不一致)并不能促进目标句的加工(Ledoux et al.,2007)。目前,关于词汇与句子产出的心理机制问题,有两大理论模型:一是以Levelt(莱沃尔特)为代表的模块理论,认为动词激活句法结构,句法编码由词汇编码驱动(Levelt,1989);二是以Dell(戴尔)为代表的互动理论,认为句法框架搭建在先,具体词汇选择在后,如一些封闭词汇(代词、数词、量词等）的选择建立在句子结构建立的基础之上（Dell，1986；杨慧 等，2018）。

二、对话句法中的启动思想

Du Bois（2014）认为启动（priming）是对话句法理论的四大支柱之一（其他三个支柱分别是平行、类比和对话性）。启动通过创设可以促进对新近使用过的语言形式和结构的选择性复用的认知条件，为对话句法搭建舞台。词汇启动和结构启动共同作用于增强激活的关键阶段，促成构成共鸣圈的各个阶段的运转：启动—复用—共鸣。尽管启动可以提高复用的可能性，并进一步促进共鸣的发生，但这些过程是不同的，其中的任何一方都不可以缩减为另外一方。Du Bois（2014）认为与对话句法相关的研究包括词汇启动（Cutler，2012；Hoey，2012；Neely，1991）和结构启动（Bock，1986；Bock et al.，2000；Branigan et al.，2000；Garrod et al.，2004；Gries，2005；Hare et al.，2000；Pickering et al.，2008）。

启动与共鸣之间是一种互惠的关系（reciprocal relation）。Du Bois（2014）认为对话中的启动的作用和角色仍然不清，需要进一步深入研究，不管是词汇启动，还是结构启动，都需要研究。而且要把启动放到更大的共鸣圈中，因为共鸣圈把启动、复用和共鸣都联系起来了。这一步非常重要，它就像是序曲，只有把这一步做好了，才能全面考察共鸣圈对其他认知和语言过程，如类比、转移、习得和语法化等的影响。两人对话，一个人的话语对另一个人来说，就是启动话语（priming utterance）。

在对话中，我们经常看到交谈者复用紧邻的上文中自己或其他人使用过的句法或其他语言资源。从互动的框架来看，这就提出了一些与认知工作分享有关的、有意思的问题，也就是说，如何使用已经被其他人使用过的即刻就能获取的认知资源。但是对话句法不能被缩减为启动。启动是一种自动的认知过程，它可以协助提供可及性，当然不是针对单一的事物，是针对很多的事物。但是启动自身也不能决定哪一项被启动的成分会被产出，或者为了回应启动，是否要产出任何东西。如果启动决定交谈的最终结果，那么我们可能永远逃不出对前面的说话者所说的话的复用，反之亦然，产生一种无限的回归。

为了从更恰当的视角来看待这个问题，我们有必要识别一种再生循环的存在，区别于"促进—行动—结果"的连续阶段。在启动的促进下，再生产生，共鸣出现，这是再生行动的结果，然后新的联系被激活，这个循环又重新开始，出现新的启动。当然，这只是这个复杂话题中的一部分解释，在对话句法中，搞清楚启动、再生和共鸣的互动关系仍然需要进一步研究（Du Bois，2010）。

三、对话启动的驱动因素

有一个问题需要思考，在对话中，交谈者使用同样的词汇或句式，可能是一些强加在交谈者身上的、无法控制的因素造成的，比如当前讨论的话题的限制，或者表达特定内容的有限的词汇选择。所以，我们不免产生这样的疑问，当两个说话者使用相同的词汇交谈时，难道不是因为他们正在谈论相同的话题吗？描述相同的话题不就是用那些有限的语言表达吗？看似非常自然，在创建对话的连贯性方面的共有兴趣，应该会产生话题的连续性，这会非常自然地激发连续地围绕相同的语义内容的连续定位。这会驱使会话的共同参与者连续地从相同的语义域中获取灵感，汲取力量，选择许多相同的词汇，Du Bois（2010）将其称为"内容混淆"（content confound）。

那么我们如何才能区分交谈者使用相同或类似的语言表达是因为需要

保持不变的内容，还是因为共鸣原则？内容混淆的问题非常微妙，需要小心处理。关于内容混淆的观点，不同的说话者重复使用相同的语言形式，并不是其相互影响的有力证据，而是构成了一种独立的词汇化选择的趋同（convergence），因为每一个说话者都会被共同话题限制住，话题的连续性是自然话语的主要特征。沿着这条辩证的思路来看，还有一个必要成分，那就是语言知识提供一种对当前内容进行编码的方式。在这一思辨的线条上，仅仅是因为没有其他把内容词汇化的手段。毫无疑问，这些决定性的因素确实存在，尤其是在某些特定的语义域内。

这一观点似乎很难被驳倒，但是我们有理由怀疑除了对于特定话题的话语，这一主张不会起决定性的作用。作为首次逼近性探索，通过计算某个词汇在话语语料库中出现的频率，我们可以预估两个说话者在多大的可能性上会独立地在同一时刻、同一段话语中选择同样的词汇。如果一个词语在一个足够大的语料库中只出现了有限的次数，而在同一个比较简短的话语片段中出现了两次，我们就可以比较合理地得出如下结论：两个词汇化事件并非是独立的。也就是说，我们可能找到了一个说话者影响另一个说话者的证据（这就是所谓的"启动"）。我们希望把这种词汇趋同与话语片段的跨句句法分析结合起来，这也代表两个说话者的话句之间会产生类似共鸣或映射的和谐关系。

在假设说话者受到他们谈论的话题的完全支配时，我们应该要非常小心。所谓的内容混淆，可以理解成是内容协调（content mediation），是一种对分配性认知的支持。请看下例（Du Bois，2010）：

（1）

（*Deadly Diseases* SBC015：670.595-686.295）

1. JOANNE; Does ^George `take any of this `stuff?

2. LENORE; ^He won't take any of [this `stuff].

3. JOANNE; [(H) But] `he's as ^healthy as an `ox,

4. that `guy.

5. (0.8)

6. (H) That `guy is <MARCATO> ^heal [thy as an] ^o : x </ MARCATO>.

7. LENORE; [#His ^#liver],

8. except #for #his ^liver.

9. (0.9)

10. JOANNE; ^Yeah,

11. but I'm ^saying,

12. is like,

13. (%): you know,

14. as `much as he's ^abu: sed his ^liver,

15. and %a- all other .. other `things in his ^life,

16. he's ^still as `healthy as an ^ox.

本例中的语言趋同应该归于偶然，还是说话者对于话语共鸣的积极产出？或者是因为内容混淆吗？偶然性可以被轻松排除，因为"his liver"在整个语料库中的出现频率比较低。考察一下下面三个含有"his liver"的语调单位：

（2）

(diagraph)

7. LENORE; **his ^liver,**

8. LENORE；except for **his ^liver**.

14. JOANNE；as much as he 's ^abused **his ^liver**,

这三次趋同比较接近，而且是比较低频率的表达，几乎可以肯定的是，它们的出现不是因为偶然性。再看一例（Du Bois，2010）[33]：

（3）

（*Deadly Diseases* SBC015：546.020-559.910）

1. LENORE；.. **This is uh**［:］,

2. KEN；［A］-F Beta［2Food］?

3. LENORE；［2**Liver**］.

4. **This is liver**,

5.（2.4）

6. KEN；**How many**［**different liver**］**things**［2**do you ha: ve**］.

7. LENORE；［This is］,

8. ［2This is vita］min C.

9. JOANNE；［3She's］--

10. LENORE；［3@@］

11. JOANNE；That's her［4biggest problem］.

12. LENORE；［4@#I @#have one l］iver but,

13. .. it has a lot --

14.（H）_（0.6）

15. JOANNE；..［（H）Fact she's］,

16. LENORE；［Lower G-I］,

17. JOANNE；p_［2She's］actually［3on a waiting］list,

18. LENORE；［2#pepsin］.

19. KEN；［3#You #have pepsin］.

20. JOANNE；**for a liver**［3transplant］.

这段话从切实地聚焦 Lenore 的膳食补充药片开始，这一点在附近的环境语境中有明确地体现。Lenore 把药片标记为含有 liver（肝脏）成分，Ken 接着问，她有多少 liver things（这里是指含有 liver 的药片）。但是 Lenore 假装把这句话理解为他问她有多少个肝脏器官，所以她笑着回答到她只有一个肝脏。

（4）

（diagraph）

6. KEN；how many different **liver** things do you have.

12. LENORE；one **liver** {I have} but，

这里语言形式的共鸣不能被简单地处理为由内容决定的意义的衍生。而恰恰相反，正是因为形式的共鸣，导致了意义的产生。Leonore 的话"I have one liver"乘机利用了"how many different liver things do you have"中可能的歧义。有意地抓住了一个不太可能被说这句话的人注意到的另外一层含义。从另一个角度来说，Lenore 在没有任何刺激的情况下，完全基于自己的知识或当前的话题，似乎不太可能说出"I have one liver"这句话（这可能就是启动效应在起作用）。那么这句话的直接动因从本源上来说正是来自对话。

同时，Joanne 沿着另外一条幽默的线索前行，假装说 Lenore 是在等待肝脏移植。再次重申，这句话很难被看作由之前被讨论的膳食补充物的客观现实决定的。可能与 Sapir 所说的 formal play（形式玩耍）更相关，是一种对在当前对话中出现的特定语言或概念材料的语境可用性激发的各种可能性机会的玩耍性利用和开发，以便创造出与话语交谈伙伴的新式共鸣。在这种语境下，形式对意义的驱使作用与意义对形式的驱使是一样的（Du Bois，2010）[34]。

总体来看，这段对话中出现了五次 liver：

（5）

（quasi-diagraph）

1.、3. LENORE: this is **liver**.

4. LENORE: this is **liver**,

6. KEN: how many different **liver** things do you have.

12. LENORE: I have one **liver** but,

20. JOANNE: for a **liver** transplant.

这里，对 liver 这个词的使用至少包含两种不同的解释。在某些情况下，形式的选择是由要表达的意义驱动的。比如，在语言的词汇库中，liver 缺少更多的可替换表达，对于药片成分的讨论决定了这个词的选择。相对来说，选择说 one liver 或者 a liver transplant 可能更多是由别的说话者所说的话句驱动的，而不是由当前的话题内容或说话者自己的知识决定的。所以按照内容调节（Content Mediation）的原则，即使是字面上的、和主题相关的贡献，比如 Ken 说的"how many different liver things do you have"都可以被看出参与了对话共鸣的创建，不管他们以内容为基础的动机是什么。

四、关于对话启动的实证研究

李中山等（2020）通过对国内句法启动研究20年（2000—2019）的文献计量分析发现，关于句法启动的研究主题以实证型为主，大部分是实验类的实证型文章，有75%的文献是从实验的角度对句法启动进行验证和探索的。McDonough（麦克多诺）和Trofimovich（特罗菲莫维奇）(2009)分析了4种句法启动的常用研究范式：图片描述任务、句子复述任务、句子补全任务和同盟者脚本任务。李中山等（2020）通过对国内的文献进行分析发现在句法启动实验设计中，国内研究者大部分也遵循了国外研究者通行的研究范式。

Tantucci（坦图奇）和Wang（2021）近期做了一项很有意思的实证研究，他们基于对话句法，通过考察同意性或反对性对话中的共鸣和互涉，发现启动不仅是一种隐性的机制（Bock，1986；Bock et al.，2007），还与互涉、创造性和互为主观性的句子边缘语用标记的增长有显著性相关关系。

这项研究提供了新的证据来支持这样一个假设，即通过自然互动中的合作可以在话轮转换中的构式和词汇亲缘性的形式中得以体现（Du Bois，2014；Tantucci et al.，2018）。在前期的文献中，启动只是被当成在自发交互过程中在形式和功能上都发生的一种机制（Reitter et al.，2011）。Tantucci和Wang（2021）特别关注汉语普通话自然对话中意义和形式像似性的共建方式。他们从Callhome语料库[①]（McEnery et al.，2008）中选择了前1000个同意性或反对性的对话话论。他们的数据表明同意和不同意都与启动相交叉，因为启动是对话互涉的形式，在功能和形式上以联合项目和互动合作的形式展开（Clark，1996；Tomasello，2008/2019；Tantucci，

[①] 该语料库是talkbank语料库中的一个子库，语料库的网址为https://sla.talkbank.org/TBB/ca/CallHome/zho。

2020/2021）。这个交叉点的关键在于，合作在结构上是作为对话互动的一个构成要素发生的，与对话者的认知立场无关。这一结论是基于对1000个表同意或不同意的对话话句的混合效应线性模型的分析得出的，这一研究表明共鸣和构式启动与有标记的互为主观性的句末助词（SFP）不管是在语音上还是在句法上都存在显著性相关关系（Tantucci，2013/2017a/2017b/2021；Tantucci et al.，2018/2020a）。句末小品词（sentence final particles，简称"SFP"）构成了互动互涉的显性形式，作为非强制性标记，被用来关注对所说内容的潜在反应。SFP在同意和不同意的两种情况的对话中都与共鸣相关，都揭示了构式启动和对话合作中的功能和形式的关系。这是一个新发现，据我们所知，这是第一项采用量化手段来探讨自然对话中的结构特征的研究（Tantucci et al.，2021）。下面详细介绍其量化研究方法，以期对相关研究有所启示。

该项研究的语料来源是Callhome语料库中的中文普通话自然对话。两个独立标注人从该语料库中手动选取1000个表达同意或不同意的话轮。选取的标准是看一个话句是否与前一个话句构成了一个邻近对（adjacency pair），而且是否与前面的语用标记词"是的"或"不是"搭配使用。

语料选取完成后，下一步是标注。具体的标注是基于多个维度：这句话是表达同意还是反对，它是否包含句末助词（SFP），共鸣的来源是什么（比如，说话者B是与说话者A共鸣，还是与她/他自己共鸣，还是与两者同时共鸣），语音共鸣的程度，句法共鸣的程度，最后是从启动到共鸣发生点的距离。

语音共鸣的计算是基于交谈者重复或复用的单词或感叹词的数量。句法共鸣表达的是与临时构式共鸣的内部一致性。这就意味着，句法共鸣的计算不仅局限于相似的词，还包括能够展示结构近似性的内部构式成分的图式类型。最后，维度距离是基于从启动点到共鸣词汇或构式之间的音调单位（intonation unit）（Chafe，1994）的数量来计算的。请看下例：

（6）

1. A：我知道，我知道，那个手段更复杂了。
2. B：对对对，现在可复杂了。

Callhome/Chin 0029

本例的跨句图谱可以标示如下：

（7）

		INT	ADJ	PERF
1	A：	更	复杂	了
2	B：	可	复杂	了

在本例中，构式"INT+ADJ+PERF"（"更+复杂+了"）构成了一个启动，促使B的话轮中产生了"可+复杂+了"。后者可以被标记为同意性话句，它与语用标记"是的"兼容，而与表示不一致的"不是"不相容。B的话句中含有两个语音重复"复杂+了"，所以它的语音共鸣值为2。因为它与上一个话句的构式内部成分"INT+ADJ+PERF"有三处匹配，所以，它的句法共鸣值为3。B的话句的共鸣来源是A，所以，这里标记为other，从启动点到共鸣结构的距离是2，因为前面只有一个音调单位"对对对"。本组对话可以标注如下：

（8）

(Dis-)agreement	SFP	Source	Phon Resonance	Synt Resonance	Distance
Agr	No	Other	2	3	2

Tantucci 和 Wang（2021）第一项分析就是关注启动的留存性和延续性（Levelt et al., 1982；Branigan et al., 1999；Bock et al., 2000；Chang et al., 2000），尤其是聚焦于共鸣和距离的关系，即能够影响说话者重复最初启动结构的语言材料（根据音调单位 Intonation units，IUs 来衡量）的数量（见图6-1）。

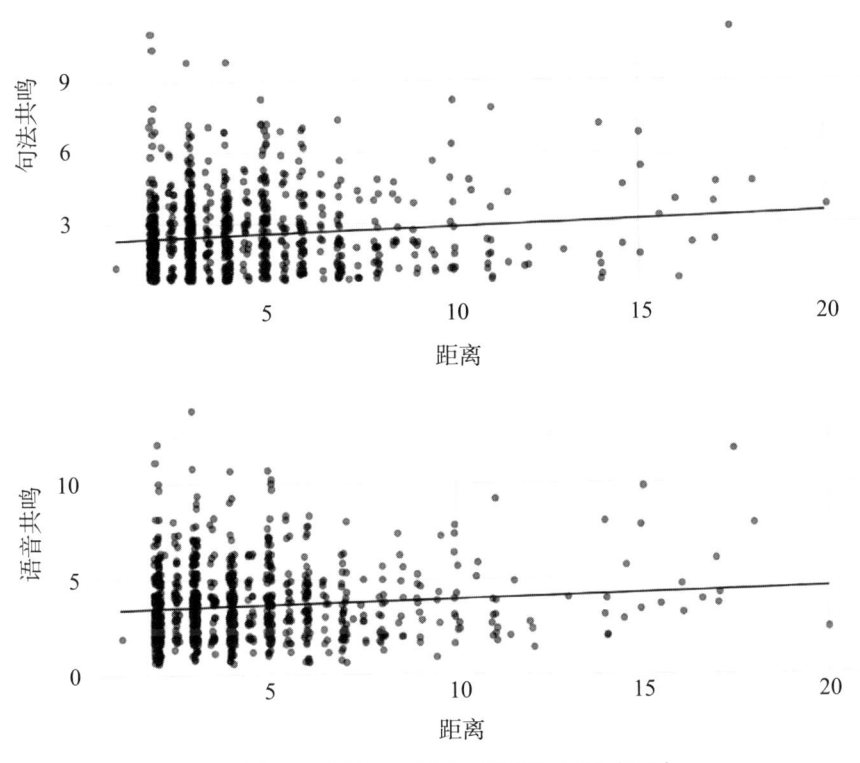

图6-1　距离与句法共鸣和语音共鸣的互动

此图表示的是距离的增长与句法共鸣和语音共鸣的频率、密度之间的关系，横轴是距离，下面标的数字是语调单位的数量，纵轴表示的是语音共鸣和句法共鸣的频率（在图上以小圆点的数量表示）和密度。从图中可以看出，最强的语音共鸣和句法共鸣发生在距离最初的启动结构第1个至第5个语调单位的距离上。共鸣的密度在第6个语调单位之后明显下降，到了第18个语调单位之后就几乎消失了。简单来说,共鸣语句出现得越晚,出现的频率就越低。但他们与最初的启动结构之间也存在显著性较强的语音像似性（df =1.866 on 990，R^2=0.006396，F=7.38，p<0.01；t=2.72，p<0.001）和结构像似性（df =1.606 on 990，R^2=0.009，F=10.4，p<0.001；t=3.22，p<0.001）。

结　语

启动并不是一个很新的概念，相关研究始于20世纪80年代，之后心理语言学领域和二语习得领域的研究者做了大量的研究。但是先前的研究大多是关注单个认知主体的启动加工情况，关于对话中的启动研究还比较欠缺，这也是我们的研究初衷之一。

本章重点介绍了对话句法中的启动思想，启动（priming）与平行、类比和对话性，并称对话句法理论的四大支柱，启动、复用和共鸣会形成共鸣圈。我们以此为基础探讨了对话启动的驱动因素，对话时的共同话题和内容协调都会促发启动的产生。最后，我们介绍了Tantucci 和 Wang（2021）进行的一项关于对话启动的实证研究，研究发现启动结构与共鸣结构之间存在显著的语音像似性和结构像似性，相似程度会因距离的增加而减弱。

关于对话中的启动其实还有大量遗留问题，比如共鸣和启动有何联系和区别？对话句法中的启动要不要区分词汇启动和句法启动？先前的文献中经常会提到"启动效应"，但大多只介绍了句法启动的概念，未对"效应"加以界定。关于对话中启动的量化研究还需要进一步拓展和加强。

第三部分

对话句法理论的应用研究

第七章　对话句法与汉语研究*

引　言

20世纪，苏联最伟大的思想家、文艺理论家、符号学家巴赫金指出，对话是人类生存的本质，"语言只能存在于使用者之间的对话交际之中，对话交际才是语言生命力的真正所在之处"（巴赫金，1998）。巴赫金认为，"言谈的主题和意义完全是对话性的，没有对话，就没有意义"（刘康，2011）。巴赫金将对话视为人存在的本质，人与他人的对话才能使人成为人。从这个角度来看，对话研究非常重要，但长久以来，对话研究未获得应有的学术地位。

早期的语言学研究大多以书面语为主，到了20世纪五六十年代，Chomsky（1957/1965）革命把语言学研究带入了以句法为研究中心的时代。20世纪六七十年代，Halliday（1969/1970/1972）创立了系统功能语言学流派，从此语言学界形成了形式主义和功能主义两大阵营。在这样的一个大背景下，会话分析（Conversation Analysis）出现。会话分析的概念是由美国的社会学家Sacks（1972）和Schegloff（1968）在美国洛杉矶的自

---

* 本章曾作为独立文章发表于《北京第二外国语学院学报》2023年第4期，发表时有改动。

杀预防中心研究求助者的电话录音时共同提出的。一般认为，这一研究领域的理论源头是社会学家Garfinkel（加芬克尔）（1967）提出的民族方法论（ethonomethodology）和社会学家Goffman（戈夫曼）（1967）提出的互动交际理论。

我国语言学界对会话分析的认识与探索大多在话语分析（Discourse Analysis）的框架下进行（何兆熊，2000；钱敏汝，2001）。近年来，一些中国学者开始介绍美国的民族方法学会话分析，并尝试采用此方法对会话进行一些研究和探索（李悦娥 等，2001；刘虹，2004；刘运同，2007）。

纵观以往的研究成果，不难发现因其社会学传统，会话分析大多采用民族方法学对机构语言（institutional language）进行研究。如果采用语言学方法，则大多是从语用学视角进行研究，从认知语言学视角或者从认知功能主义视角进行的研究比较少。而且，国内的研究较多地集中在介绍和引进国外会话分析的研究成果上，对汉语会话本身的研究还比较欠缺。

不同于先前的会话分析研究路径，本章将以对话句法理论（Dialogic Syntax）为基本框架，从认知功能视角对汉语会话进行深入分析。

对话句法理论是由Du Bois（2014）提出的一种从认知功能角度理解对话的理论框架。对话句法考察当语言使用者重现前一句话的某些方面时，以及当听话者对平行和共鸣做出回应时，或者从情景意义中获取推断时，所涉及的语言、认知和交互过程。根据对话句法理论，第二个说话者会自觉或不自觉地利用第一个说话者话语中的部分或全部结构模式，对话之间会形成平行现象和映射关系，两句话在结构和意义上会产生某种共鸣（resonance）。

对话句法理论从内在本质上来说是跨学科的，它从语言学、心理学、认知科学、文学、人类学、社会学、传媒学和哲学等学科中获取了很多理论资源。对话句法的核心概念中有四个概念是它的支柱：平行、类比、启动和对话性（Du Bois，2014）。

平行在对话句法中起着重要作用，可以表征内部结构化语句之间的局部或临时的映射。平行尽管在应用方面是流动性的，但在其结果方面是系统性的。语言使用者不断地构建语言成分之间新的结构关系，将它们放置到平行环境之中，使相应项目之间的亲密度得到提升。

类比基于结构平行，但在意义和结构的影响方面比平行更进一步。类比对于对话句法的特殊重要性表现在两个方面：第一，类比是自下而上进行加工的，在语言单位对等的基础上构建结构和功能的等式。基于相同本体论水平上实体之间的像似性和可塑性感知，类比过程也可以不通过自上而下的规则被激活；第二，类比过程对推断、阐释、重新分析、创造性和语法化产生大范围的影响，最终为新的语言结构的自组织过程做出贡献。

启动为对话句法搭建了舞台，它可以创造认知条件，协助选择重现新近应用过的语言形式和结构。词汇和结构启动效应共同作用于增加型激活的关键阶段，催化构成共鸣圈（启动—重现—共鸣）的其他过程。尽管启动会提高重现和共鸣的概率，但这些过程是完全不同的，任何一个过程都不可以被简单地看作另一个过程。

对话性关注的是把显现的语句与之前的语篇联系起来的过程，它界定了话语社区内潜在联系的网络。任何新的语句在对话域内都可以找到自己的位置，对话域内有很多不同的词语和声音。当然，这些词语和声音在时间和空间上或多或少还是有些间隔的。对话性既是回溯性的，也是前瞻性的，在为下一句的意义创造可供性（affordance）的同时，也唤起了与上一语句的阐释性关联。

通过以上介绍，我们可以看出，对话句法理论与会话分析理论既有联系又有区别。二者的联系在于它们有着共同的研究对象——对话或会话；不同点是对话句法更关注两个对话之间的结构平行和共鸣以及对话结构内部的认知与交互过程；而会话分析更关注对话的社会性，如会话序列与话轮转换。很难说孰优孰劣，只能说二者的研究重点和研究视角不同。

一、汉语对话句法分析

对话句法理论（Du Bois，2014）的核心分析工具主要包括平行、共鸣、跨句图谱、重现、选择、对比和类比。对话句法的内在复杂性意味着大多数自然发生的对话会同时包含不止一个概念。为了便于解释，我们对每个例句只重点突出分析某个具体方面。

（一）汉语对话中的平行

我们先来看第一个例句[①]：

（1）

郑微：哎，陈同学，我喜欢你，这句话用英语怎么说啊？

陈孝正：我不喜欢你，还要我说多少遍？

郑微：我就知道你会这么说，从今往后，你要是说，我不喜欢你，意思就是说，我喜欢你喜欢得不得了，你要是说，你烦不烦呀，就是说，你真漂亮，你要是说，你到底想干什么，就是说，我想你了，你要是说，无聊，就是说，看见你真好！

[①] 本文第1—6个例句选自电影或戏剧中的对话，第7—9个例句选自网络论坛中的真实语料。为了便于分析和讨论，转写过程中只保留了最基本的语言信息，未标注语调、语气、停顿时长等。

陈孝正：无聊。

郑微：我就知道，你会说，看见我真好，我也是，哎，我忘了告诉你，你要是不说话，意思就是，你暗恋我很久了啊。

《致我们终将逝去的青春》

乍一看，（1）中最突出的特点就是重复，里面有很多语句是重复出现的，如"你要是说""就是说"等，但对话句法不这么看，它将这种现象称为"平行"，平行不是简单的重复，而是像似结构之间的认知映射（mapping）。按照对话句法的标记方法，（1）可以改写如下：

（2）

郑微：哎，陈同学，我　喜欢你，这句话用英语怎么说啊？
陈孝正：　　　　我不喜欢你，　　　　　　　　还要我说多少遍？
郑微：我就知道你会这么说，从今往后，你要是说，我不喜欢你，意思就是说，我喜欢你喜欢得不得了，
　　　　　　　　你要是说，你烦不烦呀，　　就是说，你真漂亮，
　　　　　　　　你要是说，你到底想干什么，就是说，我想你了，
　　　　　　　　你要是说，无聊，　　　　　就是说，看见你真好！
陈孝正：　　　　　　　　无聊。
郑微：我就知道，　　　　　你会说，　　　　看见我真好，
我也是，哎，我忘了告诉你，你要是不说话，　意思就是，你暗恋我很久了啊。

为了方便，我们可以把其中最突出的平行部分拿出来单独讨论：

（3）

郑微：
你要是说，我不喜欢你，　　意思就是说，我喜欢你喜欢得不得了，

你要是说，你烦不烦呀，　　　就是说，　　你真漂亮，

你要是说，你到底想干什么，就是说，　　我想你了，

你要是说，无聊，　　　　　　就是说，　　看见你真好！

相邻两句之间的结构像似就会产生平行。平行结构之所以平行，是因为出现多个纵栏共鸣（resonance）并在系统的一致结构中排列，导致产生一系列共鸣映射，结构成分按照相同顺序排列，填充相同的结构角色（Du Bois，2014）。当然，平行也有度的概念，相似的成分越多，平行性越强。换言之，共鸣的纵栏越多，平行结构越凸显。

（二）汉语对话中的共鸣

共鸣是对话句法中最核心的概念之一，共鸣被界定为语句之间亲近关系的催化激活。共鸣是语篇成分之间的关系属性，代表的是可比较的语言成分之间，某些特定方面激活和阐述的发展过程，因此不能被归入任何孤立的成分之中。共鸣可以出现在任何语言层面的成对成分之间，如语素、词汇、构式、音位、韵律结构、意义、参照、语用功能和交互语步等。共鸣既可以是系统的，也可以是动态的（Du Bois，2014）。请看下例：

（4）

繁漪：萍，你刚才同四凤说的什么？

周萍：你没有权利问。

繁漪：萍，你不要以为她会了解你。

周萍：这是什么意思？

繁漪：你不要再骗我，我问你，你说要到哪儿去？

周萍：用不着你问。请你自己放尊重一点。

第三部分　对话句法理论的应用研究

繁漪：你说，你今天晚上预备上哪儿去？

周萍：我——（突然）我找她。你怎么样？

繁漪：（恫吓地）你知道她是谁，你是谁么？

周萍：我不知道，我只知道我现在真喜欢她，她也喜欢我……

《雷雨》

（4）是从话剧《雷雨》中随机选取的一段对话，非常自然，但正是在看似普通的自然对话中，共鸣无时无刻不在起着作用。共鸣是无处不在的，也是无意识的，对话的参与者也感觉不到异常的发生。因此，随意的阅读或听取经常会把对话共鸣忽视掉，如果把它按照对话句法的跨句图谱表征处理，这些结构共鸣就会非常明显。

（5）

		A	B	C	D	E	F	G	H	I	J	K	L	M	N	O
1	繁漪：	萍		，		你				刚才	同		四凤	说的	什么	？
2	周萍：					你	没有	权利						问		。
3	繁漪：	萍		，		你	不要	以为				她	会	了解	你	。
4	周萍：		这是什么意思													？
5	繁漪：					你	不要	再骗				我				，
6			我问你	，		你							说	要到	哪儿去	？
7	周萍：		用不着你问	。	请	你自己		放尊重						一点		。
8	繁漪：	你	说	，		你			今天晚上	预备			上	哪儿去	？
9	周萍：	我				我		找			她					。
10						你									怎么样	？
11	繁漪：					你		知道				她	是谁		你是谁么	？

117

续表

		A	B	C	D	E	F	G	H	I	J	K	L	M	N	O
12	周萍:					我	不	知道								,
13						我	只	知道	我	现在	真喜欢	她				,
14									她		也喜欢	我				……

对话共鸣的成立依赖于结构可供性（structural affordance），结构可供性根植于语言语法体系之中。从（5）中，我们可以提取一些显著的语言可供性，总结如（6）所示：

（6）

纵栏	映射	关系	描述
A	萍：你	共指	不同形式，相同所指（在第1行、第3行和第8行）
B	我问你：用不着你问	否定	插入语的否定对应
E	你：你：你：你自己：你：我	范式	人称代词，并非都共指
F	没有：不要	同义	否定词同义表达
G	知道：知道：知道	形态	单一类型的共同标记（在第11—13行）
E-G	我不知道：我只知道	否定	主句谓词否定
E-G	我只知道：ø	省略	主句构式 vs. 主句构式空位
H-K	我现在真喜欢她：她也喜欢我	同义	结果补语构式
K	四凤：她	共指	指代同一个人
H-N	她是谁，你是谁：ø	标记性	宾语从句 vs. 宾语从句空位（第11—12行）
I	刚才：今天晚上：现在	时间状语	主句状语 vs. 从句状语
N	什么：哪儿去：怎么样	疑问词	不同层级上的疑问
O	？：。：，	尾调	音调曲拱对比标记（第1—5行）

Du Bois(2014)认为,如果将共鸣的定义扩展为"表征之间亲密关系的催化激活",它的用处会更广。因为如果这样扩展的话,共鸣既包括作为话语中显性表征的语句,也包括在认知处理和记忆中的心理表征。我们认为,这里所谓的心理表征是隐性存在的句子成分,如(4)中的第1句话和第2句话,单列为(7):

(7)
繁漪:萍,你刚才同四凤说的什么?
周萍:你没有权利问。

此例中第2句话,实际上省略了"我刚才同四凤说的什么",补充完整应该是"你没有权利问(我刚才同四凤说的什么)"。其中"我刚才同四凤说的什么"与第1句中的"你刚才同四凤说的什么"是映射,在认知中处于被激活的状态,所以可以省略。但应该注意的是,它们的句法地位发生了变化,"你刚才同四凤说的什么"这个句式在第1句中是主句,而到了第2句就变成了宾语从句。在共鸣状态下,从语言理解的角度来说,这没有什么不妥。关于共鸣的更多探讨,详见笔者的相关论述。

(三)汉语对话中的跨句图谱

对话句法的一个重要创新就是提出了"跨句图谱"(diagraph)的概念。跨句图谱是在两个或多个句子的结构耦合中,通过有共鸣关系结构排列的映射而产生的一种高阶的、超句句法结构(Du Bois,2014)。

对话参与者的语言行为构建了图谱关系,一个有着内部结构的语句成分的排布与平行语句中它们的相应成分之间形成像似性映射关系,所以,"跨句图谱"这个术语可以被认为适用于真实语句中的体验实现,或说话者体验后结构耦合的心智表征。

如果从传统句法的视角来看，跨句图谱中的平行语句是完全独立的、自由成行的句子。构成图谱的每个语句都有自己的内部结构，按照传统的线性句法，这些都是标准的成分结构，但是它们会把自己的某些东西贡献给把它们联结在一起的图谱。当两个或多个这样的内部结构语句在语篇中以对话的形式并置时，它们之间的平行感知会促成跨句图谱关系的生成。跨句图谱是基于句子内部结构建立的，但它的作用会超越语句，表现为成对语句之间的结构关系，生成一种通过对应语言成分的映射捆绑在一起的高阶单位（Du Bois，2014）。请看下例：

（8）
杨克：哎，你很久都没有吃肉了。
陈阵：我不需要吃肉。

《狼图腾》

为了回应杨克的话，陈阵说出了从形式和意义的多个维度与之平行的句子。陈阵的用词与杨克的用词之间产生了共鸣，不仅如此，用词之间的句法关系也产生了共鸣。所以，从这个角度来说，陈阵说的每个词、结构、句法关系都可以看作杨克的话的相应成分的映射，而且其组织安排或多或少都依照了相同的词序和句法结构。通过产出平行语句，陈阵实际上使他说的每个词都指向了杨克所说的话中的相应成分，标示如下：

（9）
杨克：哎，你 很久 都 没有 吃肉 了 。
　　　　　↑　　　　　↑　　↑　　↑
陈阵：　　我　　　　不需要 吃肉　　。

构成跨句图谱的图形关系基于语篇语句标记之间临近关系的指示链接构建映射关系，使跨句图谱成为图示图标（diagrammatic icon）。

对话句法理论把跨句图谱当作一种语言现实（linguistic reality），交谈者双方在展开谈话、构建对话共鸣的时候，跨句图谱也随之产生。跨句图谱是动态的，是一种实时的社会认知过程，在交谈者的工作记忆中运行，随着某些凸显的共鸣进行组织或再组织，跨句图谱适应性地体现这些凸显共鸣的结构。

（四）汉语对话中的重现

重现（reproduction）是指交谈者说出之前话语中的相同词汇或结构，它会使基底和目标的关系更加凸显。重现看似简单，但实际认知过程并没有那么简单。在重现过程中，交谈者必须选择是否启动重现，如果重现，要考虑选择重现先前话语的哪些部分，还要考虑重现的部分如何与新引入的成分进行协调。所有这些都不是简单的重复（Du Bois，2014），例如：

（10）
柳青：那老外你拆成功了吗？
秋水：那迪克？我估计他不会再烦我姐了。
柳青：没准你姐喜欢呢。
秋水：喜欢我也给她拆散了。

《万物生长》

在这个对话中，两个交谈者都通过重现先前语句的部分而不是全部内容来呼应彼此的对话。为了看清其中的重现关系，我们按照对话句法的标记形式对其进行改写：

（11）

		A	B	C	D	E	F	G	H	I	J	K
1	柳青：		那	老外	你	拆成功				了	吗	？
2	秋水：		那	迪克								？
3		我估计		他		不会再烦	我姐			了		。
4	柳青：	没准					你姐	喜欢			呢	。
5	秋水：						喜欢	我也给她拆散		了		。

在第2句中，秋水重现了"那"，用"迪克"与第1句中的"老外"共鸣，秋水本可以用肯定或否定来回答柳青的提问，但他没有这样做，他选择了重现"那老外"这一部分，目的是确认柳青所谓的老外是否指迪克，因为"老外"是一个泛义的指称，但秋水没有等柳青回答，就直接跟上了第3句，这也说明秋水猜测柳青问的老外很大可能就是迪克，如果不是的话，她会有所反应。而第4句，柳青重现的是"你姐"，把话题的关注点引到秋水的姐姐身上。第5句，秋水重现上一句的谓语动词"喜欢"，并把它变成了话题，"喜欢"也相应地变成了名词。

从上面的分析可以看出，交谈者随着自己关注点的变化和话题的走向而选择重现不同的句子成分。

（五）汉语对话中的选择

对话句法是基于对先前语句的某些方面进行选择性重现而建立起来的理论模型。选择性重现会召唤说话者的决策过程，不管有意识还是无意识，说话者都需要决定先前语句的哪一部分得到重现（Du Bois，2014）。这一过程不能被简单地认定为对前一句的模仿、随声附和或者盲目重复。如下例所示：

（12）
赵默笙：你来美国找过我，对吗？
何以琛：你猜。

《何以笙箫默》

赵默笙问何以琛是否来美国找过她，她采用的是反义疑问句的句式，何以琛面对这样的问话，最简单的选择是回答"是"或"不是"，但在实际情景中，何以琛回答的是"你猜"，这一回答令人寻味，有着特殊的语用含义。何以琛在做出这个选择时，头脑中经历了一个决策过程，他本可以有很多种回应的可能，如"没有啊""找过啊""对的""不对"等，但他选择用"你猜"来回应，把球踢给了赵默笙。

对于说话者来说，面对言语决策，他们是有选择项的，而不是简单机械地回应外部刺激（如心理实验中的启动效应语句）。有时，这些选择是比较中性的；有时，选择某些成分而不选择其他成分对于情景意义有显著性的影响。

（六）汉语对话中的对比

当交谈者希望把两个想法设计成二中择一时，他们通常要把这一关系界定为对比（contrast）。索引对比的一个方式就是平行。在跨句图谱中，平行关系构建一种配对成分之间映射的结构框架，激活基于类同关系的共鸣。韵律的显著性会被突出标记，这种显著性还可以标示当前语句中的哪一个成分与前一句的配对物相比较更容易被当成对比的焦点（Du Bois，2014）。

（13）

　　外国人：你讲英语很流利。

　　中国人：你讲普通话很好，你的母语是英语吗？

　　外国人：是的，我还会讲粤语。

这是一个中国人和一个外国人的对话，请特别关注第1句和第2句，他们形成了对比关系：

（14）

　　外国人：你　讲　英语　　很　流利　。
　　　　　　↑　↑　↑　　　↑　↑　　↑
　　中国人：你　讲　普通话　很　好　　，

第1句和第2句构建了平行结构框架，韵律标记突出了对比成分之间的关系，一个是（英语：^普通话），另一个是（流利：^好）。

在语篇中，有效的对比通常基于框架共鸣（frame resonance）和焦点共鸣（focal resonance）的并置。框架共鸣涉及相同的匹配（你：你，讲：讲，很：很）或者其他直接的或高频率的类同关系，它为平行关系提供了结构基础；而焦点共鸣的作用是突出对比焦点（英语：^普通话，流利：^好）。

（七）汉语对话中的类比

对话句法所做的一个重要事情就是为生成新的形式和意义创建某些可供性，这一过程可以被看作类比的量规。类比是通过跨句图谱的共鸣激活的，不管是应用于语言还是一般的认知，它都为推导过程引入强有力的动力。对话句法在语言的各个层面上都可以构建类比，包括音系、形态句法、语义和语用，为认知提供了非常有意义的启示（Du Bois，2014）。

当遇到一个生词的时候，作为阐释其意义的认知过程的一部分，类比就会被部署。这一阐释过程有时依赖图谱结构中的框架共鸣。请看下例：

（15）

（几个朋友在讨论刚刚看过的一部新出的电影）

甲：这催眠片是个什么鬼。

乙：真美，不明觉厉！

丙：导演，我懂你，再看一遍，已明觉赞。

通过这三个人的话，我们可以初步判断他们是年轻人，而且是所谓的新新人类，因为他们的用词都是网络流行语，如"……是个什么鬼""不明觉厉""已明觉赞"。在整个对话中，尤其注意"已明觉赞"这个词，它是通过类比产生的，具体意义可以通过它的类比对象"不明觉厉"推导出来。"不明觉厉"这个词是前几年在网络上产生的流行语，意思是"虽然不明白（对方）在说什么，但觉得好像很厉害的样子"。"已明觉赞"与"不明觉厉"产生结构共鸣，通过类比，我们可以推导出它的意思应该是"已经明白是怎么回事，觉得很赞的样子"。"已明觉赞"是在此情景中产生的临时用词，不是固定的用法。由此，我们也可以发现类比是产生新词和理解新词的重要途径。

二、讨论

把对话句法理论引入汉语研究是非常有意义的。对话句法理论也是作为一种普遍理论被提出的，已经被应用于多种语言的研究之中，如日语

（Sakita，2006）、德语（Zima，2013）、法语（Zima et al.，2009）、西班牙语（Oropeza-Zscobar，2011）、芬兰语（Laury，2012）、希伯来语（Nir et al.，2014）、藏语（Lempert，2008）等，汉语的语料和研究将进一步验证该理论的普遍性。

另外，对话句法理论在研究汉语会话时也有优势。汉语不同于英语，汉语属于汉藏语系，英语属于印欧语系，汉语语法呈隐性，英语语法呈显性，汉语是一种意合语言，英语是一种形合语言。汉语在重意、重神、重风骨、重凌虚的传统哲学、美学思想影响下，形成了一种注重内在关系、隐含关系、模糊关系的语言结构素质。汉语作为意合语言，轻形式，重意义和功能，不太借助语言形式手段，而更多地借助词语或句子所含意义的逻辑联系来实现它们之间的连接。尽管对话句法理论是基于英语开发的，但汉语的这些特点使得汉语更适合对话句法这种认知功能的研究路径。

传统的会话分析理论更多地关注会话结构、话轮控制策略、话语角色及语言表达方式，重点分析语篇、话段、话回、话步、话目等各个层次的会话结构与特征，会话分析从宏观的视角把会话当成一个语篇的样类，也借用了很多语篇分析的手段。但对话句法理论更关注微观层面，重点关注前后两句对话之间的互动，包括以上各小节介绍的平行、共鸣、重现、跨句图谱、选择、对比和类比等各类分析。

因此可以说，对话句法分析视角更加新颖和独特，弥补了以往会话分析对对话中认知功能因素的忽视，对前后两句句法结构的多层面、多角度的分析，使得我们可以更好地理解会话产生和发展的内部机制。

结　语

对话句法理论是 Du Bois（2014）几年前提出的，是从认知功能角度对对话现象进行研究的最新探讨和成果,当然,Du Bois(2014)本人也承认,这是比较新的理论框架,本身还有很多需要完善的地方,甚至还有很多人的质疑需要回应,比如,其理论名称"对话句法"有些人就不认同。"句法"的概念已经先入为主,在Chomsky的推动和影响下,是指单句的结构研究。而Du Bois力图纠正大家的认识,他指出,"句法"这个词应该更多地被应用于语言现实,而不是解释语言现实的任何断言。他还引证其他研究者的观点来巩固自己的立场,如著名的句法学家James McCawley曾经提出,句法这个术语不应该局限于单句研究之中,他说"(不像其他大部分句法学家)我认为,句法应该包括句子以及话语的其他更大单位之间结合的限制规则"(McCawley,1998)[9]。还有一些语言学家(Ariel,2010;Harris,1952a/1952b;Sag et al.,1984)也主张句法应该是可以跨句的。

  总的来说,运用对话句法的基本概念和理论框架对汉语对话现象进行分析,可以深入考察汉语对话的语言、认知和互动过程,这是认知功能的优势。与传统的分析相比,它更加立体,分析范围更广,视野更开阔,既涉及语言形式和意义又涉及认知和功能。因此,从认知功能视角,运用对话句法理论来研究汉语对话还有很大的发展空间。

第八章　对话句法与构式语法

引　言

构式语法（Construction Grammar）兴起于20世纪80年代后期，经过30多年的发展，构式语法研究在国内外已经取得了丰硕的成果（Fillmore et al., 1988; Goldberg, 1995; Croft, 2001；董燕萍 等，2002；纪云霞 等，2002；严辰松，2006）。构式语法创始之初，被视为应对传统语言学理论中句法和词库分离的一种方法，并将传统研究中处于边缘位置的习语和固定表达作为研究对象。所谓构式，就是形式和意义（用法）的非组合性配对，所产生的是规约化的符号单位，从句法结构角度看，小至单词，大至复句皆可。在构式语法研究者看来，语法就是构式的结构性库藏（inventory）。近年来，构式语法分支较多，比如主张将超越句子层面的形式—意义配对也纳入构式语法体系的话语构式（discourse-based constructions）以及充分考虑诸如语体、语境和序列关系等因素的扩展构式语法（construction grammar plus）等（方梅，2016）。

2014年，对话句法理论（Du Bois, 2014）进入人们的视野，对话句法理论旨在考察会话中的语言、认知和互动过程。之后有学者（Brone et al., 2014; Nikiforidou et al., 2014；王寅 等，2016a/2016b；曾国才，2017）

主张把构式语法和对话句法理论结合起来，构建对话构式语法（Dialogic Construction Grammar）。

笔者认为，为了进一步发展构式语法，这是一种很好的尝试，但是因为对话句法理论本身就是一种非常新的理论框架，在对话句法与构式语法相结合的研究方面，还有很多值得推敲的地方。

一、对话句法中的构式思想

对话句法理论（Dialogic Syntax）是由 Du Bois（2001/2003/2010/2012/2014）提出的处理对话的认知功能理论。通过对话句法（Du Bois，2014）我们可以观察到，一句话会重现上一句话的部分或全部结构模式，形成平行现象，从而在结构和意义上产生某种共鸣（resonance）。句法在平行结构中被有效利用，一句话和另一句话形成映射（mapping）。平行语句之间的共鸣会界定一个关系亲密度的矩阵，触发类比关系，从而生成此刻推断意义的增量。一个语句与另一个语句的并置产生的结构耦合（structural coupling）会创造一种新的、更高一阶的语言结构，称为"跨句图谱"（diagraph）。在跨句图谱中，耦合的成分相互之间进行重新语境化，产生新的意义。

根据分析和考察，我们认为对话句法理论适用于构式语法与会话分析的结合研究。尤其是对话句法中的一些核心概念，如平行、类比、启动和共鸣等，非常适合在对话中对构式的运行过程进行条分缕析。

平行在对话句法中起着重要作用，可以表征内部结构化的语句对话并置配对之间局部的、临时的映射。平行尽管在应用方面是流动性的，但在结果方面却是系统性的。语言使用者不断构建语言成分之间新的结构关系，并把它们放置到平行环境之中，创造出相应项目之间亲密度的感知。请看下例：

（1）

由于昨晚玩到很晚，某大学宿舍里的几个男生第二天早上都成了睡神，七点钟的闹钟响了半天还是被摁掉了，一晃半个小时过去了。闹钟再度响起……

B：老大，快上课了，还要不要起床呀？
A：去了也不一定听。
C：听了也不一定会。
D：会了也不一定能取得好成绩。
A：取得好成绩也不一定找到好工作。
B：找到好工作也不一定娶得好老婆。
C：娶得好老婆也不一定能生个好孩子。
D：生个好孩子也不一定是自己的。
A：是自己的孩子也不一定有出息。
B：有出息了也不一定孝顺。
C：孝顺的孩子也不一定能为国家做贡献。
D：那还去啥呀，接着睡……

在（1）中，"×××也不一定×××"构式被多次使用，不同说话者之间的话语形成了平行结构，而且在逻辑上是顺接关系，产生了一定的幽默效果。

类比是基于结构平行的，但在扩大它的意义和结构的影响方面更进一步。类比对于对话句法的特殊性表现在两个方面：第一，类比是自下而上进行加工的，在语言单位对等的基础上构建结构和功能的等式。基于相同本体论水平实体之间的像似性和可塑性感知，类比过程也可以不通过自上而下的规则被激活；第二，类比过程对推断、阐释、重新分析、创造性、语法化产生大范围的影响，最终为新语言结构的自组织过程做出贡献。

（2）
（几个朋友在讨论刚刚看过的一部新出的电影）
　　甲：这催眠片是个什么鬼。
　　乙：真美，不明觉厉！
　　丙：导演，我懂你，再看一遍，已明觉赞。

在这个对话中，"已明觉赞"这个词是通过类比产生的，它的意义可以通过它的类比对象"不明觉厉"的构式框架"×明觉×"推导出来。而且"已明觉赞"是在此情景中产生的临时用词，不是固定的用法。由此，我们也可以发现类比是产生新词和理解新词的重要途径。

启动为对话句法搭建了舞台，它可以创造认知条件，协助选择重现新近应用过的语言形式和结构。词汇和结构启动效应共同作用于增加型激活的关键阶段，催化构成共鸣圈（启动—重现—共鸣）的其他过程。尽管启动会提高重现和共鸣的概率，但是这些过程是完全不同的，任何一个过程都不可能成为另一个过程。

Sakita（崎田）（2006）认为，认知语法模型（包括构式语法）主要把具体的象征单位作为图式（构式）范畴的具体示例，而对话句法也聚焦于这一过程，但仅限于单个互动序列的微观层面。认知语言模型与对话句法理论中的图式、原型与衍生之间的关系可表示如图8-1（Sakita，2006）[493]所示。

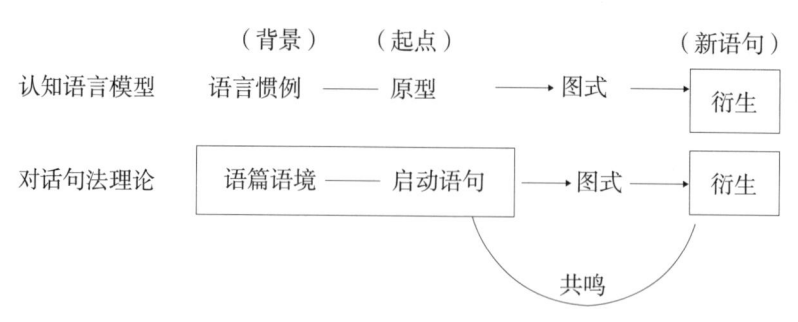

```
                    （背景）    （起点）           （新语句）
认知语言模型    语言惯例 —— 原型  ——→ 图式 ——→ 衍生

对话句法理论    语篇语境 —— 启动语句 ——→ 图式 ——→ 衍生
                                          共鸣
```

图8-1　认知语言模型与对话句法理论中的原型、图式与衍生之间的关系

如图所示，对话中的结构平行表明，说话者从启动语句中获取图式，在他们各自的会话轮次中把图式再次示例化，通过这一手段，达到启动语言成分与其衍生成分之间的共鸣效应。

共鸣是对话句法理论中的核心概念，共鸣不是任何成分独有的内在本质，而是语篇中两个或多个成分之间关系的属性。被激活的亲近关系可能基于像似性，也可能基于差异性。如果有合适的结构平行来支持亲近关系的感知，语言就可以促使共鸣产生。共鸣可以产生于成对的语符、词素、单词、短语、从句、构式或言语行为之中，是在单一语句中同时横跨所有层次的特征。当语言成分处于平行的结构配置中时，共鸣的感知程度会被提升（Du Bois et al., 2014）。

通过以上分析，我们可以看出，对话句法理论为构式语法在会话分析中的运用提供了丰富的理论工具和实践资源，所以在对话句法与构式语法的融合研究方面，值得我们做更加深入的探索。

二、构式语法与对话句法融合的理论可能性

据观察，构式语法和对话句法（Brone and Zima, 2014）等领域已开始把它们的注意力转向对话的语法特征。构式语法的框架已经被证明是用

来解释口语中的语块现象或固定化表达范式的最有用的模型。语法构式的定义在形式极和语义极上需要具备一定的独特性和特殊性，其也可以与它所在对话语境中的特定特征融合起来。最终，在共同构建"口语完整语法"的过程中，构式语法和会话分析逐渐形成了卓有成效的互动。

构式语法本身也具有向对话发展的可能性。构式语法把语言看作各种各样抽象语法结构的集合。这些结构都是形式与意义的传统组合，与图8-2中词项的象征性本质类似。从图中可以看出，在其语义极，一个构式不仅包含传统的语义属性，也包含其他的复发性特征，如语用属性、语篇—功能属性等。正是因为将这些用法信息包含在其传统的象征单位中，构式语法严格遵守着基于用法的语言学宗旨和信条。

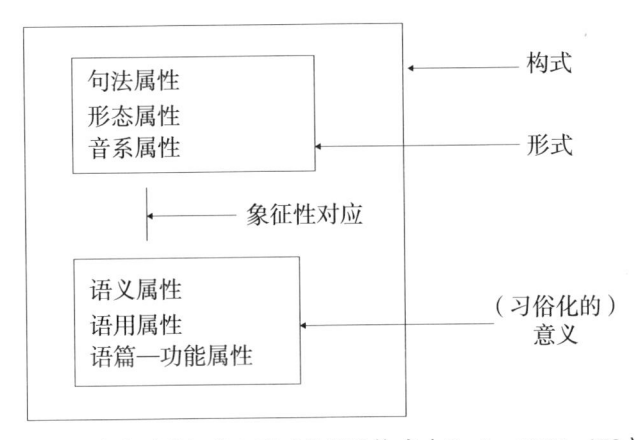

图8-2 作为形式与意义配对的语法构式（Croft，2007：472）

Fried（弗里德）和Östman（奥斯特曼）（2005）曾讨论过构式语法与主要关注口语研究的传统领域，如会话分析和互动语言学的共同性和潜在的协同性。最重要的是，构式语法和会话分析都把具体的范式或语块当成分析的对象。构式语法里构式的概念与会话分析里话轮结构单位（Turn-Constructional Unit，有时简称TCU）的概念是兼容的。构式关于语言模式化的基本假设与会话分析中话语语块的研究是可以相提并论的，这样的事实也恰恰解释了关于口语语法描述的两个传统之间的互动在不断加强。

Fried 和 Östman（2005）说"会话分析主要关注在对话中或作为合作共赢的在线生成过程中所显现的语法模式化，然而构式语法主要聚焦于看起来似乎比较稳定的结构模式"。换言之，即使关于口语语法构式的文献在不断增多，研究仍然主要关注形式与意义配对的相对固定的集合，而没有关注语法与互动动力学之间的关系（Brone et al.，2014）。在这种情况下，对话句法正好可以补位。

对话句法主要聚焦语法结构建构的在线特征，以及语法选择如何塑造对话参与者的选择，或者语法选择如何被对话参与者塑造。对话句法为对话话轮之间的结构平行提供了分析框架，对话句法也关注结构平行在建立和协调对话共同域方面的功能，以及结构平行对语句之间和说话者之间共鸣的影响。最重要的是，对话句法主张聚焦在线句法，这会为传统语言问题，如语义—语用界面、语言结构的抽象化、语言习得和语言变化等提供新的启示。

虽然构式语法与对话句法各有侧重点，但是如果把两者融合起来，将会得到一种卓有成效的共生关系，主要原因是两者都扎根于基于用法的语言学框架中。构式语法到目前为止，几乎只关注被习俗化的，产生于语言语法的形式与意义配对。然而，对话句法侧重于对实时话语中的结构映射关系的显现，而且，对话句法可能会为研究实时对话中的范畴化模式提供有价值的途径（Brone and Zima，2014）。

对话中的构式可以是某个构式的共鸣结构，即答语重复问话中的某个构式，两个构式相互呼应，共同构建一个有机整体，出现在交谈双方的头脑中。对话句法将对话中并置语句之间的结构映射关系称为跨句图谱（diagraph），从而得到临时构式（ad hoc construction）的地位，或者可以作为不间断对话边界之内局部固化（locally entrenched）的结构意义配对。

Brone(布罗纳)和Zima(齐马)(2014)认为临时构式所涉及的认知机制与用法模式中传统语法构式抽象化的认知机制是相同的,所以,他们主张要扩大构式语法的范畴,既要涵盖在较大的言语社区中传统化了的象征单位(symbolic unit),也要涉及在线句法(online syntax)的维度,也就是在某一个会话的微观层面出现的语法模式。

(3)

Joanne: yet he's still healthy. He reminds me of my brother.
Lenore: He's still walking around. I don't know how healthy he is.

(Du Bois,2014)

这个对话通过使用he's still...展示了两个连续对话语句之间的结构平行关系。第二个说话者Lenore重复使用了第一个说话者Joanne使用的结构,用动词短语walking around代替了形容词healthy,触发了一个只有在这个语境下才有的意义,walking around本身没有healthy的含义。所以,像he's still...这样的句式在(3)中起的作用是作为对话持续的结构模板(template),允许不同程度的词汇稳定不变和变化。这一现象完全可以从构式语法的角度得到解释,构式语法把语言看作分类组织的结构范式集合,包括抽象的、固定或半固定的范式,涵盖语言组织的不同维度。构式语法认为语法包含精巧的重叠和互补范式的网络,是编码和解码各种类型语言表达的蓝图。构式语法恰好可以解释对话序列中微观层面上的这些局部的常规表达(local routine)。

Brone和Zima(2014)认为,进行对话的双方会共同构建局部的、构式化的、约定俗成的表达,这些表达有不同程度的灵活性和固定性。这些临时构式会产生很强的结构平行(连贯)效果,同时又允许说话者使用创造性的词汇—语义变体。构建这些临时构式的过程与构式语法用法模式中习俗化语法构式的抽象化机制是相似的。对话中的临时构式在过程的辖域和影响力方面与构式语法传统上所描述的形式和意义的配对是不同的。构式语法聚焦于能够涵盖这个语言社区的习俗化，而临时构式只是暂时的例行程序，是作为进行中的互动对话双方概念条约的一部分而建立的。临时构式的构建也有自己的范围和变体。但有一点是确定的，临时出现的结构，通过在互动中被反复使用，会变成微观且固定的单位，慢慢地也会变成一个局部构式。

对话句法与认知语法的结合（Sakita，2006）以及对话句法与构式语法的结合（Brone et al.，2014；Nikiforidou et al.，2014）反映了当前对话性话语以构式为单位的研究路径。对话句法、认知语法和认知构式语法都是基于用法的语言研究范式，因而具有理论互补性。对话句法倡导话语的对话性特征研究。认知语法主张意义即概念化，构式是象征单位，其意义是构式组成部分的整合结果。认知构式语法尤其强调语言结构在形式和意义，或形式和功能之间的映射与配对特征。认知语法和构式语法为对话性话语的认知阐释提供了分析策略（曾国才，2017）。

三、构建对话构式语法理论框架的尝试

（一）对话构式的界定

纵观目前本领域的研究文献，我们发现在对构式和对话构式的概念理解上存在误区。关于构式的定义，引用最广泛、影响最深远的是Goldberg（戈德伯格）（1995）的界定："假如说，C是一个独立的构式，当且仅当C是一个形式（Fi）和意义（Si）的对应体，而无论形式或意义的某些特

征，都不能完全从C这个构式的组成成分或另外的先前已有的构式推知。"（陆俭明，2008）换言之，构式是"形式与意义的结合体"（pairing of form and meaning）或"形式与功能的结合体"（pairing of form and functions）（Goldberg，1995；Jackendoff，1997；Kay et al.，1999）。这一定义所蕴含的深层含义是，凡是构式，无论简单或复杂，都有自己独立的形式、语义或功能。有关构式的另一种说法是：任何语言表达式，只要它的形式、语义或功能的某些方面是不可预测的（unpredictable），都可被称为构式（Goldberg，1995；严辰松，2006）。

然而，从目前语言学研究中的使用频率和使用多样性来看，几乎任何东西都可以被当成"构式"。这一术语似乎变得出奇流行，有过度使用之嫌，它的内涵已经变得非常模糊。有时，它的最传统和最普遍的含义被使用时，就被当成是"结构"的等同体。而当它被用来指称一些更具体的语言事实时，几乎与"成语"或"程式性短语"同义。这一术语也常被用来指称具体的表达，或者通过内省构建的短语或句子，或者在互动中发现的模式（Fried et al.，2004）。在本研究中，我们将沿用"构式"的经典定义，即构式是形式与意义/功能的配对，整体意义大于部分意义之和。

Fischer（费希尔）（2010）认为，构式语法学家仍然不太愿意把他们的描写扩展到比句子大的单位。然而构式语法和框架语义学的理论前提特别适合从认知的角度把口语互动包括进来。另外，构式语法定位于认知语言学范式，主张意义是根植于体验之中的，既然语法结构不仅根植于感知—动觉系统，还根植于社会—互动体验，那么构式语法就需要把互动纳入考察范围。

到目前为止，已有一些研究者尝试把构式语法与对话研究结合起来，并取得了一些成果（Fried et al.，2005；Lindström et al.，2008；Linell，2009；

Wide，2009；Fischer，2010；Antonopoulou et al.，2011；Brone et al.，2014；Nikiforidou et al.，2014；王寅 等，2016a/2016b/2016c；曾国才，2017）。

通过仔细研究他们的文章，我们发现，他们的研究对象并不是严格意义上的对话构式，如Fried和Östman（2005）以斯拉夫语中的句末疑问小品词ta°，da°，ela°，na和句首小品词a°m，以及捷克语中的连词jestli为例，探讨对话中的语用小品词（pragmatic particles）[①]能否运用构式语法来研究。他们最终得出的结论是构式语法可以研究口语对话中复杂的语言形式，但他们设定了一个条件，即如果构式的概念被允许朝着对话的方向扩展（if one allows the notion of construction to be extended in a dialogical direction）。言外之意就是，如果构式的概念不能朝着对话的方向扩展，构式语法就不适合用来研究话语标记，话语标记还是运用会话分析的框架来研究比较正统，当然他们的这层意思说得比较委婉。

Lindström（林德斯多姆）和Londen（隆登）（2008）在考察瑞典语中的连词för att，så att和men att在会话语言中的分布和功能的基础上，探讨了它们的构式动机和互动动机。Nikiforidou（尼基福里杜）等（2014）研究的对象是希腊语中的ela。王寅和曾国才（2016a/2016b/2016c）的研究对象是WH-问答构式。以上研究者在他们的研究中都明确使用了"构式"（construction）的字眼，但仔细分析来看，他们所谓的"构式"只不过是某个词、某个短语或固定的搭配结构，如王寅和曾国才（2016a/2016b/2016c）所谓的WH-问答构式，也只不过是英语里面的疑问句结构。

Brone和Zima（2014）的研究对象更像是对话构式。他们探讨了对话中的"临时构式"，如：

[①] 这里的语用小品词，即其他文献中的话语标记（discourse marker）。

（4）

Jennifer: We're gonna pass, the king of spades.

Dan: The king of puppy-dogs'feet. How come you don't pass the king of clubs?

在（4）中，"the X of Y"结构用来表示某套扑克中的某张牌，如 the king of spades（黑桃 K）、the king of clubs（梅花 K）等。但第二个说话者 Dan 利用这一结构，创造了一个新奇用法 the king of puppy-dogs'feet。这个表达如果离开了这一对话，它的含义就很难被辨识。然而第1句话中的 the king of spades 内含的结构"the X of Y"被映射到 the king of puppy-dogs'feet 上，从而使这一结构获得了新的含义，生成了一种可能的、新奇的解释，也表示一张扑克牌。Brone 和 Zima（2014）认为，这本身是一个单纯的结构，但因为对话，临时生成了新的构式，他们把这一构式叫作临时构式（Ad hoc construction）。

综上所述，先前大多数所谓的"对话构式"的研究对象并不是真正意义上的对话构式，它们研究的只是某个结构或构式在对话环境下的运行情况。在本研究中，我们把"对话构式"定义为"依赖于对话环境而生的特定构式结构"，离开对话环境，此类结构便再无此相关含义。对话构式的一部分意义来自构式，另一部分意义来自对话环境。

（二）对话构式语法框架

先前的研究者都倾向于把构式与对话笼统地称为对话构式，但又说不清楚对话构式的基本结构构型是什么，在对话中的运行规律是什么。究其原因，他们并没有搞清楚构式与对话的关系。通过对话句法理论的框架和概念，我们可以看清这个以前常被忽视的问题。

Brone 和 Zima（2014）的研究是目前为止在对话构式语法方面进行的比较重要的探索之一。但通过仔细分析我们发现，他们的贡献也只是拓宽了人们的思维，论证了构式语法与对话句法相结合的可能性，并没有提出对话构式语法的理论框架。本研究希望在此基础上进行进一步探索。对话构式语法与经典构式语法有联系也有区别，它应该有自己的运行机制。

我们认为，对话构式语法与"跨句图谱"（diagraph）密不可分，跨句图谱是对话句法的一个重要理论创新。跨句图谱是在两个或多个句子的结构耦合中，通过有共鸣关系的结构排列映射产生的一种高阶的、超句句法结构（Du Bois，2014）。

跨句图谱中的平行语句，如果从传统句法的视角来看，它们自身是完全独立的、自由成行的句子。构成图谱的每个语句都有自己的内部结构，按照传统的线性句法，这些都是标准的成分结构，但是它们会把自己的某些东西贡献给把它们联结在一起的图谱。当两个或多个这样的内部结构语句在语篇中以对话的形式并置时，它们之间的平行感知会促成跨句图谱关系的存在。跨句图谱是基于句子内部结构建立的，但它的作用会超越语句，表现为语句之间的结构关系，生成一种通过对应语言成分的映射捆绑在一起的高阶单位。对话句法理论把跨句图谱作为一种语言现实（linguistic reality），交谈者双方在展开谈话、构建对话共鸣时，跨句图谱也随之产生。跨句图谱是动态的，是一种实时的社会认知过程，在交谈者的工作记忆中运行，随着某些凸显的共鸣进行组织或再组织，跨句图谱适应性地体现着这些凸显共鸣的结构（Du Bois，2014）。

所以，跨句图谱是构建对话构式语法的基石，对话构式是跨句图谱的一部分。除了跨句图谱，对话句法中的其他核心概念，如映射、类比、共鸣等，都是对话构式生成过程中的重要操作途径。它们可以协助把问句中的构式扩展到答语之中,是构式扩展的合理方式和渠道。结合前文所述,我们可以把对话构式的运行机制表现如图8-3。

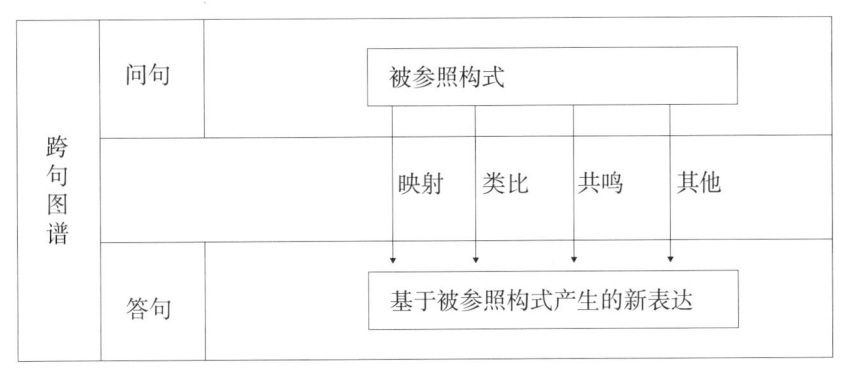

图8-3　对话构式的运行机制

这里需做几点说明:

第一,要区分单句构式和对话构式,图谱中"被参照构式"就属于单句构式;第二,图谱中"映射"、"类比"和"共鸣"的箭头只是为了简化说明才这样排布,在实际操作中,根据情况不同,也许只会用到其中的一个或多个操作手段。

对话构式语法应该遵循以下准则:

第一,在跨句图谱中,说话者使用的构式经常被听话者借用,作为生成新表达的基础,产生新的会话意义。第二,问句中的构式会通过类比关系,映射到答句之中。第三,问句和答句中的构式会产生共鸣关系。第四,答句中的对话构式会产生新的语用含义。

对话构式语法是整合了对话句法和构式语法的全新语法理论,符合基于用法的语言学研究范式,可以解决构式与对话的关系问题,包括构式在对话中的运行机制、新的构式意义的产生等。这一理论的发展将对互动语言学、语法与语义的关系以及语义语用界面的研究等产生重要的推动作用。

结 语

近几年来，构式语法研究的热度已经有了消退的趋势，构式语法的发展迫切需要找到新的增长点。近期对话句法理论的出现，促使学者们开始关注对话研究和在线句法。"对话构式"也成为当今认知语言学最前沿的研究课题之一（王寅 等，2016b）。对话句法和构式语法虽然有着各自的理论侧重点，但二者也有理论融合的可能性。本章详细介绍了对话句法理论中的构式思想，讲解了对话句法理论中的一些核心概念，如平行、类比、启动和共鸣等，这些都是研究构式在对话中运行的有力工具和丰富资源。构式语法学者已开始关注会话分析和互动语言学，但先前的很多研究把在对话环境下运行的构式（包括单个的词、短语或句式）笼统地当成了对话构式。本研究对此进行了廓清，我们认为对话构式应该特指依赖于对话环境而生的特定构式结构，离开对话环境，此类结构便无此含义。对话构式的一部分意义来自构式，另一部分意义来自对话环境。在融合构式语法和对话句法的基础上，我们提出了对话构式语法的运行机制和准则。

对话构式语法的探索，一方面拓宽了构式语法的辖域，使之不仅包括习俗化了的象征单位，也包括在线句法的维度，即对话语篇中出现的语法范式；另一方面，从对话句法理论的角度来看，把通过其他认知框架得到的领悟与自己的框架结合，会生成互动语篇中结构耦合的认知现实，以及处理和表征的具体假设。对话句法和构式语法在研究在线句法方面可以互补，必将相互受益。

第九章　对话句法与语言学习*

引　言

对话句法理论是对话研究和认知语言学探索的最新研究成果，是由 Du Bois（2014）提出的。目前它已在国内外的学术界引起广泛关注，有了相当数量的相关研究（Brone et al., 2014; Giora et al., 2014; Koymen et al., 2014; Maschler et al., 2014; 曾国才，2015/2019；高彦梅，2015/2018；胡庭山 等，2015；刘兴兵，2015；王寅 等，2016；王天翼 等，2018）。

对话句法理论旨在考察会话中的语言、认知和互动过程，尽管它的提出并非针对语言学习或语言教学，但它的某些观点或主张却对语言学习或语言教学有很多重要启示。本章将深入探索对话句法理论与语言学习的关系，以及对话句法理论对语言学习和语言教学带来的启示。

一、对话教学法回顾

在独白式的教学方法中，只有老师"了解和掌握真理"，而在对话式教学中，"真理诞生于人们共同搜寻的过程中"（Bakhtin, 1984）。思维与发

---

* 本章曾作为独立文章发表于《外语教育评论》2023年第1期，发表时有改动。

言之间存在很强的联系，不管一个孩子说什么，他说的话最后都会被内化，成为他的思维的一部分（Vygotsky，1978）。

对话教学法起源已久，中外许多著名教育家，对"对话教学法"早就做过很多有益的探讨。在中国可以回溯到孔子，在西方可以溯源至苏格拉底。

我国古代著名教育家孔子主张"不愤不启，不悱不发。举一隅不以三隅反，则不复也"（《论语·述而》）。意思是说，教育学生必须先让他认真思考，经过一段时间如果他想不通，再去启发他，经过深入思考，如果他已有所领会，但还不完全明白，不能充分表达出来，这时再去适当地开导他。孔子强调运用启发式教学法，而启发式教学法的重要形式是师生之间的交流和对话。他曾与自己的三千弟子对话，后人将其编成巨著《论语》，成为我国灿烂的文化遗产（方纲厚，2000）。

古希腊的苏格拉底倡导的对话教学法又叫"产婆术"，常被用于哲学或数理问题的独立分析与解决，促进者即助产者的工作是通过对话的形式协助学生找到真理（Birnbacher et al.，2004）。20世纪初，德国哲学家纳尔逊（Nelson）对苏格拉底的对话教学法进行了重新审视并推广运用到教育学领域。苏格拉底的对话教学法旨在教导学生进行哲学思考，并通过此方法培养学生的批判思考能力，其基本的条件就如同苏格拉底的精神，即首先承认自己的无知，唯有虚心求教，才能进行沟通。真理就是在这种集体对话中越辩越明，并逐渐形成共识，学生也在这种集体对话中学会通过对话解决问题，不再依靠教师给予答案，并逐渐开始独立学习（Nelson，2004）。对话式教学是一种人性解放的实践，它通过对权威主义的纠偏，使得教师与学生都能成为教育过程的主体，使得民众能够消除他们对现实的错误知觉。世界不再以欺骗性言词来描述某个物体，因而成为人们为了追求人性化而进行改造的对象（Shor and Freire，1987）。

被誉为"拉丁美洲的杜威"的保罗·弗莱雷（Paulo Freire）是世界著名的教育家（黄志成 等，2001）。弗莱雷认为，教育具有对话性；教学应是对话式的，对话是一种创造活动（Freire，1970）。他大力提倡"对话式教学"并以此来批判传统的"讲授式教学"。弗莱雷认为，人类社会不是静默无语的世界，对话之于人具有本质性意义，是人类生存的一种重要方式。"对话是人与人之间的接触，以世界为中介，旨在命名世界。"（弗莱雷，2001）可见，对话本身不是目的，而是人们以世界为媒介进行沟通交流的途径。弗莱雷的"对话式教学"是对话主体间的双向、多边交流，是对话主体对于自身的反思与追问，是对话主体与外部环境的相互交融。师生对话是对话教学的核心和关键，学生不是等待被填充的空洞容器，思想缄默显性化的过程就是交流与沟通生成意义的过程，对话的本质不是将自己的观点强加于人，而是言语的倾听、心灵的敞开、相互接纳和共同分享（李玉环 等，2014）。

可以看出，早期的一些哲学家、社会学家和教育学家已认识到对话的重要性，呼吁教师在课堂中要重视对话教育，多采用对话而不是对白，多重视激发思辨和创新性思维，而不是只做知识的播放器。但先前的研究有一个共同的缺陷——如何去做？也就是说，先前的很多研究告诉我们，课堂中的对话很重要，但是具体如何操作呢？很多一线教师限于自身学历和能力的不足，根本无法自己设计有深度的、真正意义上的对话，大部分问答都是无意义的、不需要学生动脑的。这也是为什么尽管两千年前的教育家，如孔子、苏格拉底等，已经告诉大家要以对话的方式进行教学，但在现在的一些课堂上，老师们还是采用"一言堂"和"满堂灌"的方法。这里面有很多值得我们思考的深层次原因。本章将基于对话句法理论，介绍为何和如何在语言教学的课堂上进行对话教学，以及对话句法理论如何协助语言学习和习得的具体过程。

二、对话句法理论中与语言教学有关的概念

对话句法理论中的一些核心思想与语言学习和教学密切相关，比较重要的有以下五个方面：互涉（engagement）、语言建构语言、平行、共鸣以及自展（bootstrapping）。下面我们将进行详细讨论。

（一）互涉

对话句法理论可以被界定为符号之间或通过符号实现的互涉结构（Du Bois，2010）。这种互涉意味着一种结构联结（structural coupling），结构联结可以通过参照语言或别的符号系统，使两个或多个可比较的语言单位或语篇片段之间建立一系列的联系。当前的话句和先前话句，不管它们之间距离远或近，是书面形式还是口头形式，是通过面对面交谈产生的还是由过去的前辈创造的，都能产生联结（Du Bois，2010）。

文学文论中也讲"互涉"，有时也称为"文本互涉"。事实上，文论中的互涉也就是"互文性"，主要是指不同文本之间结构、故事等的相互模仿（包括具有反讽意味的滑稽模仿或正面的艺术模仿），主题的相互关联或暗合等，当然也包括一个文本对另一个文本的直接引用（王耀辉，1999：167）。小说文本一方面确实可以用于交流，另一方面又如罗兰·巴特所说是一种"反向交流"，即文本不断地接纳诠释者，并围绕诠释者的再诠释形成循环式的对话关系。文本中的某一意象的隐喻—象征含义只是在它与构成整个庞大文学体系乃至文化传统的诸文本的相互关系中才有意义。文本在显示自己对话意义的同时，又不断形成新的对话意义的这一特性，从文本互涉以外的角度是无法窥见的（王卓慈 等，2010）。

但对话句法所讲的"互涉"与文论中的"互涉"或"互文"并不是一

回事。它主要指即时对话中前后两句之间的互动和关联。下面我们以课堂会话为例，讲解对话互涉的运行机制。

（1）

T：Alright. Are you ready to show the main idea?

Ss：（沉默）

T：Are you ready?（教师做出举手的手势示意）Ok，you please.

S1：Beijing in China is developing increasingly, and more and more people live and work here.（学生举手回答）

T：Well done! Thank you! Sit down please!

（董晓慧，2018）

当老师问"Are you ready to show the main idea?"（你准备好指出这篇文章的大意了吗？），课堂上没有回应，学生们一片沉默。这里没有互涉的发生，一方面是因为老师的问话太笼统，学生只需回答yes或no即可，另一方面老师的问话没有对象，是针对全部学生的。作为个体的学生也可以认为老师的问话不是针对自己的。为了挽救这轮对话，老师又问了一遍"Are you ready?"（你准备好了吗？），为了避免互涉的再次失败，老师采用了手势，以及单点学生回答的策略。被点到的学生作出了回答，说出了文章的大意。老师紧跟着进行了点评"Well done! Thank you!"，并且给出了下一个指令"Sit down please!"。

本例给我们的启示是，在语言教学过程中一定要让学生产生互涉，如果没有互涉，学生要么没有语言的产出，要么产出的话语驴唇不对马嘴。如果学生总是产生没有意义的语言，这样的教学不会帮助学生提升语言质量和语言感知能力。

（二）语言建构语言

语言，这个神奇的东西是从何处来的？人类是如何区别于动物，用语言进行交际的？儿童为何不用专门训练也能轻松习得母语？这些都是一直困扰着研究者们的问题。长久以来，人类学家、语言学家、哲学家、社会学家等对语言的来源问题进行着各种各样的探讨。关于语言的来源问题，历来有先天论和后天论之争。

先天论与后天论作为语言习得研究领域中两种对立的观点有着深厚的历史渊源。早在17、18世纪，语言习得理论就摇摆于洛克的"白板说"和柏拉图（以笛卡尔为代表）的"天赋观念"之间，中间派的莱布尼茨用"大理石花纹说"对两者进行了调和。"先天与后天"之争导致语言习得理论形成三元格局——先天派、后天派、先天后天相互作用派。这种格局历经数百载仍兴盛不衰，依然是学派林立的当代语言学界争论的焦点（司艳辉 等，2012）。

语言发展的先天论者（Chomsky, McNeill, Lenneberg, Katz）强调人类天生具备习得语言的能力。他们假设儿童具备"主语"、"谓语"、"宾语"和"句子"这类具有语言普遍特征的知识，同样也具备评价语言信息的先天能力。这些先天的因素使得正在成长的儿童形成对母语的一些假设，并通过与环境的相互影响来评价这些假设（Tagatz, 1985）。Chomsky认为人类大脑中存在一个语言习得机制（Language Acquisition Device，简称LAD），而且存在一个普遍语法（Universal Grammar）体系，儿童出生之后，无论被放到何种语言环境下，都能根据当前语言环境，习得当前语言（Chomsky, 1968）。Chomsky总结出一个语言习得公式：

$$PG = \alpha \cdot UG$$

其中UG指Universal Grammar，即普遍语法，代表人脑获得经验以前的初始状态。在经验的作用下，UG经过一系列变化，最后变成了PG（Particular Grammar，个别语法），即普遍语法UG最后表达为某一种个别语法PG。UG是内因；α是变量，表示后天经验。当α参数等于不同值时，会得到不同的个别语法，如汉语、英语、法语等（Chomsky，1981；宁春岩，1982）。

"后天派"又被称为"外在论"。外在论主要包括行为主义和连接论（Scovel，2001），这一理论流派的主要特点是重视学习环境的作用（环境论），一切知识的学习和习得都是由外在因素决定的，如课堂学习的决定因素是教师、教材和教学环境，儿童习得母语是由父母和周边环境决定的（贾冠杰，2004）。

Du Bois创立的对话句法，特别是基于用法的语言观对语言现象有很强大的解释力。它强调语言是在动态语境中通过反复运用和互动交流习得的，非常重视频率、运用、语境、互动、主体间性的作用。对话句法通过动态语境来建构说话者之间的主体间性，强调两个线性句法之间的交叉映射，这可以帮助学生理解某些语法现象的语义和语用功能，提高学生学习语法的兴趣和运用语言的综合能力。因此将对话句法应用于语法教学，或许有助于改善语法教学的现状（李健萍，2017）。对话句法揭示了对话中"用语言建构语言"的话语产生机制，揭开了语言认知—功能研究的新篇章（曾国才，2015）。

对话句法传承了基于用法的语言哲学观，因此它倡导的是语言建构主义，即儿童基于被输入的语言信息来建构自己的母语语法语言体系。根据克拉申的第二语言习得理论（Krashen，1980/1982），可理解性语言输入是语言习得的关键。也就是说，在外语学习的过程中，学习者从目前的语言水平i，通过包括"i+1"的语言输入，才能达到"i+1"

149

的水平。因此在外语教学中，能否向学生提供大量的可理解性语言输入，是外语教学成败的关键。那么，让我们回到对话句法视角下的外语课堂，这个可理解性语言输入的关键就是课堂上的教师话语以及师生对话。

（三）平行

平行是对话句法中的核心概念，在对话句法的运作中起着关键作用。对话交谈者通过平行的语境动态地构建新的语言成分之间的结构关系，从而使对应成分之间呈现亲密关系（affinity）。结构的平行还会使对话之间形成类比关系（analogy），在平行结构中，相对应的成分之间的类比会进一步进行推理、阐释、重新分析等，最终为新的语言结构的自组织做出贡献。对话结构的平行会使并置的话语之间产生映射（mapping），进而使对应成分之间产生像似性。而这种由每个话句的内部结构之间的平行所促发的映射也会帮助辨认对应成分之间的类比亲密度（Du Bois，2014）。

下面，我们借用来华汉语学习者的一段课堂对话来加以说明（刘珊珊，2013）。

（2）

老师：还有一个就是"白"，他的朋友不愿意，说不能白吃，坚持要付钱。

爱丽丝：不能白吃？（二声调）

老师："白"是什么？我们今天白跑了一次。你白来了是什么意思？白跑一趟是什么意思？

爱丽丝：没有用。

老师：对。你来了，却什么都没做，什么都没学，就是说没起到作用。我白说了，他一点儿也没懂。

陈某：你白说了，你白干了。

吕某：白来和白吃不太一样，我觉得。是吗？

何含陆：吴米德白去教室了。

老师：对。教室没有人。

何含陆：白来是浪费时间，白吃是不要钱。

这个例子展示的是一次比较成功的通过对话进行教学的案例，教师通过与学生的对话，不断引导学生充分理解"白"的含义和用法。在这个课堂对话片段中，存在各种各样的对话现象，但这里我们重点讨论其中的平行现象。首先第2句是对第1句中某个片段的重复，以引起第一位讲话者的注意，然后在第3句话中，老师自己运用了一个平行结构来提问，引导学生猜测"白"的意义。

（3）

……你白来了是什么意思？

白跑一趟是什么意思？

第5句中，老师又使用了一个平行结构：

（4）

……却什么都没做，

　　什么都没学，……

这次平行结构的运用起到全面解释的作用。学生基本上也抓住了目标词汇"白"的含义，在接下来的第6句中，学生陈某开始尝试产出，并使用了平行结构：

（5）
你白说了，
你白干了。

在第10句中，学生也使用了平行结构来解释"白来"和"白吃"这两个词的差异：

（6）
白来是浪费时间，
白吃是不要钱。

通过对以上例句的分析，我们可以看出，并置话句中的平行和重现可以用于支持学生的语言学习过程。王天翼和甘霖（2018）也认为模仿是语言学习的基础，对话句法学所重点关注的平行或对应结构，毫无疑问，也来自模仿。受话者在某种程度上基于发话者所用词语和句型，或更换其中部分要素来拟构自己的答语，既简便也合理。

（四）共鸣

共鸣也是对话句法中非常核心的概念。关于共鸣的更多介绍和讨论可参看前文。

对话共鸣是儿童习得语言、成人学习外语、课堂教学语言的最基本、最常见之法。基于模仿的"对话共鸣"是一种最为简单的学习和使用语言的方式。例如，幼儿在各种不同语境中不断模仿父母的语言，在咿呀学语中通过对话共鸣的方法来习得语言，从简单到复杂；学生通过在课堂上模仿、重复老师的句型和用法，或替换其中的部分词语或结构来习得语言；再看看我们在正常情况下如何与他人对话，我们不可避免地或多或少要重复他人的词语和句型，或更换同范畴或同语义场的词语。这便是我们的语言，我们正是通过这种方法来习得或学习语言的。这也是日常交际中最经济、最方便、最省力的一种语言使用形式。但令人遗憾的是，这一司空见惯的对话句法现象，长期以来却未能得到应有的重视，虽有学者论述过语言中的平行结构或对仗形式，但它常被视为修辞学家所关注的内容，未曾从理论层面加以深入阐发（王天翼 等，2018）。

下面举例说明：

（7）

Dan和Jennifer在玩扑克。

Dan: Okay. So pass three cards. So we wanna pass.

Jennifer: Alright. Pass. We're gonna pass the king of spades.

Dan: King of puppy-dogs' feet. How come you don't pass the king of clubs?

Jennifer: I might. I don't have any aces here. I'm gonna pass a low heart. Just so they can't shoot the moon. I got the ace of hearts. Okay. Two of clubs. King of clubs. Ace is out. So my queen is the highest there. Alright，my jack is the highest there.

Dan: So you wanna play that now.

（Du Bois，2010）

如果我们把上面这个对话中主要的共鸣成分按照跨句图谱的形式呈现出来，共鸣现象将更加清晰。

（8）

Jennifer：	{ }	pass	the	**king**	of	**spades**
Dan：				**king**	of	**puppy-dogs' feet**
	{ }	pass	the	**king**	of	**clubs**
Jennifer：	{ }	have	any	**aces**		
	{ }	pass	a	**low**	**heart**	
	{ }	got	the	**ace**	of	**hearts**
				two	of	**clubs**
				king	of	**clubs**
				ace		
	{ }		my	**queen**		is the highest there
			my	**jack**		is the highest there
Dan：	{ }	play	that			

这样排布之后，我们立即就能发现这个对话中存在大量平行结构，最明显的就是"the X of Y"结构的平行，以此为基础，词汇之间、结构之间产生共鸣。最重要的是，这样的共鸣可以协助二语学习者学习语言和文化。"king, ace, queen, two, jack"在此有不同的含义，表示不同的扑克牌。如果离开了这个语境，他们的意义就会发生变化。而且，如果一个二语学习者参与到这个对话中，他还会习得下面的句法结构。

(9)

V[play]	Det	N[rank]	Gen	N[suit]
pass	the	king	of	spades
play	a	queen		clubs
got	my	jack		hearts
have	any	aces		puppy-dogs' feet
		ace		
		two		
		low		
		highest		

事实上，这些语言范式也是文化范式。在这个语域中词汇之间的结构化的语义和语法关系是对话配置的产物，就像上面这个对话所构建的扑克语汇一样。同时，它们也代表了在此文化或语言中已经存在的结构，他们是共鸣产生的资源。

所以我们说，共鸣可以支持语言学习或习得，不仅是近在咫尺的功能对等，而且包括需要意义辨识的语言抽象，比如说，副词和动词有时可以接替作为谓语使用。对话时刻的开始，将其影响扩展到多个时间范围，不仅具有了即时定位的意义，而且促成了语言的不断学习，最终塑造了语言本身的新兴结构。

（五）自展

对话句法过程会为"对话自展"（dialogic bootstrapping）创建丰富的环境（Du Bois，2010）。而对话自展是语言学习和语言习得的重要途径。

我们先来理解一下什么是"自展"。长筒靴（tall boots）的后侧通常会留有一个小带子或小拉环，以便人们穿靴子时，用手拉着它把靴子提到脚上。这个小拉环就叫bootstrap。19世纪时，有一个谚语叫"抓着靴子拉环把自己提起来"（to pull oneself up by one's bootstraps），形容"不可能完成的任务"。1922年，bootstrap开始被用作隐喻，形容"不依靠外力，使自己做得更好"，后来进一步发展为"不需要外来帮助的自发过程"[1]。再后来，bootstrapping这个词被应用于各种不同的领域，从而产生了不同的含义。比如，在计算科学领域，bootstrapping有时简称为booting，指计算机操作系统的启动，亦指软件的启动，在这个过程中，首先是装载简单的指令，其次是执行复杂一点的指令，最后是启动复杂的程序。自展也指在已有样本中重复取样建立模型的机器学习方法。在统计学中，bootstrapping指获取总结性统计估值的一种重新采样技巧。在商业活动中，bootstrapping指不依靠外来帮助或外来资本创立一个商业公司。当然，还有一些其他领域中的应用，我们不在此详述。接下来重点介绍一下bootstrapping在语言学和语言习得中的含义。

在语言学和语言习得领域，bootstrapping是指人生来就自带的一种可以形成语言基础的心智功能。正是这种语言机能，使儿童可以毫不费力地习得语言（Hohle, 2009）。根据它所涉及的不同领域，可以将它进一步区分为语义自展、句法自展、韵律自展和语用自展。Pinker（平克）（1984）是首位把bootstrapping引入语言学的学者，他也使用了其隐喻含义，意指儿童天生具有可以协助他们启动语言习得的心智过程。自展可以帮助辨识这个语言学习过程，使儿童习得目标语言的结构。自展与联结主义（connectionism）关系紧密，联结主义把人类认知模拟为一种简单互联的网络系统。人类具有统计学习能力，比如一个儿童，他可以根据听到的语音流，自然析出离散的语音成分，确定词汇边界。

---

[1] https://en.wikipedia.org/wiki/Bootstrapping。

Du Bois（2014）[367]所说的"Dialogic Bootstrapping（对话自展）"，即在日常对话中提炼重复样本以建立模型，帮助学习。这种通过对话进行的"自展式学习策略"，对于语言学习、二语习得、语言教学等具有重要的研究价值，当受重视，有待我们深入探索（王天翼 等，2018）。

关于对话句法的研究记录了成人对话参与者对话中所使用的范式、平行和其他隐性的、涉及类比的各种结构，这些都是他们为了回应实时互动中的逻辑需要，相互合作共同构建的。但不管是有意的还是无意的，他们的这些对话行为为儿童实时学习语言结构建立了一个理想的场所（更不用说成人了）。这些并置话句之间的平行和重现的关系可以被用来支撑儿童的学习过程（Du Bois，2010）。

如果能证明儿童可以根据对话句法的一些非常基本的原则（比如把当前的共鸣最大化）监控成人对语言的使用，那么这将是一个大大增强的丰富的语言环境，在这个环境中，某些学习过程开始迅速产生。儿童—成人学习连续系统在这些可以观察到的证据面前也能够站得住脚，有限的记忆可以接触到的语言使用的意象现在还包括相邻话句之间丰富的映射关系。通过对话映射的强化，这一环境会产生关于语言结构的信息组合性爆炸。在对话自展的支撑下，儿童和成人在对话环境下能够学习一些新的语言成分。对话环境为形成新的、功能相关的范畴和结构的抽象化提供了强有力的支持。另外，相同的对话过程随着时间的推移可以产生新结构的语法化过程，因为对话句法会促使类比和重新分析（reanalysis）的生成，而它们又为新语法的系统化创立提供了燃料（Du Bois，2003/2010）。

三、对话句法理论对语言教学的启示

通过前文的介绍和讨论，我们可以看到，对话句法理论中的很多思想都与语言教学有关。语言教学可以从中获得很多有益的启示。这里的语言教学包括母语教学和外语教学，所以，不管是幼儿园和中小学的语文课堂、针对外国留学生的对外汉语课堂，还是各种不同水平的外语教学课堂，这里我们统称为语言教学课堂。

总结一下，对话句法理论可以为我们的语言教学课堂带来以下启示：

首先，教师自己要认识到课堂对话的重要性，彻底放弃一言堂和满堂灌的教学方法，在进行教案设计时，要多加入提问和对话内容，为课堂上的师生对话和生生对话创造条件，创设环境。

其次，教师要让课堂对话产生互涉和共鸣。没有互涉和共鸣的对话不会产生有意义的思想交流，所以教师要深入思考：什么样的话题是与学生最相关的，什么样的提问方式能够引发学生的共鸣。

再次，教师要注意自己的语言表述方式，提高自己语言输出的质量。因为按照对话句法所倡导的思想——"用语言建构语言"，如果教师自己的语言质量不高，如何能让学生产生高质量的语言表达呢？所以，教师自己的话语非常重要，当然，课堂教材、教学资料以及课外补充学习材料都可以被视为广义上的语言输入，都需要质量上的保证。

最后，教师要多思考如何把新的语言教学点，包括词汇和句法结构嵌入课堂对话之中，耐心培育，静待花开。要相信学生们都有自展能力，对话句法只是为此做铺垫的手段。

结　语

人们一般认为是思维产生了对话，事实上是对话引起了思维。对话的重要性不言而喻，尽管很多教育家也认识到了对话在教育教学中的重要作用，但具体如何操作，仍然十分模糊。对话句法的出现，为语言教学课堂提供了清晰的思路。对话句法中的核心思想，如互涉、语言建构语言、平行、共鸣以及自展，为对话如何激发和协助语言学习和习得提供了理论支持和实践框架。一线教师可以据此设计自己的教案，利用对话句法的研究成果，改善教学模式，提高教学效果。

对话句法理论出现之后，引发了国内外相关研究者的广泛关注。对话句法理论对语言教学的作用和启示不应该被忽视，本章作为该系列研究的第一次尝试，重点进行了理论探讨。下一步，笔者将选择合适的实验场所和实验对象，开展实证研究，以验证对话句法对于语言教学的实际效用，为一线教师的教学改革提供参考。

第十章 对话共鸣与语用推理

引　言

人与人的对话交流从表面上来看是一个非常简单自然的事情。对话，俗称"聊天"。谈及聊天，很少有正常人会觉得是个难事。这是因为人是有高级思维的动物，语言又是一种天赋能力，人们对毫不费力的事情经常会产生想当然的倾向。但实际上，如果我们深入分析对话的运行机制，就会发现对话背后的原理比我们想象的复杂。

目前已有的大量语言学研究成果将单一说话者产生的语言作为研究对象，如单词、单句、单一语篇。对话来自至少两个说话者，形式零散，变化多端，这为相关研究增加了难度，先前的很多理论或模型在对话中起不到作用。尽管如此，还是有很多研究者致力于探究对话中的奥秘，最显著的成果来自会话分析（Conversation Analysis）（Sacks et al., 1974；Schegloff et al., 1977）。但会话分析仅关注对话的社会属性和话轮转换，忽视了会话中的认知和语用因素，而 Du Bois 的对话句法理论（Dialogic Syntax）（2014），被认为是认知功能主义对会话分析的最新研究成果。

本章将尝试探索对话中的认知和语用机制，尤其是对话共鸣与语用推理之间的协同关系。王寅和曾国才（2016b）受对话句法启发，基于认知语言学中的"事件域认知模型"和"图式—例示"建构了"基于事件域的图式—例示模型（ESI）"，重点探索了英语WH-问答对话构式背后的语用认知机制。这是探讨对话共鸣语用功能的初步尝试，但他们的研究过多依赖事件域认知模型，对于共鸣，只是借用了这一概念，并未对其语用运行机制开展深入探索。高彦梅（2018）将Hasan的衔接和谐理论中的"功能关系"概念引入对话共鸣研究之中，探索对话发展过程中表层共鸣成分与深层功能关系之间的互动。这是对共鸣结构的语义功能及其对话题延续和对话发展的影响的重要探索，但她并没有触及对话共鸣的语用领域。对话共鸣，从目前的发展来看，还主要停留在对词汇与句法的共鸣分析上。也许随着该理论的发展，在未来，研究者会做更多的语用共鸣分析，但目前还没有清晰的分析框架。平行话语中何种共振（本章中的共鸣resonance）引起何种语用推理等议题有待进一步探讨（曾国才，2015）。鉴于以上原因，本章还将重点探讨对话共鸣与语用推理之间的互动机制。

一、对话句法与对话共鸣

对话句法理论（Dialogic Syntax）是由Du Bois提出的专门研究对话结构的认知功能理论。对话句法的主要观点是，语言可以产生语言（it takes language to make language），听话者会自觉或不自觉地复用说话者的全部或部分话语，问话和答语之间会产生平行和共鸣。对话句法可以被定义为符号之间或通过符号产生的互涉结构（Du Bois，2010）。形式上的互涉会促进交谈者之间主体间性的互涉和认知协同。对话双方的言语会形成映射关系，而且映射会反映在语言的各个层面，如语音、语气、语调、词汇、句法结构、语用语义等。对话在结构上会生成跨句图谱（diagraph），跨句图谱是一种超句句法结构，以区别于传统的线性句法，所以它的名字才叫对

161

话句法。对话句法试图揭示对话之间的语言、认知、语用的互动机制。对话句法仍处于发展阶段，还有很多值得探讨和改进的地方。

对话句法理论中一个最核心的概念是对话共鸣。对话共鸣被界定为语句之间亲近关系的催化激活。那么共鸣从何而来？尽管共鸣从定义上来看，是产生于对话过程，但我们也有足够的理由来问共鸣到底是从何而来（Du Bois，2010）。在动态共鸣中，我们可以看到共鸣来源于邻近对话的语义配置（the immediate dialogic configuration），共鸣需要借助现有的语义和结构。Du Bois（2010）认为共鸣的来源可能无法全部被列举出来，因为人类的想象力是无限的和开放的（open-ended），但总结几个宽泛的类别倒也无伤大雅：第一个方面是语义场（semantic field），这个语义场可以指经典结构语义学视角下的语义场，也可以指面向特征的成分分析的语义场，还可以指更加传统的语义范式的概念。我们可以观察到对话双方在谈话时会不断地从语义场的聚合选项中获取资源。第二个方面是谈话中所涉及的内容、话题和被指代者（referent）自身。众所周知，即使形式不一样，回指参照（anaphoric reference）也可以在不同的成分之间建立衔接关系。基于以上讨论，我们可以说，共鸣资源是从语言结构的各个层面获取的，包括语音、音系、韵律、词汇、形态、句法、语篇，以及各个功能系统包括语用、互动、认知、互文和最终极的文化系统。因此，要想描述对于一个言语社区的成员来说都可以用的全部共鸣资源，相当于要在所有的维度复杂性上描写整个语言（Du Bois，2010）。

共鸣可以被看作某种特征匹配的算法过程，只是有时候，这些特征是在共鸣过程中动态诱发的。也就是说，有些亲近关系并不是提前存在的，而是在共鸣产生的过程中被发现或创造的。即使是全新的共鸣，我们在首次遇到的时候也能理解它们，因为在整体的跨句图谱中，有些信息是潜在的。在这些情况下，意义的对等更像是共鸣的结果，而不是共鸣的来源。

基于以上的考虑，Du Bois（2010）提出，我们应该把共鸣分为预设性共鸣（presupposing resonance）和创新性共鸣（creative resonance）。预设性共鸣指意义来自已经预先存在的共鸣资源的演绎，而创新性共鸣指诱发性跳跃到对全新共鸣的识别。按照我们的理解，Du Bois这里所谓的预设性共鸣指共鸣只依赖于相关成分本身已经具有的语义即可完成，如（1）：

（1）

M1：What happened to Linda Lee?

M2：Ah，she just left![①]

这是两位男士之间的对话，用M1和M2来指代。第一位男士问"Linda Lee怎么样了"，第二位男士回答道"啊，她刚刚离开"。这里"she"和"Linda Lee"共鸣，"just left"与"what happened"共鸣。要理解这些共鸣成分的意义只需要理解词汇或句法成分本身的含义即可。换个角度说，对预设性共鸣的理解，只需要在语义层面上完成即可。但创新性共鸣更加复杂，必须启动语用层面。请看下例：

（2）

Jennifer：We're gonna pass，the king of spades.

Dan：King of puppy-dogs' feet. How come you don't pass the king of clubs.

（Du Bois，2010）

---

① 例句选自对话语料库，网址：www.talkbank.org。

在此例中，Jennifer 和 Dan 在玩扑克。Jennifer 说"我们要出梅花老K"，Dan 说"哦，小狗爪老K，那你为何不出方块老K呢。"这里"king of puppy-dogs' feet"如果离开这个语境，不在此对话中，它自身的意义是"小狗爪之王"，可能令人费解。但在此对话中，它的产生是因为受了 Jennifer 的"king of spades"的影响，是它的映射。在玩扑克的语境下，说话者可以调用此语用知识：扑克牌中梅花的形状有点像小狗的爪印。故此，Jennifer 理解这一表达应该没有困难。这类共鸣属于创新性共鸣，它不是事先存在的，单从语言成分的本义推导不出来，是在现场的对话中临时创造出来的表达，离开上下文，此语用含义可能不复存在。

Du Bois（2010）认为，交谈者在对话时要为共鸣的激活付出极大的努力，以至于说话者不得不走非寻常之路才能创设出来，甚至要损害他们的其他交际目标。人们在会话中似乎遵循着一条"共鸣准则"（maxim of resonance）——使共鸣最大化。Du Bois（2010）在提出这一准则之后，对其合理性和有效性并无把握，对于该准则能否经得起考验并无信心。他继而讨论了这一准则和先前存在的语用理论，如合作准则（Grice，1975）和礼貌准则（Brown et al.，1987）之间的关系。Du Bois（2010）说，不管我们提出的这一"共鸣准则"能否具有准则的地位，我们都可以同时设计一个"共鸣原则"：说话人在适宜条件下会想方设法创造共鸣，使共鸣最大化。

Du Bois 认为共鸣原则与合作、礼貌等同属语用原则，在言语互动中共同发挥作用。至今无人对这一原则进行证明（刘兴兵 等，2019）。我们也认为 Du Bois（2010）的共鸣准则和共鸣原则存在问题，共鸣最大化的状态是完全共鸣，即完全平行，但实际对话中这种状态并不多见。共鸣策略受到语用交际策略的影响，选择共鸣成分是为特定语用意图服务的。所以，通过共鸣的成分，我们可以进一步推断答话人的语用策略，从而完成语用推理。但对话共鸣与语用推理之间具体是如何互动的,这是一个值得深究的问题,也是本章写作的初衷。

二、对话中的语用推理

语用学研究的两大主题就是话语的生成与话语的理解(何自然,1998)。语用学关注意义是如何被表达、传递和理解的,听话者需要识别和分析说话者要表达的意义,并推理出说话者的交际意图。语用推理的实质,是根据有关的显性表述,利用心理结构的知识集,通过一连串的"如果X则Y"推导进行显性表述和隐性表述的交替编码、组织和补偿,不断获得新认识,最后得到对有关话语用在这里的恰当的理解(徐盛桓,2007)。

事实上,语用推理贯穿了语用学发展的整个历程。20世纪60年代,英国哲学家约翰·奥斯丁提出了言语行为理论(speech act theory)(Austin,1962),指出语言即行事,语言行为同时也包括言内行为(locutionary act)、言外行为(illocutionary act)和言后行为(perlocutionary act)。尤其对于言外行为,听者要想准确把握,离不开一定的语用推理。请看下例:

(3)
房东:"真热啊。你这怎么睡得着?"
我:"天热房间小,又不靠窗,热气散不掉。"
房东:"年轻人,好好奋斗,有钱了买个好房子,就不用吃这份苦了。"[1]

---

[1] 真实对话语料,来自网络。

在(3)中"我"听到房东说这个房间很热,人在里面怎么睡得着。"我"趁机诉苦,言内行为是描述客观情况,天很热,房间又小,又不靠窗,热气散不掉,但言外行为是希望房东理解我的困难,帮我装空调。言后行为是,房东没有接这个话茬,而是说"年轻人,好好奋斗,有钱了买个好房子,就不用吃这份苦了"。房东的言外行为是,你自己没本事,现在只能吃这个苦,等你有了钱,就自己买个好房子,自己装空调,别想让我现在给你装空调。

当 Austin(奥斯丁)(1962)和 Searle(海瑟尔)(1969)主要关注以言行事、关注直接言语行为和间接言语行为时,Grice 开始跳出句子意义(sentence meaning),考察话句含义(utterance meaning)。他观察到,在话语层面,语言形式和话句含义之间并不是一对一的映射关系。Grice 更关心言说(saying)和意味(meaning)的差异,探讨说话者如何产出这些隐含的意义,以及说话者如何推定他们的听话者会毫无意外地理解他们要表达的意义(Davies,2007)。

为了探讨这个过程背后的机制,Grice 于 1967 年提出了合作原则。合作原则有四大准则:量的准则、质的准则、关系准则和方式准则(Grice,1967)。Grice 设想,交际双方总是遵循合作原则来进行会话,而且会话中话语都是有含义的。不过,在会话的过程中,说话人并不是不能违反准则的。有时说话人为了表达自己的言外之意,会故意在表面上违反这些准则,听话人在认定对方仍然遵守着准则的情况下,结合语境对违反准则的话语进行推理,弄清楚说话人在会话中的言外之意。

Grice(1975)的会话含义理论模式以说话人为出发点,提出意向(intentional)交际的观点,设想说话时遵守合作原则,并设想在违反合作原则时听话人要推导出话语的含义。自 Grice 提出会话含义学说以来,引发了有关语用推理和自然语言理解的研究(何自然,1998)。

Sperber 和 Wilson（1995[1986]）对合作原则提出了质疑。他们认为：第一，在交际中根本不存在什么合作原则，也不存在有意违背准则的问题。第二，人类的交际活动是一种认知活动，认知的基础是交际中话语的关联性。第三，在言语交际中，说话人不仅要表明他要传递的信息，更要表明他要提供的信息有某种关联，这种关联使人们对说话人的意图作出合理的推理，达到对话语的正确理解。这种关联在一定意义上相当于对话共鸣。

Sperber 和 Wilson（1995[1986]）指出，交际涉及交际双方对信息的处理，交际是一个明示—推理的过程（ostensive-inferential process）。说话者通过明示交际行为，让听话者获取某种信息。话语的理解涉及语言的解码与推理，明示与推理是交际的两个方面。话语理解是一个动态的过程，认知主体会利用推理机制，将话语的字面意义与可能隐含的信息加以综合，结合语境假设，寻求话语之间的内在联系，从而选择其中的最佳关联性解释（徐盛桓，2007）。

语言交际有两种模式，一种是代码模式（code model），另一种是推理模式（inferential model）。语言交际会同时涉及这两种模式，但在交际过程中，认知—推理过程是基本的，编码—解码则附属于认知—推理过程（何自然，1998）。交际得以实现，正是交际者提供了有关自己意图的行为依据（如话语），以及接收者能根据这种行为推导出交际意图（张亚非，1992）。推理过程大致分为两步，即根据语言和非语言信息先建立必要的前提，然后根据前提的逻辑关系推导出有关话语意图的结论。请看下例：

（4）

A: Can Susan type?

B: She used to be an office secretary.

A听到B的答语后，在大脑中进行的语用推理过程如下：

（5）

办公室秘书的条件之一是会打字。

大前提：办公室秘书会打字。

小前提：苏珊做过办公室秘书。

结论：苏珊会打字。

通过以上的回顾和介绍，我们可以看出语用推理在语用学中具有举足轻重的地位。难怪Grice（1975）早就指出构建话语的语用推理已成为语用学理论的主要任务之一。我国也有不少学者研究语用推理，而且逐渐形成了自己的一些学说。国内提出的主要推理模式有徐盛桓（2007）的"含意本体论"、廖巧云和侯国金（2005）的多级二步明示推理、熊学亮（1996）的单向语境推导模式和钱冠连（1994）的言语交际三项论意义推导模式（房锦霞，2010）。

从对话句法角度来探讨语用推理的专项研究还比较欠缺。对话句法深受巴赫金对话理论思想的影响，巴赫金（Bakhtin，1934/1981）深刻反思了索绪尔"关门打语言"的结构主义研究思路，主张"开门研究语言"。当他关注语言运用中的社会情景时发现任何语篇都存在着两个（或两个以上）相互作用的声音，这是合作性创造新义的语用推理基础。对话句法反思了格莱斯的合作原则语用学，抛弃了"交际双方必须合作的假设"，以及"从信息分析角度进行语用推理"的方法，另起炉灶，提出了从平行句法结构和对话共振角度研究语用含义的新思路，这必将为认知语言学和新认知语用学注入新的活力（王天翼 等，2018）。本研究也只是在这方面进行了初步尝试，希望能起到抛砖引玉的作用。

三、对话共鸣与语用推理的互动机制

半个世纪以前，Grice 为语用推理研究奠定了语码—推理的研究基础，这一直是语用推理研究的范式；Sperber 和 Wilson 的明示与推理，把推理建立在交际双方对交际话语、交际情景和交际意图互明的基础上，最终的理解也离不开推理（徐盛桓，2007）。而 Du Bois 等所倡导的对话句法学则否定了 Grice "交际双方合作"这一假设，并不主张从意向和意义角度来推导语用含义，而是通过分析对话中受话者的回应并择用发话者先前话语中的平行或对应成分和结构来推导语用含义（王天翼 等，2018）。对话句法理论从认知和功能的视角，分析话语间形式上的平行、映射和共振，揭示语言、认知、互动对意义推理的作用。也就是说，对话句法理论提供了一个以语言结构形式为基础的意义推理模式（孙李英，2017）。其中，共鸣是对话句法的核心概念，也是语用推理的关键。何种共鸣引发何种语用推理，这一点我们并不是很清楚，值得深入研究。接下来，我们在本节中将详细研究对话共鸣与语用推理的互动机制。

交际中，发话人基于某种交际目的，启动对话，产出话句（utterance）。听话人听到该话句后，根据相关信息，接收并理解发话人的交际意图，然后选择共鸣策略，产出答句。那么具体有哪些共鸣策略可供选择呢？我们这里需要展开讨论一下。尽管共鸣是对话句法理论的支柱，但相关的经典文献（Du Bois，2010；Du Bois，2014）并没有对它进行全面刻画。通过对各种语料的广泛研究和测试，我们归纳出至少三组与语用推理相关的共鸣策略：完全共鸣与部分共鸣、局部共鸣与宏观共鸣、言语共鸣与非言语共鸣，下面我们举例说明。

完全共鸣（total resonance）指答语与问话之间形成全方位的共鸣，这

时对话之间形成的也是对话句法所谓的平行现象,如(6)所示:

(6)
MOT：好了,开了!
CHI：还没开。
MOT：火车开走喽!
CHI：火车开走喽!

(6)是选自Talkbank语料库[①]的真实语料,是一位母亲(MOT)和一个孩子(CHI)之间的对话,这位母亲在陪着孩子玩玩具小火车。在第4句话中,小孩采用的就是完全共鸣的策略,把第3句话完全重复了一遍。而母亲听到这句话之后的语用推理是,小孩听懂了,而且对于玩具小火车开动非常满意和兴奋。另外,通过完全共鸣,小孩也锻炼了对这一表达的使用,提升了语言能力,这也是对话句法促进语言习得的佐证之一。

部分共鸣(partial resonance)是指答话人只选择回应问话的部分内容,答语与问话之间只有一部分是共鸣关系。例如:

(7)
A：我做实验还是挺忙的,我那个量太大了,一做好几十瓶呢。
B：那让我儿子去帮你吧。
A：可以啊。
B：先弄弄瓶子之类的。

[①] TalkBank语料库是由卡耐基·梅隆大学的布莱恩·麦克维尼(Brian MacWhinney)领衔开发的多语种口语语料库,目前涵盖14个研究领域和34门语言。语料库的网址为https://talkbank.org/。

在此例中，A，B两人是朋友，B想让A帮着辅导一下孩子的功课，结果A说自己还需要做实验，挺忙的，还有很大的工作量。在第2句中，B只选择了"挺忙"这个信息点进行回应，言外之意是，你说你很忙，那可以让我儿子去给你帮忙，这下看你还有什么借口。在此句中，B的共鸣策略就是部分共鸣，只为自己的交际意图服务。

共鸣有时发生在相邻的两句话之间，有时发生在隔着其他语句的两句话之间，前一种情况，我们称之为局部共鸣（local resonance），后一种情况，我们称之为宏观共鸣（global resonance）。请看下例：

（8）
B：大家都想转化工专业，他不要外国人，我是运气特别好。
A：是吧，他为啥不要外国人？
B：这边的化工专业很好找工作啊。
A：那为什么不要外国人啊？
B：不要外国人是对外国人有歧视。

在（8）中，A和B两人是在美国留学的外国研究生，第2句与第1句之间是局部共鸣，A对于B所说的他的教授不愿意招收外国人作为自己的研究生这一点尤其感兴趣，就问该教授为何不要外国人。但第3句没有与第2句产生共鸣，而是与第1句产生了共鸣，B继续阐释为何大家都想转化工专业。这种共鸣现象就是我们所谓的宏观共鸣。在第4句中，A意识到B没有回答他的问题，继续追问，重复了自己在第2句中的问题，在第5句中，B才对A提出的问题进行了回答。第5句与第4句之间也是局部共鸣。限于篇幅，我们在此只举了一个隔了一句话的宏观共鸣的例子，但在实际生活中，宏观共鸣的答句有时与问句之间隔着很多行别的对话，也有隔了

171

十天半个月的对话。比如,我们有时突然想起别人很久之前提到的某件事情,我们可能会说:"哎,你上个月提到的那件事情现在办得怎么样了?"这些情况都属于宏观共鸣。

第三组共鸣策略是言语共鸣(verbal resonance)与非言语共鸣(non-verbal resonance)。在对话中,只要有言语回应的都属于言语共鸣,所以上面两组共鸣类别都属于言语共鸣。但在某些情况下,也有交谈者不说话,保持沉默,或者通过眼神、表情或手势进行回应的情况,这些情况属于非言语共鸣。请看下例:

(9)

孔乙己自己知道不能和他们谈天,便只好向孩子说话。有一回对我说道,"你读过书么?"我略略点一点头。他说,"读过书,……我便考你一考。茴香豆的茴字,怎样写的?"我想,讨饭一样的人,也配考我么?便回过脸去,不再理会。

鲁迅《孔乙己》

在(9)中,孔乙己问我是否读过书,我没有说话,而只是略略点一点头。因为在世俗社会中,孔乙己没有社会地位,别人看不起他,我也受此影响,从内心中也不尊重他,懒得跟他说话,但也不好意思一点也不回应,所以选择了非言语的共鸣,只是通过点头这一身势语表示自己读过书。但孔乙己继续问我"茴"字怎么写的时候,我心想讨饭一样的人,不配考我,便选择了不理会。这种不理会或沉默,也是一种非言语共鸣。孔乙己从我的反应中也会做出语用推理,我对他不耐烦了。

以上种种共鸣策略都是可供答话者使用的资源,答话者会根据自己的交际意图选用适当的共鸣策略,产出答句。说话者在听到或看到答句之后便会启动语用推理。说话者会根据答话者的共鸣成分，做出判断。如果答话者是在遵从问话者的交谈逻辑，提供的信息正好与问话信息共鸣，也是问话者所期待得到的信息，这属于常规共鸣。如（10）所示：

（10）
A：你刚才去哪儿了？
B：去超市了。

在（10）中，B的回应，提供了A所期待得到的信息，属于常规共鸣，A不需要太费力，只需要从字面上进行理解，获得字面意义即可。但如果答话者的回应与问话在形式上是共鸣的，却不符合问话者的期待，这时问话者在语用推理上就需要下点功夫了，例如：

（11）
A：你刚才去哪儿了？
B：出去了。

在（11）中，B的回答太简单、太笼统了。A没有获得他想要的信息。B本来可以说得稍微详细一些，但他没有这样做。这是B故意违反量的准则，A通过推理会感觉到B不愿意详细作答，隐含了"我不想告诉你"、"我去哪里和你无关"，或者"你别管闲事"的意思。我们把这类共鸣归入"非常规共鸣"的类别，非常规共鸣一定会产生言外之意。

当问话者对答话者的话语完成语用推理之后，可以选择终结对话或做出进一步的回应。如果回应，交谈者的身份可能互换。问话者可能进一步问话，也可能回应答话者的话语，根据上一话句选择共鸣策略，这一互动流程会继续运行下去。根据以上的推演，我们可以画出对话共鸣与语用推理的互动流程图（图10-1）。

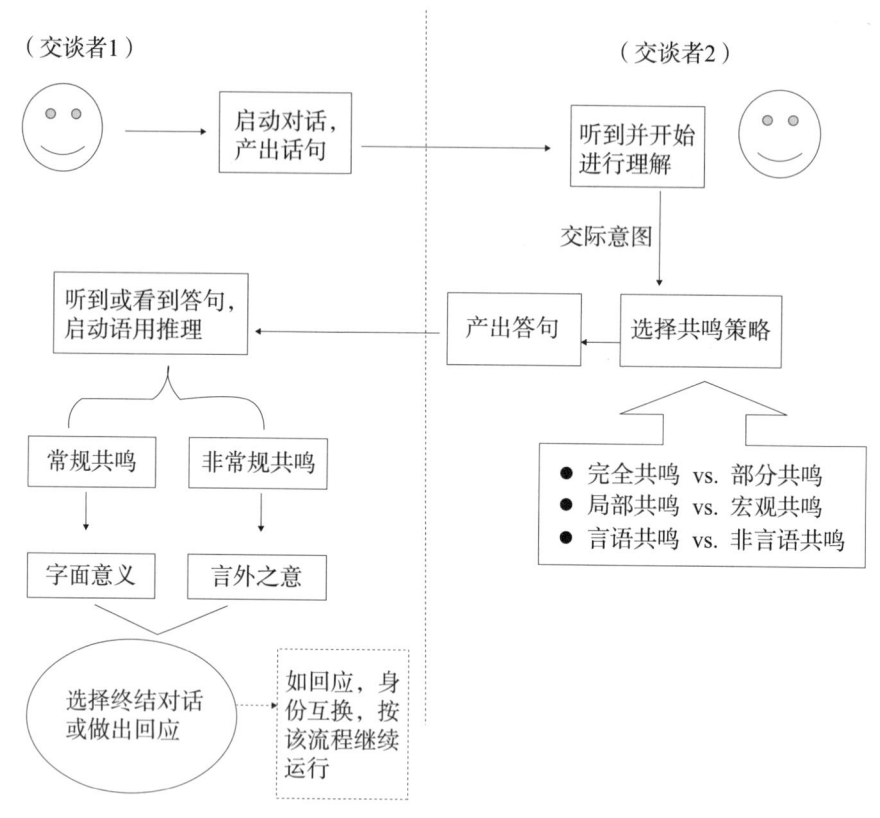

图10-1　对话共鸣与语用推理的互动流程

我们归纳的这一流程图，把对话句法和语用学的相关研究成果兼收并蓄了。尽管如孙李英（2017）所言，对话句法理论提供了一个以语言形式为"抓手"的会话含义研究模式：说话人受心理启动作用而产出的目标话语与基础话语形成平行结构，话语间形式的平行促使平行成分之间产生映射关系，映射关系又激活了对话共鸣，即交际双方通过句法结构的平行实现对概念化客体某一概念结构的联合调试，从而达成认知协同，对话共振促使会话含义产生。但我们认为，最终的语用推理和会话含义的获得还是离不开语用学先前的研究成果，如言语行为理论、合作原则、关联理论的支撑。因为对话句法，尤其是对话共鸣更侧重于语言形式，如果从表面的语言形式上来看，在并无差异的情况下［如（10）和（11），句法结构和语言形式并无本质差异］，如何得到不同的会话含义呢？我们认为对话句法并没有排斥先前的语用研究成果，两个思路可以合作共赢，获得更强的解释力。

结　语

对话共鸣是对话句法理论的核心概念，但对话共鸣的语用特征方面的研究还比较欠缺。本章旨在深入探讨对话共鸣与语用推理的协调机制。

首先，我们介绍了对话句法理论的发展历程和基本主张，继而详细介绍了对话共鸣的概念和运作方式，讨论了 Du Bois 提出的共鸣准则的优缺点。其次，我们梳理了语用推理的概念和演进，语用推理贯穿着语用学发展的整个历程，我们介绍了 Austin 的言语行为理论、Grice 的合作原则、Sperber 和 Wilson 的关联理论中与语用推理相关的内容。基于对以上内容的梳理和讨论，我们深入考察了对话共鸣与语用推理的互动机制，提出了三种与语用推理相关的共鸣策略：完全共鸣与部分共鸣、局部共鸣与宏观共鸣、言语共鸣与非言语共鸣，并做了举例说明。为了更加生动、清晰地展示对话过程中共鸣与语用推理的关系，我们设计了两者的互动流程图。

如王天翼、甘霖（2018）所言，对话句法为新认知语用学注入新内容，开辟了一个研究会话含义的新方向。本章内容是针对共鸣与语用推理的专题探讨，仅仅是一次初步的尝试。在对话句法与语用学之间的关系方面还有很多值得挖掘的课题。

第十一章　对话句法与立场表达[*]

引　言

立场研究是语言学领域的研究热点之一（夏秸 等，2020）。到目前为止，学界已经有很多人从不同的研究视角，做了很多有益的探索（Biber et al.，1989；Du Bois，2007；Englebretson，2007；Jaffe，2009；Johnstone，2009；Kiesling et al.，2018；Myers，2010）。

然而，关于立场研究的一些根本问题，仍然值得进一步探讨，比如立场是什么，我们是如何表达立场的，语言和互动在此过程中扮演了什么角色，立场表达在更广的社会生活中起了什么作用（Du Bois，2007）。迄今为止，学界关于立场还没有一个公认的定义。不同领域的研究者对它有不同的理解，比如有些学者认为它跟主观性（subjectivity）类似，而另一些学者认为它等同于评价（evaluation）（Engelbretson，2007）。

可以看出，目前关于立场的界定和理解还非常模糊，我们的第一个研究问题就是要搞清楚什么是立场，什么是立场表达，立场表达时有何语言特征。Du Bois（2007）提出了立场三角理论，为从互动角度理解立场做出了贡献。Du Bois（2014）还提出了对话句法理论。我们很好奇，这两者有

---

[*] 本章的部分内容曾作为独立文章发表于《山东外语教学》2022年第6期。

何关联。这也是本章要探讨的第二个问题,即立场三角理论与对话句法理论有何关联,如何互补?

立场问题不是一个简单的问题,有很多细节值得进一步推敲。本章拟从对话句法的视角探讨会话中交际者如何表达立场、立场表达的资源及立场的动态变化规律。关于立场表达的语料库实证研究偏少,我们对立场表达的形式和分布知之甚少。本章的第三个研究问题是基于语料库,从实证的角度,探讨立场表达与对话句法之间的关系。基于量化的数据,展示立场表达与对话共鸣、结构平行之间是如何互相影响和变换的。

一、立场的基本概念及其先前研究

"立场"这个词最初是由 Douglas Biber(道格拉斯·拜伯)和 Edward Finegan(爱德华·法恩根)在他们的文章《英语中的立场风格:言据性和情感性的词汇和语法标记》中首次引入,表示"与信息命题内容相关的态度、感觉、判断、承诺的词汇和语法表达"。在后期的研究中,相关研究者又注意到了立场的动态性、互动性和指示性(Du Bois, 2007; Irvine, 2009; Kiesling et al., 2018)。

立场从引起研究者关注开始,就是作为一个跨学科的概念出现的,研究者从个人、社会、语言以及话语互动的角度切入,它的形成也汲取了之前类似概念的研究成果,类似的概念包括情态(modality)(Bybee et al., 1994; Palmer, 1979; Papafragou, 1997)、言据性(evidentiality)(Aikhenvald, 2015; Chafe, 1986)、评价(appraisal)(Martin, 2000)、评估(assessment)(Martin et al., 2005)、情绪性(emotionality)(Scherer, 2005)、情感性(affect)(Biber et al., 1989; Ochs, 1993)、立足(footing)(Goffman, 1981)、定位(position)(Davies et al., 1990)、角度(perspective)(Berman et al.,

1994；Chafe，2003）（转引自Ushchyna，2020）等。

近三十年来，语言学领域的研究者从语料库语言学（Grabe，1984；Chafe et al.，1986；Biber et al.，1988/1989；Biber，2006）、社会语言学（Jaffe，2009）、会话分析（Heritage，2012a/2012b）、互动语言学（Karkkainen，2003；Wu，2004；Englebretson，2007）等多个视角对立场进行了丰富的理论和实证研究（夏秭 等，2020）。

立场（stance）是人们在交际过程中表达出的个人对事物的态度、观点和看法等。在本研究中，我们将主要从对话句法的视角来探讨立场。我们需要解决的首要问题是：哪些对话在表达立场？哪些对话不表达立场？表达立场的对话和不表达立场的对话在形式上有何差异，如何区分？立场通过一定的语言形式表达出来，不同的立场意义可以通过不同的语言手段表现出来。方梅和乐耀（2017）的研究指出，就立场的语言表达形式来说，它可以通过对立场表达者的不同指称表现出来，还可以通过带评价或情感意义的词汇直接表达立场意义，有时还需要将这些语言手段搭配起来构成固定格式来表达话语立场。此外，立场表达还可以通过非语言手段表现出来，如互动双方在交际过程中呈现出的手势、眼神、面部表情等。

学界关于立场的语料库研究做得最好的要数Conrad（康拉德）和Biber（拜伯）（2000）对立场状语的研究，他们从不同的角度把立场状语分成了不同的类别。从意义的角度，立场状语可分为三类：认识立场（如evidently）、态度立场（如most surprisingly）和风格立场（如simply put）。从结构的角度，他们区分了单一状语（如evidently）、副词短语（如most surprisingly of all）、名词短语（如no doubt）、介词短语（如for a fact）、限定小句（如I think）和非限定小句（如more simply put）。从位置的角度，他们划分出四类立场状语的位置：开头、动词前、动词后和末尾。

鉴于立场概念的复杂性，立场表达的方式和方法也是非常复杂的。目前，国内外学界的大部分研究是从理论角度进行探讨的，或着眼于单个表达形式的分析，如Karkkainen（卡凯尼恩）(2007)对"I guess"的分析，吴志芳（2009）对认知立场状语probably和maybe进行了语料库对比研究，田婷（2017）探讨了汉语自然会话中"其实"的言者知识立场。

本研究聚焦于立场表达中的对话句法特征，我们有必要对立场表达进行界定。先前有些学者认为任何语言都表达立场，立场无处不在。如美国匹兹堡大学的Scott Kiesling（斯科特·基斯林）教授曾经半开玩笑地说："我认为立场无处不在。所有的一切都有立场。"（I see stance almost everywhere. Everything is stance.）(Ushchyna, 2020) Voloshinov（欧洛希洛夫）(1973)也认为立场在语言中无处不在，说者对自己的言说对象总要给予评价，表达自己个人的立场。因此，评价和立场无处不在，任何中立的表述都是不存在的。但我们并不同意以上观点，我们认为这是一种泛化的倾向，如果立场是一切，那么立场也就什么都不是了，立场的研究也就没有意义了，这不利于立场研究的深化和进一步发展。所以，本研究认为立场的概念需要一个清晰的界定，有些语言表达立场，有些语言不表达立场。一般来说，陈述客观事实可能只是为了获取信息的话语不表达立场，如（1）和（2）[①]：

（1）

甲：您好，请问您找哪位？

乙：找您。

[①] 本文中的中文例句均选自北京语言大学开发的BCC语料库，网站为http://bcc.blcu.edu.cn/。

（2）

　　甲：气球哪里买的呀？

　　乙：路上扫码送的。

而（3）的情况则不同：

（3）

　　甲：我恐惧婚姻，三十岁之前应该不会结婚。

　　乙：女孩子要早点。

在上述对话中，说话者甲和乙都表达了立场，甲说自己恐惧婚姻，三十岁之前应该不会结婚，这个立场比较明确。乙说得比较委婉，没有直接反驳，而是用了建议式表达"要"，实则为"应该"。表达的立场是，我不同意你的观点，我认为女孩子应该要早点结婚。

另外，立场表达时，有时有标记语，有时没有标记语。有标记语时，标记语也有表达立场的强弱之分，所以我们可以将其分为两类：高立场标记和低立场标记。有些对话有时没有显性的标记语，但他们仍然能够表达立场，这种情况，我们称为零立场标记。综上所述，我们可以得出以下的立场表达分类图（图11-1）：

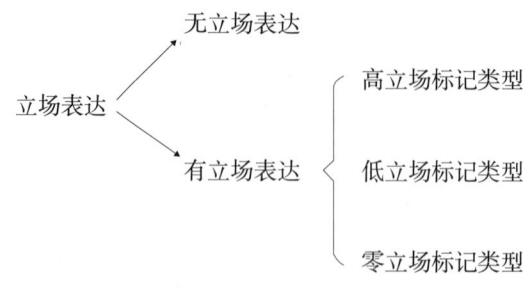

图11-1 立场表达分类图

高立场标记类型的特征是，主语一般为第一人称，另有明确表达立场的标记语，如"同意""反对"。英语中，一般为"agree，disagree"等。如：

（4）

甲：胶州大秧歌必不可少啊~

乙：不是东北大秧歌？

甲：胶州大秧歌和东北大秧歌一块扭呗~

乙：我不同意！

甲：其实胶州大秧歌也是在东北大秧歌的基础上发展来的~，咱们同属一门……

在（4）中，乙的第2句话"我不同意"强烈地表达了自己的立场，而且有非常显著的标记语"我""不同意"。这类表达我们称为高立场标记类型。

在低立场标记类型中，主语可能是第二人称或第三人称，谓语一般由"是""要"等来表达，英语中常用的低立场标记语为be动词的各种形式或yes，no等回答语。如：

（5）

甲：剃光头不错。

乙：不用剃就快光了。

甲：其实我也是。

在（5）中，甲的第2句话"其实我也是"既表达了自己的立场，同时表达的程度还没有那么强烈，只是说：虽然我认为剃光头不错，但实际上我的头发也不多了，不用剃也快光了。这类表达，我们归入低立场标记类型，其中的"是"字是低立场标记词。

最后一类是零立场标记类型，在这一类中，语言形式上无标记语，但整句话会表达说话者的某种态度或立场。如：

（6）
　　甲：明天买个袖套。
　　乙：都晒成这样了，再戴套袖有啥用。

在（6）中，乙的陈述是对甲表示要买套袖的回应，整句话中没有特殊的标记词，但整体的语义又表达了乙的立场：都已经晒黑了，再戴套袖也没什么用。

二、立场三角理论

立场三角理论（Du Bois，2007）认为，立场在通常情况下是通过语言行为实现的，但它同时也是一种社会行为。立场是话句（utterance）的属性，而不是句子（sentence）的属性，话句内嵌于对话语境之中。立场的具体化扎根于它的对话性中，只有当把对话语境纳入考虑范围，立场才算完整（Du Bois，2007）[152]。

会话立场表达中涉及的关键成分有评价（evaluation）、定位（positioning）和对齐（alignment），以及客观的、主观的和互为主观的目的性。Du Bois（2007）把这些成分整合起来，把立场进行了理论化，建立了立场三角理论（Stance Triangle）。在此理论中，立场被看作包含了多个不同成分和过程的三元组，是单一的整合行为。在行动层面上，立场被理解为三个行为融为一体，即所谓的三位一体（triune act）或三元体（tri-act）。立场三角理论认为评价、定位和对齐并非代表了三种不同类型的立场，而是同一个立场的不同方面。立场行为会创造三类立场后果，采取了一个立场之后，立场采取者会评估客体，定位主体（通常是自己），并与其他主体校准对齐。基于以上的看法，Du Bois（2007）[163]把"立场"界定为：

"立场是一个公共行为，由社会行为者实施，通过对话的显性交际手段表达出来，同时可以评价客体，定位主体（自己和他人），与其他主体对齐，涉及社会文化领域的所有凸显维度。"

如果换成第一人称视角，从立场采取者的角度来说的话，立场的定义可以表达如下（Du Bois, 2007）[163]：

"我评价某事，所以为自己找一个定位，同时与你对齐。"

上述的各要素和各类关系，可以通过立场三角示意图（图11-2）呈现出来。在此三角中，三个角代表了立场行为中的三个关键实体，也就是第一个主体、第二个主体和（共享的）立场客体。这个三角形中的三个边代表的是有方向的行为向量，它们组织实体之间的立场关系。尽管立场三角包含三个辅助行为：评价、定位和对齐，但他们并不像传统三角模型中的一一对应关系那样沿着三个边均匀分布，而是其中有两个边代表的是评价向量，从立场主体指向共同的立场客体。第一个评价向量始发于第一个主体，第二个评价向量始发于第二个主体。这个三角形的第三条边（左边的竖线）代表的是两个主体之间的对齐。很明显，三个立场行为向量都是关系性的和方向性的，把三角形的两个角都连起来了。对齐向量可以始发于第一个或第二个主体中的任意一个，然后指向另外一个主体。图式中的任何一个向量，箭头都是指向动作的客体或目标（Du Bois, 2007）。

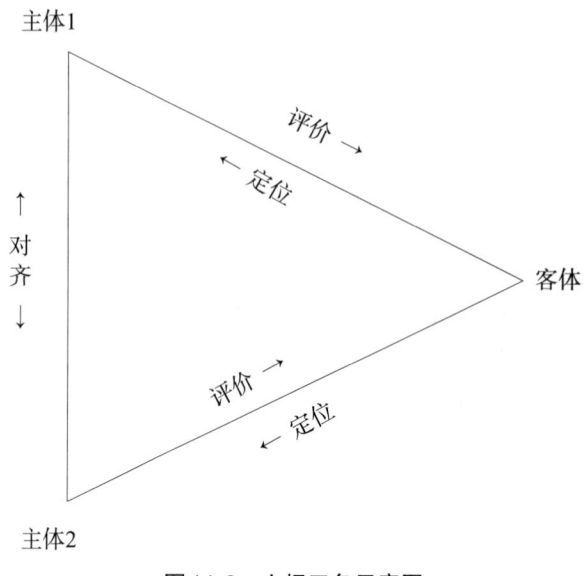

```
                    主体1
                    /\
                   /  \
                  /  评价→
          ↑      / ←定位
          对    /        \
          齐   /          客体
          ↓    \          /
                \ 评价↑   /
                 \ ←定位 /
                  \    /
                   \  /
                    \/
                   主体2
```

图 11-2 立场三角示意图

立场三角理论为立场的实现和阐释提供了一个清晰的分析框架。下面举例说明：

（7）

甲：小妹，我不会打麻将。

乙：我也不会，所以我就跑进房间里睡觉啊！

在此例中，立场三角的三个角分别是第一个立场主体（甲的"我"），第二个立场主体（乙的"我"）和共享立场客体（本例中是"麻将"，很多情况下，可以省略或者是以所谓的零立场呈现）。甲通过谓语"不会打"一方面对自己的立场进行了定位，表达自己不会打麻将，同时也对客体"麻将"进行了评价（麻将，这个游戏我不会玩）。乙听到甲的话之后，通过"也"的互为主观性对齐功能，实现了自己的立场与甲的立场的协调和校准。本例可以用立场三角表示如图 11-3：

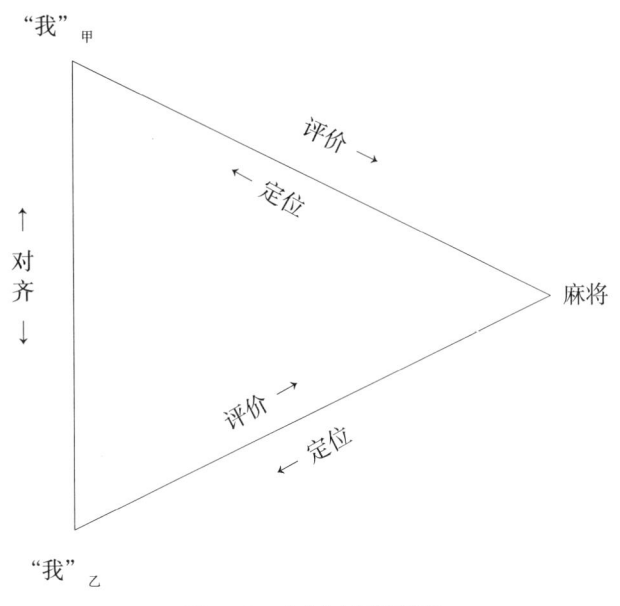

图 11-3　立场三角解析图

甲和乙的立场互动还可以通过以下图式表示：

（8）

#说话者	立场主体	对齐	定位/评价	立场客体
甲：……	我		不会	打麻将
乙：	我	也	不会	{打麻将}…………

这里需要特别说明的是，立场对齐标记的位置会有语言类型差异。在汉语中，它们会出现在主体和谓语之间，一般在谓语之前，而在英语中，一般会在句末，如（9）所示[①]：

---

① 本文中的所有英文例句均为真实语料，选自 Talkbank 语料库，网址为 https://talkbank.org。

185

(9)

#Speaker	Stance Subject	Positions/ Evaluates	Stance Object	Aligns
S1:	I	wanna switch over	to spanish so badly	
S2:	me	｛wanna switch over	to spanish so badly｝	too

在（9）中，第二个说话者通过too，把自己的话语立场与第一位说话者对齐。

通过以上的例句分析，我们可以看到，立场三角为理解各种辅助行为之间的指示和推理关系提供了基础。立场采取者在定位自己的时候，也同时界定相互之间的对齐关系，不管这种对齐关系是趋同的（convergent）还是有分歧的（divergent），只要立场三角的其他部分是已知的，对于未界定的部分，我们都可以根据实际情况做出推断。此分析最关键的一点是，三合一辅助行为中的三个行为与立场阐释都是相关的，即使它们之中只有一个或两个的立场话语语言形式是显性表达的（Du Bois，2007）。如（8）和（9），它们都有显性的立场表达形式，此处是"也"和"too"。但有些情况下，即使没有这些显性的语言形式，我们也可以根据立场三角推知其立场表达。

三、对话句法理论

对话句法理论（Du Bois，2014）观察到在一个自然对话中，交谈者常常把前一个说话者的话当成模板，以前一句话为参照，选用前一句的某些成分提及或进行进一步表达，从而使前后两句形成平行关系，前后两句之间的某些成分还会相互映射，形成共鸣关系。对话句法理论还认为对话之间遵循互涉原则，从认知的角度探讨共鸣的认知过程和抽象语法知识的来源，证明了抽象语法知识和系统的心理现实性（刘兴兵，2006）。

对话句法中的基本概念和核心分析工具主要包括跨句图谱、平行、共鸣、重现、选择、对比、类比等，关于对话句法理论的详细介绍请参看曾国才（2015）、高彦梅（2015），以及笔者的相关研究。在此，我们仅举一例进行说明：

（10）
甲：好美的景色，你都是拿什么拍照的呀？
乙：就是手机拍的。
甲：什么手机拍的？
乙：华为。

看似非常普通的日常对话，如果按照对话句法理论来进行分析，会发现之前没有注意到的玄机。Du Bois 倡导用跨句图谱来分析对话中话句之间的关系，（10）中对话的跨句图谱可展示如（11）所示：

（11）
甲：好美的景色，你 都是 拿   什么 拍照的呀 ？
              ↓   ↓   ↓   ↓   ↓
乙：   就是   手机   拍   的   。
                    ↓   ↓   ↓   ↓
甲：   什么手机   拍   的   ？
                         ↓   ↓
乙：   华为   。

当乙听到甲问"你都是拿什么拍照的呀？"时，回答道"就是手机拍的。"其中"就是"对应"都是"，"手机"对应"什么"，"拍"对应"拍照"，是简略的形式，"的"是重复上一句中的"的"，标点符号也是对应的，句号对应问号。乙为了回答甲的问话，会自觉或不自觉地借用或重复甲的话语中的某些语言成分，这些语言成分之间会形成映射和共鸣关系。当然，除了语言成分的共鸣，语言结构也是共鸣的，陈述句对应问句。接下来，甲继续问"什么手机拍的？"，这一句的结构和大部分成分都是借用了乙的话句，这两句形成了平行关系。最后，乙用了简略回答，提供了甲所需的信息。跨句图谱的展示除了箭头标示法，还可以用表格标示法，（10）中的对话可标示为：

（12）

	A	B	C	D	E	F	G	H	I
甲	好美的景色，	你	都是	拿	什么	拍照	的	呀	？
乙			就是		手机	拍	的		。
甲					什么手机	拍	的		？
乙					华为				。

表格标示法可以更清晰地展示对话之间的映射和共鸣关系。

对话句法理论提出之后，受到了广泛关注，已经被用于多个领域的研究，如机构语言、对话分析、辩论研究、自闭症话语、课堂对话等。而且对话句法理论也是被当成普遍语言理论提出的，应该适用于各个语种的语言，目前已经被证明在英语、法语、德语、日语、西班牙语、希伯来语等中都是有效的。但对话句法毕竟还是比较年轻的理论，它的潜力还没有被充分挖掘，关于它的理论框架本身和相关应用研究都大有可为。

四、立场表达的对话句法模式构建

对话句法理论关注交谈者通过选择性地重述前一个说话者的话语时所发生的现象。作为一种分析实践，对话句法可详细描述话语中并置话句之间映射共鸣的过程。当对话句法的形式方法被应用于会话互动的分析时，它会呈现大量立场对（stance pair），这些立场对具有可重复出现的功能——互动配置，第二个说话者的立场话语与第一个说话者的立场话语之间具有非常近的类似性。随着立场在相互对话中的积聚，它们的结构平行所暗含的类似性会触发一系列的阐释性和互动性的结果，这些结果对当下的互动以及在更高水平上的立场表达都会带来有意义的启示。

立场三角理论是 Du Bois 在 2007 年提出的，而对话句法理论也是他发明的，成熟于 2014 年。这两个理论之间具体有何关系和区别，Du Bois 自己也没有讨论过。一些其他的学者专门探讨过两者的关联，如刘兴兵（2016）、李桂东（2019）等，但他们也仅限于讨论和阐释立场三角理论和对话句法理论之间思想原则的共性，并未有理论性突破。

笔者认为立场三角理论和对话句法理论同宗同源，可以进一步融合，交谈双方在表达立场的同时，对话句法机制也可以无缝衔接地运行。基于对这两个理论的深入理解和分析，我们构建了下面的框架，并将其称为"立场表达的对话句法模式"（图11-4）。

如图11-4所示，两个交谈话句可以分别被当成是对话话句1和对话话句2，每个话句的基本结构都是"主语+谓语+宾语"。这里需要做两点说明：第一，主谓宾的表层语言形式根据语境和交际目标，可以是显性的，也可以是隐性的，即有些成分可能被省略，但其语法位置仍然是存在的。

第二，单个语句我们只列出了主谓宾，这是为了表示的方便，并不排除句子中还存在其他成分，如定语、状语和补语。如果它们出现，也是遵循主谓宾的运行规则。

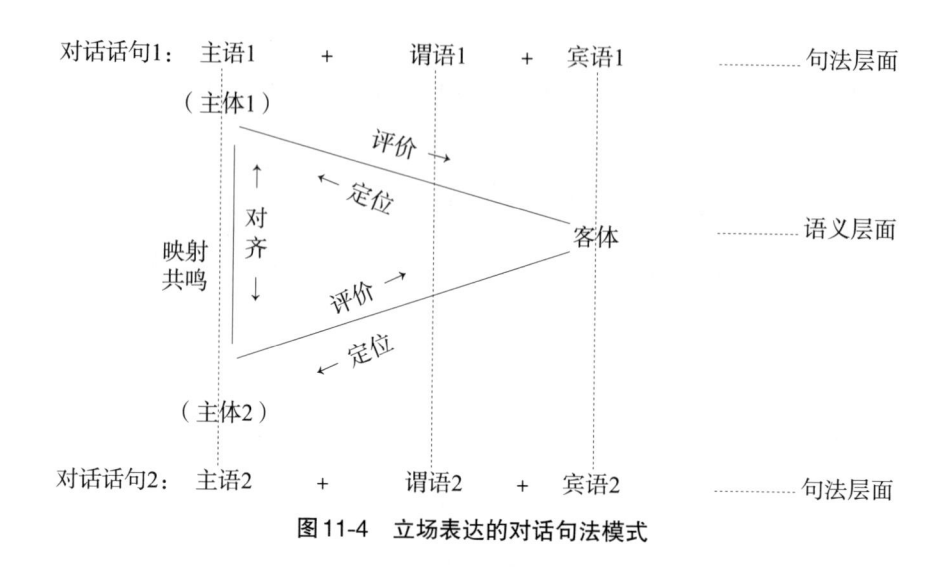

```
对话话句1：主语1      +      谓语1      +      宾语1      ……… 句法层面
          （主体1）
                        ↑        评价→
                        对    ←定位
                        齐                      客体         ……… 语义层面
   映射                  ↓        评价→
   共鸣                         ←定位
          （主体2）
对话话句2：主语2      +      谓语2      +      宾语2      ……… 句法层面
```

图11-4 立场表达的对话句法模式

两个话句之间相应句法成分之间的虚线表示这些成分之间存在映射和共鸣关系，它们相互影响、共同作用，一起构成了跨句图谱。图中的"主语1"呈现"主体1"，"主语2"呈现"主体2"。但"宾语1"和"宾语2"共同呈现语义客体，此客体即是交谈者交谈的对象。"主体2"尽量与"主体1"协调一致，相互对齐。不管是"主体1"还是"主体2"都对客体进行评价，客体对两个主体进行定位。对话句法和立场三角同时作用于同一个对话，对话句法在句法层面上运行，立场三角在语义层面上运行，两者又通过主语和主体相互融通、相辅相成，共同表达言者的立场。

立场表达的对话句法模式包含以下准则：

第一，并不是所有的话句都表达立场，有时不表达立场正是说话者要选择的语用效果。但无论立场表达与否，对话句法都会运行，都会发挥作用。

第二，立场表达时，说话者可以选择显性的语言表达形式或者隐性的语言形式。所谓隐性的语言形式，就是没有表层语言形式，但一定会有句法空位。

第三，立场三角可以解释立场表达的内部机制，但对话句法中的跨句图谱、共鸣和平行可以很好地解释立场表达的外部机制，两者相辅相成。

第四，立场三角与对话句法在不同层面上运行，对话句法需要依托句法结构，而立场三角涵盖了语义层面，对话句法和立场三角共享对话主体和客体。

五、基于真实语料的实证研究

立场现象对于语料库语言学来说是一个难点，因为立场是一种意义、一类意义或几类意义，而不是一个形式（Hunston，2007）。量化立场现象也是有问题的，因为个别的词和立场功能之间不是一一对应的关系。立场研究的量化非常难做，但并不代表不能做，学界的一些研究者，如 Conrad（康拉德）和 Biber（拜伯）（2000）曾用量化和语料库的方法研究过立场，Hunston（霍斯顿）（2007）也探讨过如何基于语料库对立场进行量化和质性的研究。下面，我们将以立场表达的对话句法模式为理论指导，基于语料库，通过量化的手段，探讨一下立场表达与对话句法在真实自然对话中的呈现和互动关系。

（一）研究设计

本研究使用的是 TalkBank 语料库，我们从该语料库的 CA 库的

callfriend子库中随机抽取了100个对话。我们对每一个对话进行人工分析，采集了十个指标信息：在原语料中的行数、对话编码、有无立场表达、有无一致立场、有无显性立场表达成分、有无显性共鸣成分、有几个共鸣成分、什么成分共鸣、有无平行结构以及备注。

Talkbank语料库中的语料已经从录音或录像中完成了转写，并已进行了话句（utterance）切分和话轮标注（MacWhinney，2019），第一个指标"在原语料中的行数"可以帮助我们找到被选对话在原库中的位置，以便我们在后期分析中考察其上下文。"对话编码"从1编制到100，我们共选取了100个对话。如果该对话中有立场表达，我们用1表示，无立场表达就标为2。有立场表达时，答话者是持同意立场还是反对立场，我们要做出辨析，如果是同意立场，就在"有无一致立场"一栏中标1，如果是反对立场就标2。我们还要分析一些立场表达的手段，看一下有无显性的立场表达成分，有标1，没有标2。立场表达成分要写在备注栏中。接下来，我们分析了对话中有无显性共鸣成分，如果有，有几个，是什么成分共鸣。另外，还分析了对话中有无平行结构，如果对话是平行结构，标记为1，否则标记为2。

（二）描述性统计分析

数据收集完成后，我们先对所获取的数据进行了描述性统计分析，以便我们有一个总体性和概括性的认识。

从图11-5中可以看出，有立场表达的对话占比（83%）明显高于无立场表达的对话（17%）。从这个数据中我们可以得出两点认识：首先，这些数据印证了我们在上文中的论断，即并不是所有的语句都表达立场，说话者有时并没有表达立场，或者有意不表达立场。其次，表达立场的情况占绝大多数，这说明大多数情况下，说话者是要选择表达立场的。

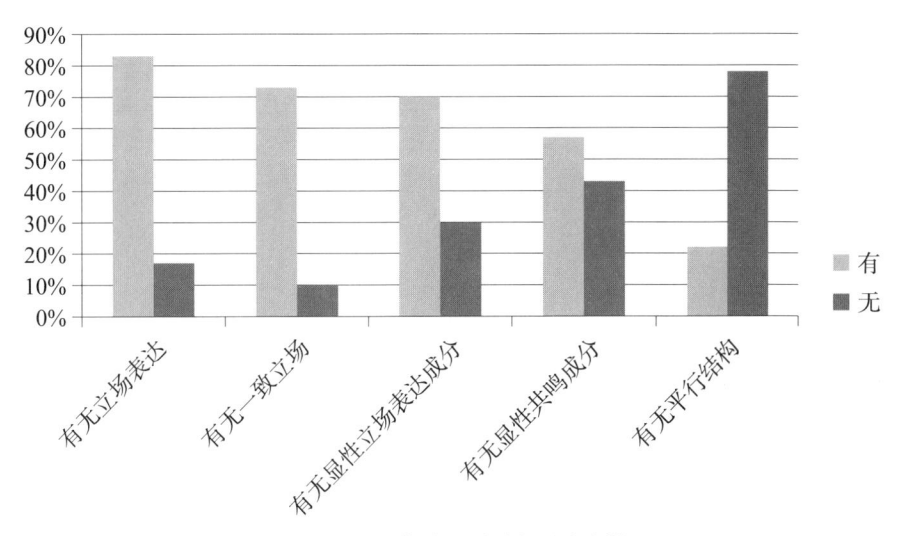

图11-5 立场表达和对话句法分布情况

针对说话者是否表达一致立场（同意或反对），数据显示，一致立场占比为73%，不一致立场占比为10%。这个数据仅供参考，立场的一致性表达与体裁相关，因我们使用的语料为朋友在电话中的日常聊天，所以一致性立场较多。但如果是辩论或争吵类体裁，不一致立场可能会增加。感兴趣的读者可以做相关研究或进一步进行比较。

图11-5中的第三项是"有无显性立场表达成分"的描述统计结果：有显性立场表达成分的情况占比为70%，无显性立场表达成分的情况占比为30%。此结果表明，立场表达还是以显性表达成分为主。第四项统计的是有无显性共鸣成分，有显性共鸣成分的占比为57%，无显性共鸣成分的占比为43%。有显性共鸣成分的比无显性共鸣成分的多，但从数据上看，差别也不是太大，具体是否在概率上有显著差异，还需要做进一步的检验。

最后一项统计的是对话中平行结构的分布情况，从数据中可以看出，有平行结构的占比为22%，而无平行结构的占比为78%。这说明，平行结构并不常见，大部分的对话结构并不是平行结构。

此外，共鸣是我们重点考察的对话句法指标，我们对"对话中存在多少个共鸣成分"的数据进行统计分析后得出图11-6：

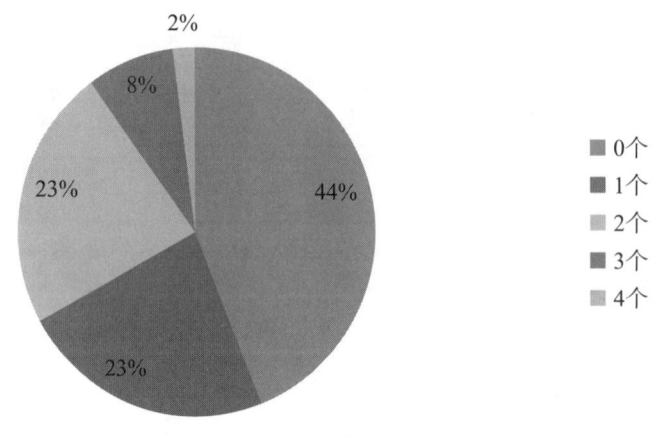

图11-6　对话共鸣成分占比

如上图显示，对话中有0个共鸣成分的占比最多，达到44%，有1个和2个共鸣成分的都占比23%，有3个共鸣成分的只占8%，有4个共鸣成分的最少，只占2%。这说明，隐性共鸣的情况非常普遍，即没有显性的成分，但两句对话的意义又是共鸣的。共鸣发生时，共鸣成分并非越多越好，大部分情况下，第二句话会围绕第一句话中的一个或两个点展开，这也是为何有1个或2个显性共鸣成分的情况是最多的。

那么共鸣发生时，具体是哪些句法成分共鸣呢？我们对这100个对话做了统计，如果以整句为统计单位，结果如表11-1所示：

表11-1　共鸣成分频率统计

句法成分	频率	百分比（%）	有效百分比（%）
宾语	6	6.0	6.0
定语	2	2.0	2.0
谓语	1	1.0	1.0
谓语，宾语	1	1.0	1.0

续表

句法成分	频率	百分比（%）	有效百分比（%）
谓语，状语	1	1.0	1.0
无	44	44.0	44.0
语气词	6	6.0	6.0
主语	9	9.0	9.0
主语，宾语	2	2.0	2.0
主语，谓语	16	16.0	16.0
主语，谓语，宾语	4	4.0	4.0
主语，谓语，状语	4	4.0	4.0
主语，状语	2	2.0	2.0
状语，宾语	2	2.0	2.0
总计	100	100.0	100.0

从表中可以看出，"无"共鸣的有44个。除此之外，最多的是"主语，谓语"的同时共鸣，有16个，其次就是"主语"共鸣最多（9个），然后还有其他的情况。如果我们以句法成分为分析单位，可得出以下结果（图11-7）：

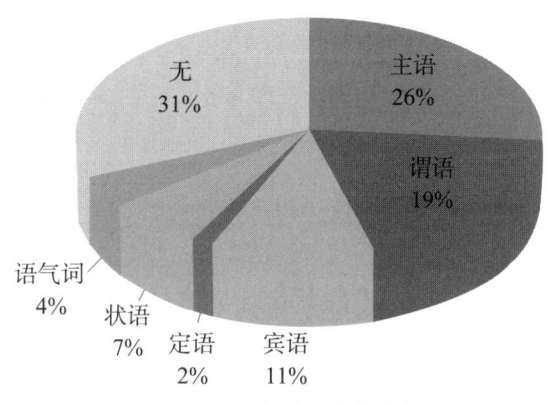

图11-7 不同句法成分共鸣占比

从图11-7中可以看出，除去隐性共鸣，主语共鸣占26%，谓语共鸣占19%，宾语共鸣占11%，其次就是状语共鸣占7%，语气词共鸣也比较明显，占4%，然后最少的是定语共鸣，占2%。

我们还记录了这100个对话中出现的显性立场表达语言形式，虽然这一统计可能没有统计学意义，因为100个对话毕竟只是小数据，另外立场表达的方式千变万化，取样不同，结果差别很大，但把它们记录、统计出来，至少可以给我们一个直观的认识。根据统计结果我们注意到，首先，频率最高的是"yeah"及其扩展语，如"yeah，well""yeah，great""yeah，you know"等。如果把它们都算作一类，占比高达21%。其次，出现频率比较高的是"笑声"，当上一个交谈者说了某个事之后，这个交谈者只是笑，没有说别的话，笑声有时表达随声附和，有时表达不置可否，要根据具体情况进行分析。还有一个比较明显的现象是当前说话者完成上一个交谈者还未说完的句子，这个现象不是孤案，共出现了5次，现举一例来讨论：

（13）

  DAV：You need to bump somebody else's life and not have to（.）you know...

  ADU：Go through all of it.

  DAV：Go through it.

DAV说"You need to bump somebody else's life"之后，继续想说"not have to..."，但一时没有找到合适的词汇表达，这时ADU帮助他完成了这一句话，DAV重复了一下ADU的表达，完成了自己的表达。DAV的重复也算是对ADU所说的话的认可，这也正是他要表达的。而ADU主动帮助DAV完成表达，也说明了DAV赞同ADU的表达立场。

（三）推断性统计分析

通过以上描述性统计分析，我们对立场表达和对话句法各项指标的分布状况有了一个大致的了解。但仅仅了解这些还不够，我们更想知道立场表达和对话句法之间有何关联以及如何互动。我们首先对"有无立场表达"和"有无显性共鸣成分"两项数据做了卡方检验，结果如表11-2所示：

表11-2 立场表达与共鸣的卡方检验结果

题目	名称	有无显性共鸣成分 1	有无显性共鸣成分 2	总计	X^2	p
有无立场表达	1	49（86.0）	33（78.6）	82	0.929	0.335
有无立场表达	2	8（14.0）	9（21.4）	17	0.929	0.335
总计		57	42	99		

*$p<0.05$ **$p<0.01$

卡方检验结果显示，$X^2=0.929$，$p=0.335$，这表明，有无立场表达与有无显性共鸣成分无显著差异，即立场表达与否不影响显性共鸣成分，是否有显性共鸣成分也不影响立场的表达。这跟我们的直觉一致，说话者表达立场时可能采用显性的共鸣手段，也可能采用隐性的共鸣手段，两者并没有太多差异。接下来，我们又对这两项指标进行了斯皮尔曼（Spearman）相关检验，结果如表11-3：

表11-3 立场表达与共鸣的相关检验结果

			有无立场表达	有无显性共鸣成分
斯皮尔曼相关检验	有无立场表达	相关系数	1.000	.091
		显著性（双尾）	.	.369
		数量	100	100
	有无显性共鸣成分	相关系数	.091	1.000
		显著性（双尾）	.369	.
		数量	100	100

上表显示相关系数 r=.091，看似有无立场表达和有无显性共鸣成分是较弱的正相关关系，但 p=.369，表明该相关系数并无统计学意义。有无立场表达和有无显性共鸣成分相关关系不明显。

我们还想要了解一下有无立场表达和是否结构平行之间有无关系，我们先做卡方检验，结果如表11-4：

表11-4 立场表达与结构平行的卡方检验结果

题目	名称	是否结构平行 1	是否结构平行 2	总计	X^2	p
有无立场表达	1	22（100.0）	60（77.9）	82	5.864	0.015*
	2	0（0.0）	17（22.1）	17		
总计		22	77	99		

*p<0.05 **p<0.01

卡方检验结果显示，X^2=5.864，p=0.015<0.05，这表明，有无立场表达与是否结构平行有显著差异，结构平行显著影响立场表达。对这两项指标的斯皮尔曼（Spearman）相关分析结果如表11-5所示：

表 11-5　立场表达与平行的相关检验结果

			有无立场表达	是否平行结构
斯皮尔曼相关检验	有无立场表达	相关系数	1.000	.240*
		显著性（双尾）	.	.016
		数量	100	100
	是否平行结构	相关系数	.240*	1.000
		显著性（双尾）	.016	.
		数量	100	100

*相关性在0.05水平上显著（双尾）。

有无立场表达与是否平行结构的相关系数 r=.240，而且 p=.016<.05，说明两者是正相关，但强度较弱，不过该相关性有统计学意义。

综上，我们可以得出如下结论：有无立场表达与有无显性共鸣成分并无相关关系，但是与平行结构有明显的相关关系。这样的结果既在我们的意料之中，也在我们的意料之外。意料之中的是，对话句法运行时的共鸣情况比较复杂，量化研究受研究者对共鸣的判断标准的影响很大，有人把隐性共鸣也计算在内，有人只计算显性共鸣，这就会导致差别很大。立场表达时的手段非常丰富，不一定非要依赖显性的共鸣成分，这也是为什么上面的统计数据显示立场表达与显性共鸣成分无相关关系。但出乎意料的是，平行结构竟然与立场表达有显著的相关性，其原因可能是，完全的平行结构在对话中的占比并不高（只占22%），但如果出现平行结构，它一般会表达立场。

结　语

学界对立场和立场选择的关注热潮反映了人们开始从关注单个说话者

的言语行为转移到对话互动的范式上来了（Ushchyna，2020）。立场研究的复杂性、多变性及其多学科性导致了立场研究不彻底和不完整的现状。

　　本章重点探讨了立场表达与对话句法的互动，针对开篇提出的三个研究问题，最终研究发现：第一，并非所有的语言、所有的交谈都在表达立场，立场是交谈者对言说对象表明的态度、评价和倾向。我们区分了有立场表达的情况和无立场表达的情况，立场表达时有相关的语言特征和标记。根据语言标记表达立场的强弱，我们进一步区分了高立场标记、低立场标记和零立场标记三种类型。第二，立场三角理论和对话句法理论同宗同源，我们论证了两者可以相互融通、相辅相成的理论可能性，并尝试构建了立场表达的对话句法模式，该模式为立场三角和对话句法在不同维度上发挥作用，相辅相成，共同协作全面解释立场表达的句法、语义和语用含义提供了可能性。第三，基于以上的讨论和认识，我们开展了基于语料库的实证研究，基于量化的数据，考察了立场表达的分布特征，及其与对话句法的互动关系。量化数据表明，在自然对话中，大部分情况下，交谈者是要表达立场的（83%），而且大多数情况下是一致立场（73%）且使用显性表达成分（70%）。立场表达与对话句法中的显性共鸣并无显著性关联，但与平行结构有相关关系。

　　鉴于统计数据偏小，相关分析结果仅供参考。未来有两项工作可以进一步开展：首先，需要继续从理论和实践的角度对本研究中构建的立场表达的对话句法模式进行验证。其次，在条件允许的情况下，可以开展大规模的量化研究，进一步探讨立场表达和对话句法的互动关系。

第十二章　对话句法与互动语言学

引　言

　　互动语言学是国际语言学界近十年来发展最快的研究方向之一（刘锋 等，2017）。对话是语言的基本形态，对话是双方的互动，互动性是对话的根本特性（沈家煊，2020），话语功能语言学（话语分析）的发展，特别是互动语言学的产生，标志着语言学开始挣脱索绪尔传统，出现了明显的"话语转向"（李宇明，2019）。近年来，"认知语言学"把研究的重点转向社会认知，与"互动语言学"交汇，共同关注在对话和互动的情景中如何协同行动和相互理解（沈家煊，2020）。

　　互动语言学是基于互动行为的语言研究（方梅 等，2018）。互动语言学在国外发展得如火如荼，但国内的研究不温不火。尽管国内有少数研究者（方梅团队、刘锋团队等）已经认识到了互动语言学的重要性，预感到互动语言学将是语言学的下一个研究热点和增长点；关于互动语言学也已召开了多次论坛。但互动语言学在国内仍然没有获得足够的关注和重视，其发展与国外相比还比较落后。

　　本章旨在为大家介绍一种思路，即如何从对话句法角度切入互动语言学。本章将着重论证：对话句法可以为互动语言学贡献自己的理论分析工具，对话句法理论可以归入互动语言学，从而鼓励研究者从对话句法路径开展相关互动研究。

一、互动语言学简介

在结构主义的影响下，20世纪的语言学研究追求探讨语言的内部结构特征和理想的语言表达者头脑中的普遍体系。他们只使用书面语语料，忽视了语言在实际表达中的真实特征，他们认为口语表达和会话交谈是理想表达的变体，不值得研究，或者干脆把它们归入特例。所以，在20世纪，会话研究未能成为语言学研究的主流。

以戈夫曼（Goffman）（1959）和加芬克尔（Garfinkel）（1967）为代表的一众社会学家注意到语言使用在社会行为和社会结构中的重要作用，主张将目光由宏观社会结构转向日常语言交流与互动。此后，基于互动视角的语言学研究迅速展开，涌现出一系列颇具影响力的创新之作，如奥克思（Ochs）、谢格洛夫（Schegloff）和汤普森（Thompson）（1996）的《语法与互动》（*Grammar and Interaction*），Couper-Kuhlen、Selting和Drew（1996）的《会话中的韵律》（*Prosody in Conversation*）及Ford（福特）和Wagner（瓦格纳）（1996）的《基于互动的语言研究》（*Interaction-based Studies of Language*）等。直至2001年，互动语言学领军人物Couper-Kuhlen和Selting在其编辑出版的论文集《互动语言学研究》中正式提出"互动语言学"这一术语（转引自刘锋 等，2017）。

互动语言学的肇始与兴起主要受到话语—功能语言学、会话分析和人类语言学的影响，具有跨学科的性质。其核心理念是以实证研究为基本方法，以真实自然的会话语料为基石，进而分析其中蕴含的语言现象（臧胜楠 等，2021）。其研究领域除了以互动视角为参照，研究语言各方面（韵律、形态、句法、语义、语用）的结构及生成，还关注其他非语言多模态资源（眼神、手势、身势等）是如何完成会话构建的。在"基于用法"的语言理论大背景下，互动语言学显然将语言研究触及乔姆斯基所忽视的"语言运用"领域，具有重要的实践意义。

互动语言学视角下的语法研究遵循五个基本原则（Couper-Kuhlen et al.，2018）：采用真实发生的自然语料；进行语境敏感（context-sensitive）分析，考虑包括话轮、序列、行为、投射等在内的多种与互动组织和语法规则相关的因素；采取在线视角，将语法规则看作人际交互中所"浮现"（emergence）之物，通过交互双方"磋商"（negotiation）达成；基于实证（empirically grounded），根据话轮设计、话轮间关系等现实情况寻求语法规则及其功能动因；通过参与者取向（participant-orientation）来验证论断，即将会话参与者本身的处理方式作为论断依据，而非研究者（刘锋 等，2020）。

互动语言学的核心理念是从社会交际互动这一语言最原本的自然栖息地（natural habitat）中来了解它的结构和使用。互动语言学认为语言语法结构的塑造和社会交际互动的运作之间是一种天然的互育（cross-fertilization）关系（Ochs et al.，1996；Selting et al.，2001；Kern et al.，2013；Fox et al.，2013；Laury et al.，2014；乐耀，2017）。

二、对话句法的互动本质

语言学研究出现对话转向特征（Saftoiu，2019）。在此背景下，语言认知对话理论不仅考察语言、说话人、语境和言语行为间的互动规则、模式、机制，而且重点聚焦互动的对象（人际互动、语言互动、语境互动或语言、人际、语境与认知之间互动）、互动发生的层次（韵律层面、句法层面、语义层面、语用层面或句法—语用界面）以及对话中互动要素的相互影响，体现了对话语言学关于意义的对话互动思想在语言认知研究过程中的应用与延续（曾国才，2021）。

对话句法关注的是交谈者选择性地重述前一话句的某些语言成分时的语言、认知和互动过程（Du Bois，2014）[366]。从对话句法的定义中，我们就能看出，互动是对话句法的本质属性，和语言方面、认知方面同等重要。先前的研究者大多关注对话句法的语言属性和认知属性，很多研究都是围绕这两方面展开的，而互动属性常常被忽视，关于对话句法的互动研究明显不足，这也是本章的出发点之一。

对话句法可以被定义为符号之间或通过符号达成的互涉结构（Du Bois，2010）。这种互涉包含了一种结构耦合，它可以在两个或多个可比较的语言单位（或语篇片段）之间搭建一系列联系，通过或参照语言或其他符号系统达成。当前话句（utterance）被配对到前一话句，不管是近的还是远的，口头的还是书面的，面对面的交谈还是在与来自遥远过去的先行者之间产生的。被唤起的话句可能是听得见的，也可能是无声的，可能是从紧邻的前一句中获取的，或者是从记忆中、从语言可想象的潜能中提取的。如此构建的对话关系可能延伸到可预测的或投射的话句之中，不管在形式上是可预测的或崭新的。语言的开放性特征保证了互涉的无限性，或至少无法被预先限定（Du Bois，2010）。

语法和句法一直被认为是单句的属性，不能跨越句子的边界。但对话句法认为如果只研究单句的句法，单句中的对话潜力就被抹杀了。只看单句，看不出某些被用于互涉，被用于两人之间连续交谈轮回的一些设计特征。所以，对话句法把传统的句法研究归入"线性句法"，倡导可以打破句子藩篱的互动性句法研究模式。

传统的研究把语法和语篇隔离开来，它们认为语法描写的是句子，而语篇描写句子之外的东西。语法通过规则限制一些选择，而语篇是说话者利用剩下的自由所能做的事情。语法是通用的，语篇是变化的，语篇可以根据说话者的意愿和话题的兴致随时变化。语法是无意义的（Harris，1951），而且它还引以为傲地将意义和语用效力处于语篇的核心。语法是毫无用处的，语篇实现其交际的、认知的、互动的、意识的、美学的以及其他的目的。基于以上的认识，传统的研究认为语法和语篇天各一方，有着天壤之别，它们有不同的研究目的和研究途径（Du Bois，2003）。然而，语言在实际运用中似乎同时吸引着语法学家和语篇研究者，所以，如果我们想对语言有更全面的认识，必须找到能够同时兼容语言研究和语篇研究的方法。

从对话句法的角度来看，语言的结构组织不仅用于交流思想或思辨，更是为了互涉（engage）。在动态的环境里，话句与话句相遇，语言的场景化运用从正经的规范角度来讲应该是对话性的（dialogic），体现着交谈者与前面讲过的话语之间的积极互涉（Bakhtin，1981［1934］；Becker，1995；Linell，2009；Voloshinov，1973［1929］）。所谓的互涉就是把对话双方都涉及，都纳入进来，都包括在内，互涉就意味着互动。

在互动层面上，在话轮转换中交谈双方的社会差异也扮演着一定的角色，因为要区分哪些成分要映射到下一句中，每个结构的不同起源的社会拟像性有一定的促进作用，不同的声音，来自不同的人，表达不同的立场。

在对话互动中，我们可以看到无数的例子，交谈者似乎再次使用紧邻的前面语境中的句法和其他语言资源，不管是他使用过的，还是另外一个交谈者使用过的。从互动的框架角度来看，这就带来了一些非常有意思的问题，即关于认知工作的分配问题，也就是利用已经使用过的认知资源，可以使它们更加容易处理，对别人来说更加可及。这种情况，也就是Gries（2005）[1196]所说的句法启动（syntactic priming）。

对话句法中的核心概念——共鸣，也离不开互动。首先，共鸣意味着有两个参与者；其次，共鸣发生在对话的各个层面，其中就包括"互动语步"（interactional moves）（Du Bois，2014）[372]。共鸣是话句对（utterance pair）之间对话联系的基本手段，意指两句对话之间若有互动，必有共鸣。共鸣是对话并置话句之间互涉结构的来源和产物。

通过以上的介绍和分析，我们可以看出对话句法在本质上就是互动的，互动是对话句法的本质特征之一。

三、从对话句法切入互动语言学

互动语言学的一个重要特点就是强调实证研究，强调使用自然出现的真实话语，反对使用杜撰的、凭空捏造的语料。会话分析研究者通过严密的分析工具和步骤，对日常互动中所出现的言谈进行录音或录像，并规定了一整套的文字转写符号。他们对会话参与者事先没有任何布控，反对任何先入之见，采用微观分析，试图对自然出现的语料进行归纳与范畴重建。对于会话分析家来说，语境不是在互动之前就决定好的，语境既是参与者的计划，也是参与者共同规划的产物。言语交流就是一种社会互动，研究者可以根据互动交际者的定位来证明和解释他们分析的范畴（林大津 等，2003b）。

互动语言学最大的问题就是它更像是提供一种视角、一种理念，而没有自己的理论工具。正如前文介绍的那样，它是在综合吸收了功能语言学、会话分析和人类语言学研究内容的基础上发展而来的，但是功能语言学和人类语言学也是比较宽泛的，也没有具体的分析工具，它们为互动语言学贡献的也是思路和视角。目前互动语言学的研究仅仅借用会话分析的语料撰写和描述工具，在理论分析工具方面还是比较受限的。而会话分析本身也是成熟的语言学研究流派，它自身也会声称是互动性研究。如此一来，使用会话分析的研究方法所做的研究，也不会主动向互动语言学靠拢。所以会话分析对互动语言学来说是把双刃剑，互动语言学离不开会话分析，但如果过分依赖会话分析，会话分析也会夺走互动语言学的光芒。互动语言学如果想得到更多关注，获得更大的发展，很有必要构建自己的研究框架和理论分析工具。互动语言学可以尝试把对话句法的分析工具纳入自己的体系，对话句法中至少有四个比较好的切入角度，下面分述之。

（一）互动中的对话共鸣

对话共鸣（dialogic resonance）是对话句法中的一个重要概念。对话句法倡导"用语言建构语言"的思想，研究独立话语之间的结构关系。当一个话语相伴另一个话语出现时，语言的构型部分被重复使用，形成平行结构，产生配对感知，进而在言语事件中发生形式和意义上的共鸣，这就是对话句法分析的现象。第一个说话人说出的词、结构及其他语言结构，被另一说话人选择性地复用，这些复用可能是词素、词，可能是句型结构，还可能是更为抽象的形式、功能及意义特征间的映射（mapping）。这些映射引起对话共鸣，激活话语间的亲缘关系（affinities）。对话句法认为对话共鸣的产生过程如下：促发→选择→复用→平行→映射→亲缘性感知→共鸣。随着话轮的转换，对话中引起的共鸣又促发形成新的话语平行特征，产生共鸣循环。促发指对话伙伴说出的语言形式及结构被激活，促进了说话人选择性地复用这些语言资源。促发带来了平行，平行是话段间对应成分之间的像似性。每段话语间的内部结构的平行形成了映射，进而促成了对应成分之间的亲缘关系。共鸣既可以是平行的产物，也可以是其来源。通过激活话语间潜在的联系，共鸣促进话语间的平行，加强结构间的互动。

在对话共鸣方面，对话句法至少可以为互动语言学贡献两个研究工具：共鸣可供性（resonance affordance）分析和对话共鸣度计算。其中，共鸣可供性从字面上理解就是可以为共鸣关系的建立贡献力量的语言成分所具有的属性,从本质上讲,是指对话中不同话句之间构成共鸣的语言成分之间的关系。具体分析时,可以把它们之间的映射关系、语法关系、句法特征描写出来,以便读者对共鸣关系的构成情况一目了然。

(二)互动中的平行结构

平行(parallelism)概念源自 Jakobson(1966),指两个或多个话语片段之间的结构相似关系。对话句法中研究的平行关系是跨越说话人话段之间的结构关联。Du Bois 从 Jakobson 的研究中借鉴了"平行结构",将这一术语作为对话句法理论的两个关键概念之一(高彦梅,2015)。

平行是对话句法现象的外显特征。平行的产生源于话语中语词和结构的促发效应(priming)。促发效应指对话伙伴已经使用过的语言资源(如语词、句型等,即促发语词或促发语句)被激活,以供说话人选择性再用。语词和结构的促发效应最终激活了共鸣。对话中平行结构的不断使用又加速了对话共鸣循环(曾国才,2015)。

在实时对话中,具有平行结构特征的语法模型在语言互动中不断被重复具体化,从而变得高度突显,是特定话语范围中多个话语例示的共享资源(曾国才,2019)。在对话句法学中,受话者在发话者的影响下,不同程度地、有选择地模仿先前所用过的词语、句型、语调,从而形成了平行或对应结构。因此,对话中的平行或对应结构是建立在人的模仿性认知能力之上的,这也为认知语言学所研究的认知能力找到了用武之地(王天翼 等,2018)。

(三)互动中的跨句图谱

术语"跨句图谱"的本质是跨域映射,体现为对话参与者把一个话语的语言要素基于像似性映射到平行话语的对应成分之上。跨句图谱是说话者体验到结构配对时的心智表征，它超越了单个句子的内部结构，是多个话语特征的合成结构（曾国才，2015）。

当我们将对话中确定的相同、相近、相关成分对应起来，就可以得到一个结构上的对应模式。这样的对应模式在对话句法理论中被称作"交叉组织映射"（diatax graph），简称"交叉映射"（diagraph），这是曾国才（2015）的译名，本书中我们译为"跨句图谱"。Du Bois 对跨句图谱的界定是：当两个具有内部结构的片段通过对话并置于话语中，从两个话段内部产生的结构上的映射所构成的复杂关系就是跨句图谱。在线性句法中，每一个话段的结构本身可以被看作是给定的。对话句法包含这样的句子内部结构，但会超越这一结构去确认成对的话段之间的结构关系，即在语言成分之间的映射层面。作为句法目标，跨句图谱的区别性特征是它构成了两个域之间并跨越两个域的映射关系：在说话人之间、在两个小句之间，或两个语调单位之间（高彦梅，2015）。

跨句图谱通过语言系统抽象化调节的平行成分之间的映射，致力于揭示超句结构的结构完整性。对于对话句法来说，跨句图谱作为一个联合构建结构，可以获取语言符号独立句法配置的结构耦合。当代表一种参与结构时，跨句图谱为发现交谈者之间的共同点提供了句法可供性的框架。

跨句图谱的概念是对话句法的创举，互动语言学如果可以把它纳入自己的体系，加以利用，相关分析也就有了依靠和抓手。

（四）互动中的对话互涉

说话人基于对话共鸣进行意义推理、观点评价和立场定位，意味着话语的理解需要对话互涉（dialogic engagement）。独白式话语不能全然表征话语的意义和功能，话语存现于对话之中。话语的理解必须以话语的亲缘性特征（affinities）以及话语与说话人、时空之间的互动为基础（曾国才，2015）。

对话句法在结构上提出了互涉原则（engagement principle），探讨了形式和意义的关系；Du Bois 提出了互涉原则的假说，认为"互涉的形式产生互涉的意义"。因为 Du Bois 发现，当说话一方在设计语言形式与另一语句实现互涉（和共鸣）时，两个语句在意义上也产生了微妙的联系，即共鸣语句之间由于语言形式上的对仗和联系，会产生意义上的联系；甚至有时候，如果没有形式上的联系，意义上的联系也无从建立（刘兴兵，2020）。

Du Bois 指出，"互涉暗示了一种连接形式，借此能量和信息得以传播"。"从最系统的形式观察，互涉可以表现为组织连接手段或构成连接手段的结构。从对话角度观察，形式结构最有价值的贡献就是它可以促动差异明显的话段之间建立联系的潜势。""当说话人设计自己的话语形式来介入他人话语的时候，其中隐含的不仅仅是形式，意义本身也是微妙地连接在一起的。如果没有正确的形式连接，某些意义结构就可能无法确立。这些证据引导我们得出结论：有一个总的原则将形式和意义连接在一起。"Du Bois 将这一原则称为"互涉原则"，即互涉形式创造互涉意义。

互涉肯定是一种互动，互动比较宽泛，互涉比互动更加具体。而且对话句法理论对互涉概念的界定，以及 Du Bois 提出的互涉原则为话语互动分析和互动语言学研究提供了明确的框架。

结　语

互动语言学是语言学研究中出现的一个新路向，它充分吸收了功能语言学、会话分析以及人类语言学的优秀理论资源和科学的分析方法，强调语言的意义是在人与人之间的互动交流过程中出现并不断发生变化的。互动语言学相较于传统的形式语言学，更有可能成为21世纪语言研究的主流方向之一，对汉语语言研究也将具有非常重要的启示作用（林大津 等，2003a）。

但是互动语言学在国内的研究落后于国际，原因可能有以下几个方面：首先，成熟的研究者喜欢在自己熟悉的领域耕耘，比如形式语言学、功能语言学、认知语言学，这些都是成熟的语言学流派；其次，年轻的研究者没有认识到互动语言学的巨大潜力和广阔前景；最后，互动语言学尽管提供了很好的思路，指明了大的方向，但它自身并没有清晰的理论框架和完整的分析工具，对于新的研究者来说，可能不容易上手。

张伯江在第六届《世界汉语教学》青年学者论坛（2018年9月15日）上指出，互动语言学如何对语言的结构研究有所贡献，如何从尽可能多的语言学领域中汲取营养，是下一步应该考虑的问题（张媛 等，2019）。

"近年来社会认知研究出现了互动转向……越来越聚焦于人们在互动情景中如何共同行动和相互理解。"（De Jaegher et al.，2010：441）认知—功能语言学越来越关注会话互动和话语的动态发展。另外，以会话分析、批评话语分析为代表的互动语言学也需要从认知、心理、神经语言学的角度解释真实话语互动的规律，"构建恰当的口语语法"（Brone et al.，2014）[462]。在这种认知语言学与互动语言学相结合的潮流下，Du Bois的对话句法理论应运而生，成为"跨越二者的桥梁"（Brone et al.，2014）[461]。

互动语言学将是语言学下一步发展的新增长点，因为它涉及语言学的互动性、社会性、生态性等最新的发展领域。人工智能、人机对话等未来科研领域将来也要依赖互动语言学的研究成果。对话句法理论将是互动语言学研究切实可行的路径，把两者结合起来，可以期待学界取得更多的科研成果。

第十三章 基于对话句法的自闭症儿童会话研究[*]

引 言

自闭症儿童[①]被称为"来自星星的孩子",他们就像天上的星星一样美丽可爱,却也仿佛来自一个我们无法理解和沟通的世界。自闭症的发病率越来越高,根据美国疾控中心(CDC)2020年的统计分析和报道[②],在美国每54个儿童中,就有一个患有自闭症。也就是说,每100个儿童中约有2个会得自闭症,发病率接近2%,这是一个相当高的比例。中国的情况也不乐观,根据2019年的报道,中国约有超1000万自闭症谱系障碍人群,其中12岁以下的儿童有200多万[③]。Sun等(2015)在北京地区进行的流行病学调查发现,中国学龄期儿童的自闭症患病率高达1.19%,与全球自闭症患病率基本持平。

---

[*] 本章曾作为独立文章发表于《天津外国语大学学报》2022年第4期,发表时有改动。
[①] 自闭症儿童,全称为自闭症谱系障碍(autism spectrum disorder,缩写为ASD)儿童,又称孤独症谱系障碍、孤独症等。
[②] 数据来源:https://www.autismspeaks.org/autism-statistics。
[③] 数据来源:https://www.sohu.com/a/305372823_100253947。

自闭症儿童的一个很明显的特征是存在语言障碍。考察自闭症儿童的会话能力已成为评估自闭症儿童综合认知能力发展的一个方式，成为自闭症儿童干预的一项重要内容。但现有的对于自闭症儿童语言障碍本质的了解主要来自美国和欧洲国家的研究（Sanua，1986；Daley，2002）。在许多发展中国家，包括中国，与自闭症儿童发展有关的研究较少，更不用说与自闭症儿童语言发展和障碍有关的研究（李晓燕，2008）。早期研究表明，汉语认知存在不同于拼音文字语言认知的脑神经激活模式（Tsao et al.，1981）。汉语是语义型语言，与印欧语系的形态型语言不同。汉语儿童与欧美儿童处于不同的文化环境（潘文国，2001）。语言差异和文化差异对儿童语言的发展有非常重要的影响，因此，汉语语言文化环境下自闭症儿童的语言发展和交流极有可能呈现不同的状况（李晓燕，2008）。

本章将尝试研究汉语自闭症儿童的语言属性，基于对话句法理论（Dialogic Syntax），分析汉语自闭症儿童的对话特点，以便能深入了解自闭症儿童语言障碍的本质，为治疗和干预提供参考。

一、文献综述

目前，有关自闭症的研究大多集中在医学、康复治疗、心理学、特殊教育学等方面，从语言学角度对自闭症话语进行的研究明显不足，国内对自闭症儿童语言产出进行语言学上的分析刚刚起步（何旭良 等，2018）。

（一）关于汉语自闭症儿童会话的先前研究

目前，国内对自闭症儿童语言研究总体不足，在中国知网（www.cnki.net）上以"自闭症儿童语言"为关键词进行搜索，截至2024年1月25日只找到436条相关文献；如果以"自闭症儿童会话"为关键词，显示的结果只有39条。

在分析自闭症儿童会话方面，影响最大的是Sacks等人（1974）的会话分析理论（Conversation Analysis）。受社会学和民族志研究方法的启发，Sacks等人20世纪六七十年代创立了会话分析理论，在此之前，会话语料从未受到过足够的重视。会话分析理论为分析日常会话或机构语言提出了清晰的分析框架。国外早期关于自闭症儿童的会话研究基本上都采用了这个分析框架。当然，有些研究者也在会话分析的基础上进一步发展或改进，如Ninio（尼尼奥）和Snow（斯诺）（1996）将儿童的会话能力概括为话轮转换能力（turn-taking）、会话发起和维持能力（topic selection and maintenance）和会话修补能力（repair）。

在此大环境的影响下，目前国内特殊教育领域关于自闭症儿童话语的研究也是在会话分析的研究框架下进行的，研究相关的自闭症儿童会话评估指标有会话发起、会话维持、会话修补和话轮数量等（陈冠杏 等，2014；袁文晗，2016；冯晨，2017）。张文杰（2014）专门探讨了自闭症儿童会话的维持能力，以普通儿童语料为参照，对比分析了自闭症儿童在会话话题维持、会话意图维持和会话策略维持等三种会话维持方式上的独特特征。李晓燕（2008）对四个汉语自闭症幼儿个案的语言进行研究，综合了语言成长模型研究、语言运用质量研究、语言运用交互平台研究等三个方面，采用的衡量语言发展的指标有：衡量语法状况的MLU（平均语句长度）和MLU5（最长5句话语长度），衡量语义多样性的词汇种类，衡量基本语用能力的交流行为种类与功能性言语比例。在衡量语言运用质量方面，纳入了基本语用交流行为类型和会话类型特征。我们可以看出李晓燕的研究在会话分析的基础上，尝试融入语法、语义、语用各范畴的因素，但由于过于复杂，可能只适合作为分析个案。

近年来，从医学、康复治疗和心理学角度开展的自闭症儿童研究主要采用《汉语沟通发展量表使用手册》（*Putonghua Communicative Developmental Inventory*）来测评儿童的语言表达能力（苏怡，2018；苏怡 等，2018；谢帆 等，2016）。该量表主要采集的指标是词汇、句子和手势。

美国国立耳聋与其他交流障碍疾病研究所曾提倡采用多种评估方式（包括自然语言样本分析、家长报告评估和标准化测试等）系统地评估学前自闭症儿童的表达性语言发展（Tager-Flusberg et al.，2009）。未来在研究中有必要采取多元手段针对汉语学前自闭症儿童的语言表达能力进行系统的研究（苏怡，2018）。

本章尝试以对话研究的最新理论成果——对话句法理论（Du Bois，2014）为理论指导和分析框架，对汉语自闭症儿童的会话进行探索。对话句法理论同时关注会话之间的语言、认知和功能因素，我们的预设是对话句法理论将为探索自闭症儿童话语研究提供新的视角。

（二）对话句法理论

对话句法理论是Du Bois（2014）提出的会话分析理论，旨在考察会话中的语言、认知和互动过程。对话句法可以被界定为符号与符号之间并通过符号表达的互涉（engagement）结构（Du Bois，2010）。对话句法关注说话人在交流过程中，尤其是在口语交流中选择性地复用前面说话人的某些成分来建构自己话语的过程（Du Bois，2007）。

单句层面的语言形式、意义和功能研究在一定程度上忽略了言语交流中话语与话语之间的本质联系。对话句法则关注话语的句际关系，并基于特有的分析视角（话语间的亲缘性特征）和理论研究范式（认知+功能）提出句法新观念，以揭示意义建构中语言、认知和人际互动的关联性（曾国才，2015）。

对话句法（Du Bois，2014）观察到，一句话会重现上一句话的部分或全部结构模式，从而形成平行现象，在结构和意义上产生某种共鸣（resonance）。句法在平行结构中被有效利用，一句话和另一句话形成映射（mapping）。平行语句之间的共鸣会界定一个关系亲密度的矩阵，触发类比关系，从而生成此刻推断意义的增量。一个语句与另一个语句的并置产生的结构耦合（structural coupling）会创造一种新的、更高一阶的语言结构，称为"跨句图谱"（diagraph）。在跨句图谱中，耦合的成分相互之间进行重新语境化，产生新的意义（Du Bois，2014）。

对话句法中的基本概念和核心分析工具主要包括平行（parallelism）、共鸣（resonance）、重现（reproduction）、跨句图谱（diagraph）、选择（selection）、对比（contrast）、类比（analogy）等（Du Bois，2014），下面举例说明：

（1）

鲁贵：大海，你究竟是矿上大粗的工人，连一点大公馆的规矩也不懂。

四凤：人家不是周家的底下人。

鲁贵：他在矿上吃的也是周家的饭哪。

鲁大海：他在哪儿？

鲁贵：他，谁是他？

鲁大海：董事长。

鲁贵：老爷就是老爷，什么董事长，上我们这儿就得叫老爷。

《雷雨》

这段对话看似比较自然，如果我们不对它进行深入分析，就不会发现有什么特殊的地方，因为语言是我们生活的一部分，我们很容易习以为常。

但是如果我们仔细考察一下前三句话，就会发现里面有一个比较有意思的规律。在第2句中，四凤说"人家不是周家的底下人"，这是一个否定的判断句。这一表述完全是受了第1句鲁贵说的"你究竟是矿上大粗的工人"的激发而产生的。鲁贵的表达被映射到四凤的答语里，"人家"对应"你"（这里是指鲁大海），"周家"对应"矿上"，"底下人"对应"工人"，更重要的是，句型结构也是完全借用的，都是"是"字句。在第3句中，鲁贵继续沿用了"是"字句的结构。按照 Du Bois（2014）跨句图谱的标示方法，我们可以把这三句之间的关系表示如下：

（2）

		A	B	C	D	E	F	G	H	I
1	鲁贵：	大海，	你		究竟	是	矿上	大粗的	工人	……
2	四凤：		人家			不	是	周家	的	底下人
3	鲁贵：		他	在矿上吃的	也	是	周家	的	饭	哪。

通过跨句图谱，我们可以更加清楚地看到对话之间的映射关系，词汇和结构上的对应产生语义和语用上的共鸣。语义不一定是原义重现，也可以是反义、近义或替代回指等，如这里的"究竟是""不是""也是"，还有"你""人家""他"（都是指鲁大海）。在语用方面，四凤为了反驳鲁贵的观点，特意采用了否定"是"字句，意在表达鲁贵这样批评她哥哥，她不高兴，她认为鲁大海又不是周家的人，没有必要遵从周家的规矩。而鲁贵的回击仍然采用了"是"字句，既与前面的结构平行，又增强了反驳的力量。他认为鲁大海虽然不是周家的人，但他吃的也是周家的饭，也应该遵从周家的规矩。鲁贵代表的是老一辈的被奴役阶级，已经被奴化，阶级观念深重，而四凤代表的是新的一代，阶级意识开始觉醒，并试图反抗阶级压迫。

基于对话句法理论，我们对于对话结构的分析有了更明晰的框架和抓手，对于对话之间的语义、语用和认知互动理解得更加深入。

对话句法独辟蹊径，视角独特。认知语言学界最重要的核心期刊 *Cognitive Linguistics* 在2014年第3期以对话句法为主题发表了一个专刊，之后引起了国内外的广泛关注。对话句法理论可应用的范围也非常广泛，至今取得的成果显示其可被用于态度立场研究、争吵话语、辩论话语、儿童语言、对话手势、仪式话语研究等。已有研究者尝试把它用于自闭症患者的话语研究之中，但目前能找到的关于这方面的资料还不多，国外有Hobson等（2012）以及Du Bois、Hobson和Hobson（2014），国内有何敏（2018）。Hobson和Du Bois等主要探讨自闭症儿童是如何与人交谈的，主要采用了对话句法中的共鸣概念，考察自闭症儿童会话中的对话共鸣和主体间互涉与常人有何不同。何敏（2018）受他们的启发，在他们的研究基础上增加了多模态视角，把非言语的共鸣也纳入了评估范围。

以上研究是运用对话句法来分析自闭症话语的有益尝试，但他们也有各自的局限性，Hobson等（2012）和Du Bois、Hobson和Hobson（2014）只考察了自闭症儿童话语中的共鸣，而且只是针对英语语料。何敏（2018）的研究对象虽然是汉语儿童，但她也只是考察对话共鸣而且只是一个个案。总的来说，对话句法与自闭症话语的结合研究还有很大的发展空间。

二、研究设计与测评指标

（一）研究问题与设计

如何科学地测评不同语言自闭症儿童的语言能力并为之提供行之有效的干预方案，是当前国际自闭症儿童语言研究领域的前沿和热点问题

（Naigles，2017）。本研究的主要目的是基于先前的测评方法，在自闭症儿童会话分析中加入对话句法的分析指标，从而找寻自闭症儿童与正常儿童[①]之间的会话能力差异，为自闭症儿童的语言能力干预提供参考。

本研究将采用量化和质性研究相结合的方法。从TalkBank语料库中选取汉语自闭症儿童会话材料作为我们的分析语料，从Talkbank语料库中选取考察对象的好处是语料已经在录音或录像中完成了转写，并已进行了话句（utterance）切分和话轮标注（MacWhinney，2019）。我们选取5岁的自闭症儿童作为研究对象，因为有关英语自闭症儿童的多项跟踪研究表明，自闭症儿童在5岁左右时的语言表达能力是预测其疾病预后水平的重要指标，与自闭症儿童进入青少年和成人阶段的社会交往能力、教育状况、就业程度和社会适应水平均有着密切关联（Howlin et al.，2004）。研究从TalkBank的自闭症会话子库ASDBank中选取了7名汉语儿童的语料，然后再从TalkBank的子库CHILDES中选取了7名年龄相仿的正常儿童作为对照组。因为被试偏少，性别不作为考察变量。最后我们把这14名儿童统一编号，详情如表13-1：

表13-1 被试的详细信息

类别	编号	性别	年龄
自闭症儿童	1	男孩	5岁3个月
	2	男孩	5岁6个月
	3	男孩	5岁6个月
	4	男孩	5岁1个月

[①] 正常儿童，即很多国外文献中所谓的典型发展（typically-developing，简称TD）儿童（Naigles and Chin，2015）。

续表

类别	编号	性别	年龄
自闭症儿童	5	女孩	5岁0个月
	6	男孩	5岁1个月
	7	男孩	5岁1个月
正常儿童	1	男孩	5岁9个月
	2	女孩	5岁9个月
	3	女孩	5岁11个月
	4	男孩	5岁8个月
	5	男孩	5岁10个月
	6	女孩	5岁4个月
	7	女孩	5岁7个月

我们尽量使两组儿童具有可比性：年龄相仿（均为5岁），会话对象相似（母亲或父亲，这样儿童具有安全感，能够充分发挥他们的语言能力）；会话场景相同（玩玩具，拼乐高或拼图等）。

（二）儿童会话质量测评指标

要了解自闭症儿童的会话能力需要测评其会话质量。如何测评？需要采集会话中的哪些指标？这是我们需要研究的第一步。如前文所述，先前的测评大多是基于会话分析，本研究中加入了对话句法的分析因素。对话句法理论中有两个关键概念：平行和共鸣。我们将把对话共鸣和平行纳入测评指标，另外再结合会话分析理论，共总结出六个指标：局部共鸣度、宏观共鸣的次数、平行或重复的次数、发起新话题的次数、连续多个话句的次数以及儿童话句的占比。接下来，我们将详述每个指标的含义和测评方法。

1.局部共鸣度

如上文所述，共鸣是对话句法理论中最核心的概念，被定义为"语句之间亲近关系的催化激活"（Du Bois，2014）。通俗地讲，正常对话中的一问一答应该有某种联系，否则就不能成为对话。而自闭症儿童正存在着这样的困难，要么不能充分理解问话的含义，要么回答时不能形成恰当的共鸣。所以，考察自闭症儿童会话中的共鸣，将为我们深入探寻其中的规律提供一个路径。先前的测评方式过于依赖会话的表层形式，忽视了会话之间的这种互动联系。共鸣指标恰恰可以弥补这一不足。但问题来了，如何计算对话共鸣呢？Hobson等（2012）在尝试衡量共鸣时，提出了一个新的概念：框架抓手（frame grab），但没有提供具体测量的细节。笔者在2018年提出了共鸣度计算公式：共鸣度指一组对话中共鸣的个数与纵栏个数的比值。但这样的计算只适合相邻的两句对话，我们对语料进行初步分析时发现，有时答话者回应的不是上一句，而是隔了好几句的上文中的某句对话。所以在本研究中，我们把共鸣进一步区分为局部共鸣（local resonance）和宏观共鸣（global resonance）。局部共鸣度的计算方法将采用笔者提出的计算公式，但有部分改动。在计算共鸣的个数时，我们也算上省略成分的纵栏。因为在会话中，有些成分会被省略，没有表面的语言形式，但它有一定的语用含义存在。计算共鸣时，如果把它们一起考虑进来，将更贴近现实和语感，如（3）所示：

（3）

1.MOT：你喜欢住几楼？

2.CHI：住二楼。

3.MOT：住二楼呀。

4.MOT：为什么要住二楼？

5.CHI：我的家我想住二楼。①

因为我们主要是考察儿童话语的局部共鸣度，所以只有看到儿童话句时，才计算该句与上一句的共鸣度。(3)中第2句是儿童所说的话，我们先把它与第1句的跨句图谱写出来：

(4)

		A	B	C	D	E
1	MOT：	你	喜欢	住	几楼	？
2	CHI：			住	二楼	。

参照Du Bois(2010/2014)的纵横栏分析法，横栏用数字标识，纵栏用字母标识，把有共鸣可能性的成分放到同一个纵栏中。如果直接这样计算的话，共鸣发生在C，D，E栏，共3个，全部的纵栏个数从A至E共5个，那么这两句的共鸣度为3/5=0.6。但我们的语感告诉我们这两句对话非常自然，此例中的儿童在回答时进行了省略，完整的句子应该是"我喜欢住二楼"。所以，(3)可以进一步补充为：

(5)

		A	B	C	D	E
1	MOT：	你	喜欢	住	几楼	？
2	CHI：	(我)	(喜欢)	住	二楼	。

---

① 此后的所有例句都选自Talkbank语料库。所有的转写语料都按照CHILDES格式做了标注，但我们为了行文方便，去除了一些与本研究无关的标注。

省略的成分用括号标注。更改计算方式之后，本句的共鸣度为5/5=1。这说明它们处于完美的共鸣状态。再看第5句与第4句，先画出它们的跨句图谱：

（6）

		A	B	C	D	E	F	G
1	MOT：		为什么		要	住	二楼	？
2	CHI：	我的家		我	想	住	二楼	。

此例中，共有7个纵栏，4处共鸣，共鸣度为：4/7=0.57。我们也明显感觉到第5句对第4句的应答没有第2句对第1句自然。因为它们的共鸣度实际上比前者低，儿童在此增加了新信息"我的家"。

共鸣度的取值范围是［0，1］，如果共鸣度为0，表示两句话之间没有任何共鸣。当共鸣度为1时，对话双方两句话的所有成分及整个句式都产生共鸣，会形成平行现象（parallelism）。关于平行，我们将在第3个指标中详细阐释。一段对话的局部共鸣度的计算方法是先算出每一组对话的局部共鸣度，然后求平均值。

2. 宏观共鸣的次数

宏观共鸣是指一个语句与紧邻的上一句之间没有共鸣，但与上一句之外的上文中的某一句有共鸣的现象。例如：

（7）

1. MOT：你看看有什么好玩的。

2. MOT：打开看看。

3. MOT：有什么？

4. MOT：有一个什么？

5. CHI：这个好玩。

在这个自闭症儿童和其母亲的对话中，母亲极力引导儿童说话。母亲说了四句之后，儿童才回应了一句，但不是与紧邻的第4句共鸣，而是与第1句共鸣。我们把这种现象称为宏观共鸣，宏观共鸣可以反映出说话者的长时记忆能力和宏观把控能力。

3.平行或重复的次数

平行（parallelism）是对话句法理论的两大核心概念之一。平行也在别的理论中出现过，也被其他的学者研究过（如 Harris，1952；Jakobson，1966）。但 Du Bois（2010/2014）对此作了深化和提升。与平行相近的概念也包括重复（repetition）（Johnstone，1994）。所以本文中把平行和重复放在一起讨论和计算。

先前的学者（如 Harris，1952；Jakobson，1966）认为平行表达的是两个或多个话语片段之间的一种结构相似关系。但对话句法更进一步，它不仅考察结构平行，更是把一组对话之间的功能对应也纳入进来。所以它的界定是，平行表征的是一个对话并置语句之间的映射，可以唤起它们对应成分之间像似的感知。换句话说，相邻两句之间的结构像似就会产生平行（Du Bois，2014）。但是 Du Bois 并没有对平行进行明确的界定，按照他的理论，两句对话的部分结构像似也算平行。那么平行与共鸣的边界在哪里？不好区分，也不便于测量和计算。所以，本研究把平行界定为两句对话完全相同，即完全重复现象。

事实上，自闭症的相关研究早已注意到了这种现象，他们称它为回声（echo），回声式语言是自闭症儿童语言的经典特征，在自闭症儿童群体中属于常见现象（McEvoy et al.，1988）。研究发现，自闭症儿童的回声式语言具有两种不同的情况。一种是即时性回声语言，即儿童往往重复刚刚听到的所有话语或部分话语。如问一个自闭症儿童"你叫什么名字？"，他的回答还是"你叫什么名字？"。这种即时性回声语言又被称为"鹦鹉学舌"。另一种是延迟性回声语言，指自闭症儿童重复在过去的某一时刻听到的话语（李晓燕 等，2006）。

本研究将即时性回声归入平行或重复，将延迟性回声归入宏观共鸣。

4. 发起新话题的次数

第四个测量指标是发起新话题的次数，即如果儿童没有回答上一句的问话，而是另起一个新话题，我们就计算一次。

（8）

1. MOT：狮子的嘴巴张这么大。

2. CHI：假装他们还是活着的。

3. CHI：让它看不见路。

4. MOT：为什么？

5. CHI：你看姊姊。

6. %add：to EXP.

7. EXP：喔。

8. MOT：它是百兽之王。

在（8）的对话中，第5句就属于发起新话题。第4句妈妈问孩子为什么要让狮子看不见路。孩子没有回答，而是拿着玩具给旁边的工作人员看。EXP是指Experimenter，是参与实验的工作人员。

当然，正常会话也是允许发起新话题的，虽然不断地发起新话题可能会减弱对话共鸣能力，但它可以反映出儿童想要主导对话的能力。所以，我们把"发起新话题的次数"作为一个测量指标，来观察自闭症儿童与正常儿童在这方面的表现有何异同。

5. 连续多个话句的次数

第五个指标是计算儿童产出的多个话句的次数，这可以反映出儿童的语言产出能力。儿童语言能力弱时，最多可以完成一问一答的对话。随着儿童语言能力的增加，他们可以连续说多个句子。

（9）

  1. MOT：你在画什么啊？

  2. CHI：画火车。

  3. CHI：上车了。

  4. CHI：请休［：勿］贴车门。

  5. MOT：请什么？

  6. CHI：请勿贴车门。

在（9）中第2，3，4句就属于连续多个话句，可以看出这个儿童除了完成了问答，还尝试产出更多的信息。尽管第4句中出现了一个错误，但在母亲的引导下，儿童在第6句中进行了自我纠正。

6. 儿童话句的占比

最后一个指标是计算儿童话句在整段对话中的占比。因Talkbank语料库中的语料都已进行了切分标注处理，我们只需要用儿童话句的数量除以整个被分析段落的所有话句数量，就可以得到儿童话句所占的比例。该指标反映的也是儿童的话语产出能力，我们的目的是考察一下自闭症儿童在话语产出方面的整体能力与正常儿童有何差异。

（三）数据处理方式

我们将自闭症儿童作为实验组，正常儿童作为对照组，对两组数据先进行描述性统计分析，用R语言根据每组指标的数据做出箱线图（Boxplot），可以得出每组数据的第1四分位、中位数和第3四分位。箱线图可以把数据可视化，使我们形象地观测到数据的分布情况。然后我们再对各组对应数据做预测性分析。因客观条件所限，本研究考察的样本数量偏小（N=7），我们无法做T检验，但是可以做Wilcox秩和检验，分析两组数据是否存在显著性差异。

三、数据分析与讨论

根据上一节所讨论的测评指标，我们对每个儿童的大约200句对话进行了人工分析，所得数据如表13-2：

表13-2 被试会话能力指标得分

类别	编号	局部共鸣度	宏观共鸣次数	平行或重复次数	发起新话题次数	连续多个话句次数	儿童话句占比
自闭症儿童	1	0.72	1	1	2	4	25.89%
	2	0.46	3	2	4	1	13.23%
	3	0.64	3	1	1	15	31.70%
	4	0.58	6	3	15	8	26.27%
	5	0.30	0	4	0	1	16.37%
	6	0.57	3	2	4	6	18.18%
	7	0.72	2	5	3	0	17.09%

续表

类别	编号	局部共鸣度	宏观共鸣次数	平行或重复次数	发起新话题次数	连续多个话句次数	儿童话句占比
正常儿童	1	0.68	1	0	5	31	76.22%
	2	0.63	2	0	5	26	51.72%
	3	0.55	3	0	12	21	32.67%
	4	0.70	2	3	5	22	53.81%
	5	0.66	2	2	7	17	51.40%
	6	0.57	5	0	10	13	46.99%
	7	0.72	4	0	5	10	35.98%

我们用R语言，以自闭症儿童和正常儿童为组别，对不同指标下所获取的数据先做箱线图可视化处理，然后再对每组对应数据做Wilcox秩和检验。

箱线图可以用来反映一组或多组连续型定量数据分布的中心位置和散布范围。它包含数学统计量，不仅能够分析不同类别数据各层次水平差异，还能揭示数据的离散程度、异常值、分布差异等。根据我们的数据得到的箱线图如下：

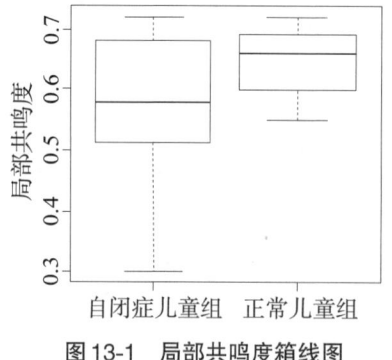

图 13-1　局部共鸣度箱线图

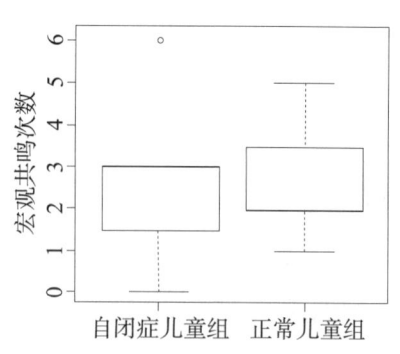

图 13-2　宏观共鸣次数箱线图

第三部分　对话句法理论的应用研究

图13-3　平行或重复次数箱线图

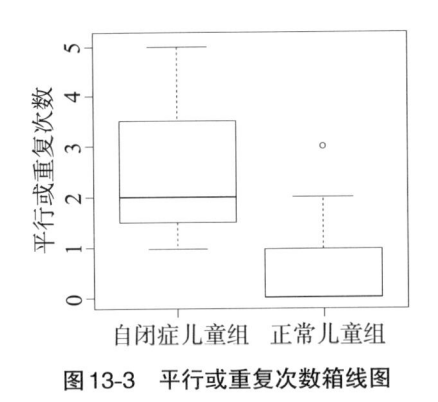

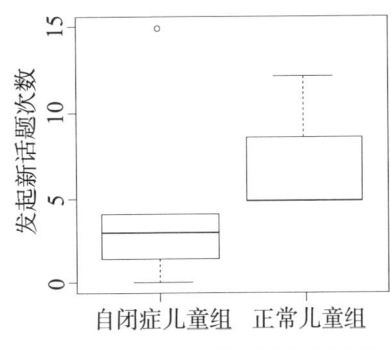

图13-4　发起新话题次数箱线图

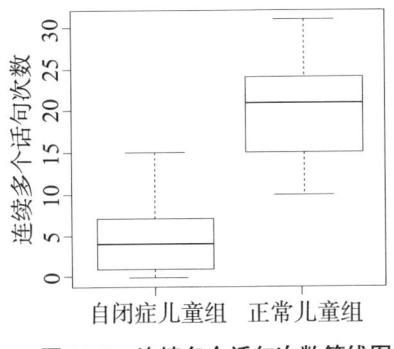

图13-5　连续多个话句次数箱线图

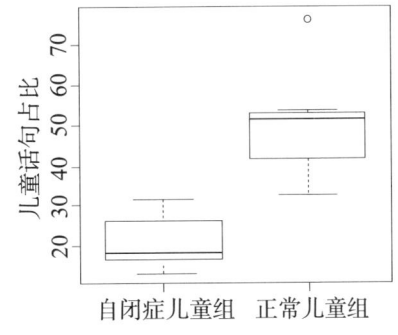

图13-6　儿童话句占比箱线图

图13-1表示的是自闭症儿童组和正常儿童组在局部共鸣度方面的数据分布情况。从图形来看，正常儿童组的中位数明显高于自闭症儿童组，而且箱体较窄，即使最小值也比较高，接近自闭症儿童组的中位数。而自闭症儿童组箱体较宽，箱须较长，说明自闭症儿童在局部共鸣度方面个别表现差异较大，数据比较分散。但是Wilcox秩和检验显示W=19.5，p-value=0.5631，p值大于0.05，说明两组数据并没有显著性差异。从这些数据可以得出，自闭症儿童整体的局部共鸣度能力与正常儿童无异，但存在很大的个体差异。如表13-2所示，1号和7号自闭症儿童的局部共鸣度最高，高达0.72，但5号儿童只有0.3。

图13-2呈现的是宏观共鸣的分布情况。图中显示，无论是自闭症儿童

229

组，还是正常儿童组的中位数都太接近箱体的某一端。这说明两组数据分布的偏态性都很强，自闭症儿童组是右偏态，正常儿童组是左偏态。自闭症儿童组的中位数高于正常儿童组，自闭症儿童组也存在异常值（图中箱体之外的小圆点）。据表13-2可知7号自闭症儿童得分过高。对这两组数据做Wilcox秩和检验，我们发现W=23.5，p-value=0.9478，p值还是大于0.05。这说明两组儿童在宏观共鸣方面的能力没有显著性差异。

从上面两个指标的数据分析综合来看，自闭症儿童作为整体与正常儿童在对话共鸣方面，不管是局部共鸣还是宏观共鸣，并无显著性差异。这一结果与Hobson等（2012）对英语自闭症儿童共鸣能力的考察结果类似。但数据显示，汉语自闭症儿童个体差异很大，自闭症儿童的父母还是要对儿童做个体的评估，如果得分低于平均分，还是应该要尽早引导和干预。

图13-3显示的是会话中平行和重复的数据分布情况，从图中可见，自闭症儿童组的中位数明显高于正常儿童。正常儿童组的数据分布异常，中位数过低，而且还有一个过高的异常值。Wilcox秩和检验结果为W=41.5，p-value=0.02991。p值小于0.05，这说明两组数据有显著性差异。自闭症儿童在会话中过多依赖平行或重复策略，而正常儿童的语言产出能力较强，很少直接重复别人的话语。

图13-4表示的是自闭症儿童组和正常儿童组在发起新话题次数方面的数据分布情况。从图中可以看出，自闭症儿童组的中位数明显低于正常儿童组，而且箱体较扁，整体处于较低水平，这说明自闭症儿童整体在这个指标上的得分都偏低。但4号自闭症儿童的得分又过高，属于异常现象。对两组数据做Wilcox秩和检验可以发现W=7，p-value=0.02788。p值小于0.05，说明两组数据存在显著性差异，自闭症儿童在发起新话题次数方面明显低于正常儿童。

图13-5显示的是两组儿童在产出连续话句方面的情况，从图中可以看

出，两组数据都属于正态分布，但自闭症儿童整体上得分都偏低。Wilcox秩和检验结果为W=2，p-value=0.004891。p值小于0.05，说明两组数据存在显著性差异，自闭症儿童在产出连续多个话句方面的能力明显低于正常儿童。

图13-6表示的是两组儿童在话句占比方面的数据分布情况，从图中可以看出，正常儿童的话句占比明显高于自闭症儿童，即使最低值（32.67%）也高于自闭症儿童组的最高值（31.70%）。这两组肯定有显著性差异，我们统计的数据也得到了Wilcox秩和检验的印证。检验结果为W=0，p-value=0.002141，p值小于0.05。自闭症儿童在话句占比方面明显低于正常儿童。

我们把第四、五、六个指标的数据综合起来看，可以得出以下结论：自闭症儿童在会话中一般比较被动，倾向于被动回答，而且问一句答一句，连续会话能力较弱。而正常儿童思维更加活跃，会话主动性强，可以自己引领一个会话，善于发起新的话题。

结　语

先前的相关研究在评估汉语自闭症儿童会话质量时，大多只采用会话分析的理论框架，忽视了对话之间的互动因素。本研究采用了对话研究的最新研究成果——对话句法理论。结合先前的研究，总结出六个测评指标，并从Talkbank语料库中选取汉语自闭症儿童会话语料，通过量化分析比较了自闭症儿童和同龄的正常儿童在这六个指标上的异同。

我们可以得出如下结论：自闭症儿童整体的会话能力比同龄的正常儿童弱，会话主动性差，话语产出量较少，需要借助重复或平行策略，以便与交谈者产生共鸣。自闭症儿童的对话共鸣度与正常儿童无显著性差异，但个体差异大，有些自闭症儿童在局部共鸣度和宏观共鸣度上还是与正常儿童存在较大差距。

限于客观条件，本研究的样本数量较为有限。未来如果有条件的话，可以开展大规模测评，以便进一步验证这六个指标的有效性。本研究的测量对象是汉语儿童，将来可以用同样的指标测评一下汉语儿童和英语儿童的异同，以便探寻语种对自闭症的影响。另外，对话共鸣是非常复杂的概念，内部包含多方面的因素，下一步可以对对话共鸣进行细分，并测量自闭症儿童的表现，可能会有更多发现。

本研究也只是把对话句法与自闭症话语研究结合起来的初步尝试，这方面的研究还有很大的发展空间。

第十四章　中国手语的对话句法研究*

引　言

　　聋人群体交流的语言——自然手语是以手势为基础，辅以面部表情和身体姿势的变化来传达信息、表达思想感情的一种视觉语言。美国手语研究之父和手语语言学研究的奠基人威廉·斯多基（William Stokoe）开创性的研究，确立了美国手语的语言学地位。作为一个有结构的语言符号系统，手语同样具有人类语言所具有的语音、词汇、语法等三个基本结构，只是自然手语以手语语形、手势词汇和语法规则体现（于松梅 等，2004）。近年来，手语研究在国内引起了很多教育专家和语言学家的兴趣（江加宏，2010）。手语作为"视觉语言"，必然有它独特的地方。这种独特的地方就是用身体的各个部位及其各种独特的组合去表情达意。目前我国对表情、身体、口型、综合及聋式手语的研究和分析还远远不够。汉语手语的研究应该向深入和实用的方向发展（吴铃，2005）。

　　目前关于手语的研究大多只关注手语的词汇、语法和手势表达形式，近些年来随着认知语言学的发展，也有一些学者开始探讨手语表达中的隐喻、转喻和像似性等（江加宏，2010；吴铃 等，2012；李恒 等，2013）。

---

* 本研究为作者与北京师范大学特殊教育学院郑璇教授合作完成。

关于手语的会话研究比较少，本章拟基于对话句法理论（Du Bois，2014）探讨中国手语的对话句法结构。对话句法理论是最新的研究对话的认知功能理论，在国内外已被广泛运用于各种语言的对话研究，取得了丰硕的成果（曾国才，2015；高彦梅，2018；等等）。具体来说，本研究旨在探讨以下几点：第一，中国手语交谈者是如何实现对话共鸣的？与有声语言相比有何异同？第二，中国手语交谈中是否也存在平行结构和跨句图谱？与有声语言相比有何异同？

一、手语简介及中国手语的基本特征

（一）手语简介

手语作为一门特殊的语言，以视觉为媒介，手和身姿为发音器官，在空间中展开，有着所有语言的共性的同时，又展现其特性（Stokoe et al.,1965；Pfau et al., 2006）。如其他自然语言一样，手语形成于习惯并受当地文化以及相应强势语言的影响，各地手语在表层上千差万别，却又展现出一定的共性。相较于有声语言，现有的手语普遍较为年轻，即便是一些较早出现的手语，例如法国手语，也不过400多年历史，现在研究最多的美国手语也仅有200年历史（Shaw et al., 2015）。像尼加拉瓜手语，从一般的家庭手势发展成为独立的手语语言，仅仅经历两代人（林皓 等，2020）。

基于美国著名手语专家Stokoe的理论，美国手语不是由整体的手势组成，而是由可分析的、无语义但具有重要语法意义的语素组合而成。美国手语主要由四大视觉要素构成：手形（shape）、方向（orientation）、方位（location）和移动（movement）。改变其中任何一个要素的某些特征都会改变某个手势的意义。类比口语中的表达，它们有时被称为发音参数（国华，

2005）。Stokoe 对手语进行的语言学研究对世界各国的手语研究产生了深远影响，促发了更多、更深入的关于手语的语言学研究。

（二）中国手语的概况

手语是形义结合的手势—视觉沟通符号体系，是聋人的语言。手语独立于主流的有声语言，但又受其影响。中国手语可被定义为中国聋人群体使用的形义结合的手势—视觉沟通符号体系。中国手语有自身的语音（语形）、词汇、形态和句法，与汉语相异，其内部有地域差异和社会差异，在地域上"南北差异"较为突出，但较之汉语方言，各地手语可懂度仍然较高（龚群虎，2009）。Fischer（菲舍尔）和 Gong（2010）认为中国手语主要分为南北两派，南方手语以上海手语为代表，北方手语以北京手语为代表。

中国手语广义上指中国聋人使用的手语，可分为手势语和手指语。中国手语是在漫长的历史中逐渐孕育和发展起来的；中国手势语起源较早，经历了古代萌芽、近现代各地不统一、当代日臻完善与统一这三个主要阶段，实现了手势动作由复杂到简便，手势词汇由贫乏到丰富、从各地分化到全国标准化的重要发展，建立起以《中国手语》为基础的标准手势语体系；中国手指语源自西方，通过引进与学习在实践中逐步中国化，创造出以《汉语手指字母方案》为基础、符合中国聋人使用习惯的标准化汉语手指字母系统，成为聋人沟通与交往的常用工具（高宇翔、顾定倩，2013）。

（三）中国手语的语言学特征

从语言学角度来看中国手语，最重要的就是要认识到它的基础并不是汉语。诸多专家和学者对手语基本要素（手的形状、手的动作、手的位置、手掌的方向）、手语的构词法（象形、指事、会意、形声、同音词假借或同义词替代、仿字）、手语的造句法（主词提前、颠倒、省略、动宾一体、动词的方向性、类标记）进行了系统的研究，勾勒出了汉语手语的基本特征和轮廓（吴铃，2005）。

中国手语和汉语均符合人类语言的基本特点：具有一套无意义的语音（形）单位，一套音（形）义结合的由小到大的离散性语言单位（词素、词和句子）。它们都具有数千个词素，由词素构成上万或数万个词，这些小单位按汉语或中国手语各自组合规则嵌套组合，无限使用，构成数不清的句子。手语和汉语均为约定性符号体系，都需学习才可掌握（龚群虎，2009）。

中国手语除借用个别汉语，一般无与汉语对应的（数）量词、介词、语气词、叹词、拟声词等，它有一套常用于动词或起代形式作用的、对事物视觉分类的类标记手形（Classifier，如表示"人"的Y手形），有些手语动词有"一致性关系"或方向性，如打"我帮助你"，"我"和"你"并不出现，只是用"帮助"的方向来表达。期待手语的语法与现代汉语的语法相同，就像期待英语语法跟汉语相同，完全不符合语言实际（龚群虎，2009）。

一般认为中国手语的基础语序是主宾谓（SOV）（游顺钊，1986；龚群虎，2003），但也存在主谓宾（SVO）语序。近些年来，随着聋人受教育程度的提高，在汉语的影响下，SVO语序逐渐增多。在中国手语中，定语与名词中心语的位置关系为中心名词在前，修饰或限制性的成分在后，和汉语的语序正好相反（沈玉林 等，2009）。比如，汉语是笨笨的黑熊，中国手语是熊/黑/笨笨。中国手语句法研究基础比较薄弱，目前仅限于对基础语序的研究（游顺钊，1986；龚群虎，2003）、否定表达的研究（Yang et al.，2002）、动词方向性研究（倪兰，2007）等（吕会华 等，2011）。

手形加上它们的运动构成了手语的句子。手语有着与口语相对称的语法结构。手语的句子结构一般为主述结构（Topic-comment Structure），即主谓结构，这也与许多口语形式类似。头部运动、眼部运动和一些具体的面部表情和身体姿态在手语表达中有着很重要的语法功能。手语运用这些非面部表情完成各种时态、语气、语调及细节的表达。比如使用最多的面部表情并不是健听人在交际中使用的情感因素，而是语言使用中必需的、系统的功能成分。它们更像口语的语调、声高，是被语法化了的固有体系（国华，2005）。

（四）手语语言学的研究现状

国内的手语语言学研究起步相对较晚，但在语言学的传统议题如音位学、形态学和句法学上成绩斐然。余晓婷和贺荟中（2009）在对我国1978—2008年这30年间的文献进行统计后发现：研究者在手语界定、中国手语的语言学研究、手语习得的研究、中国手语语法规律研究、手语的脑功能研究、手语作用的研究、国外手语的研究等七大议题上均有丰硕成果。

但需要指出的是，当前的中国手语研究依然存在某些不足：一方面，大多数手语研究者并非语言学出身，其成果大多限于感悟式的经验之谈，而语言学界懂手语者又寥寥无几，造成二者的分离；另一方面，手语研究尚未完全吸收当代语言学的最新成果，依照的主要是传统语法和功能学派的研究，忽略了手语的生成形式和社会语用等。根据刘润楠（2005）的调查，"中国大陆手语语音学、音位学和形态学的研究已初见规模，而手语语义学和句法学只有零散的研究，手语语用学的研究则几乎为零"（李恒，2017）。

二、对话句法理论简介

对话句法理论是Du Bois（2014）提出的会话分析理论，旨在考察会话中的语言、认知和互动过程。对话句法观察到，一句话会重现上一句的部分或全部结构模式，形成平行现象，结构和意义上会产生某种共鸣（resonance）。句法在平行结构中被有效利用，一句话和另一句话形成映射（mapping）。平行语句之间的共鸣会界定一个关系亲密度的矩阵，触发类比关系，从而生成此刻推断意义的增量。一个语句与另一个语句的并置产生的结构耦合（structural coupling）会创造一种新的、更高一阶的语言结构，称为"跨句图谱"（diagraph）。在跨句图谱中，耦合的成分相互之间进行重新语境化，产生新的意义。

对话句法中的基本概念和核心分析工具主要包括平行、共鸣、重现、跨句图谱、选择、对比、类比等。经过后期的演化，其中平行、共鸣和跨句图谱慢慢受到更多的关注和研究，而其他的概念如重现、选择、对比和类比等，因为界限有点模糊，没有太多新意，逐渐淡出了人们的视野。下面，我们将重点介绍平行、共鸣和跨句图谱，本研究将着重利用对话句法中这三个最重要的理论分析工具来探讨中国手语的对话结构。

对话句法中的平行概念，表征的是一个对话并置语句之间的映射，可以唤起它们对应成分之间像似的感知。简而言之，相邻两句之间的结构像似就会产生平行，例如[①]：

（1）

1. B：那个陈知明呐。

2. A：啊。

3. B：陈知明一直打听你。

4. B：他要，他要你跟他介绍在美国的项目。

---

① 本文中的汉语对话语料选自Talkbank语料库，网址为www.talkbank.org。

5. A：谁呀？

6. B：陈知明呐。

7. B：陈知明你不知道？

8. A：陈知明？

9. A：哦，陈知明我知道，知道。

在（1）中，A和B两人在讨论一个他们都认识的熟人，这组对话中第7句和第9句是平行结构，可以标示如下：

7. B：　　陈　知明　你　不　知道　？
9. A：哦，陈　知明　我　　　知道　。

第7句和第9句都是采用的"话题+主谓句"结构，两个结构是平行的。第9句中A之所以采用这个结构，是因为第7句的促发。也可以说是第7句的句法结构映射到了第9句中。

Du Bois（2014）把共鸣定义为"语句之间亲近关系的催化激活"，既可以出现在先前语境，也可以出现在未来语境（Giora，2007）。共鸣不是任何成分独有的内在本质，而是语篇中两个或多个成分之间关系的属性。被激活的亲近关系可能基于像似性，但也可以基于差异性。如果有合适的结构平行来支持亲近关系的感知，语言的任何方面都可以引起共鸣的产生。共鸣可以产生于成对的语符、词素、单词、短语、从句、构式或言语行为之中，是在单一语句中同时横跨所有这些层次的特征。请看下例：

（2）

1. B：你那边呢，随便注册一个什么公司。

2. A：对啊，对啊，就搞一个自己的嘛。

3. B：就 -&=coughs。

4. B：反正就一百美元嘛。

5. B：是不是一百美元呐？

6. A：五十块钱，就可以注册一个公司了。

按照上面的阐释，任何两句对话都会有共鸣的存在，比如（2）中第1句和第2句，转写如下：

（3）

1. B：你那边呢，　　　　随便　注册　一个　什么公司　。
2. A：　　　　　对啊，对啊，就　搞　一个　自己的　嘛。

第2句中的"对啊"是对第1句整体上的回应，认可B提出的观点。"就"与"随便"共鸣，"搞"与"注册"共鸣，"一个"是重复，"自己的"是指自己的公司，"公司"省略了，上一句中"公司"是比较凸显的，第2句省略了，仍然不会影响听者的理解。另外，第6句中的"五十块钱"与第4句和第5句中的"一百美元"共鸣，是对B所提信息的纠正，"就可以注册一个公司了"是与第1句中的"随便注册一个什么公司"共鸣。

对话句法把跨句图谱当作一种语言结构的基本单位和关键的分析工具。跨句图谱是一种高阶的、超句句法结构，它是在两个或多个句子的结构耦合中，通过有共鸣关系结构排列的映射而产生的。请看下例：

（4）

1. A：然后你上次说你那开公司的那个哥儿们怎么着了你？

2. B：哪个呀？

3. A：你上次跟我写信，我记得你写信告诉我的。

4. B：哦，你，你，你听还没听出来，我应该是什么情况啊？

5. A：我没听出来啊。

6. B：&=laugh 听不出来呀？

7. A：不行我现在比较迟钝。

8. B：啊？

9. A：我现在比较迟钝，我反应不灵。

10. B：你现在就应该明白了，我一笑就应该明白了。

跟共鸣密切相关，跨句图谱也是普遍存在的，也可以说，任何两句对话之间都存在跨句图谱，在（4）中有两处比较明显，第5句和第6句，还有第9句和第10句。跨句图谱有两种标示方法，我们分别以这两组为例加以说明：

（5）

5. A：我 没 听   出来 啊 。
            ↓   ↓   ↓   ↓
6. B：   听 不 出来 呀 ？

如上所示，第一种是箭头对应法。第6句中的"听""出来"分别重复了第5句中的相应成分。"呀"对应"啊"，问号对应句号。第二种标示方式是框式标示法，如下图所示：

（6）

	A	B	C	D	E	F	G
A:	我	现在		比较	迟钝		……
B:	你	现在	就应该		明白	了	……

第10句中的"你"对应第9句中的"我"，"现在"是重复，"明白"与"迟钝"对应。通过以上的介绍，读者应该对平行、共鸣和跨句图谱有了一个初步的认识。事实上，在实际的对话中它们三者是同时起作用的，这里我们只是为了方便叙述，逐个进行了讨论。

对话句法理论独辟蹊径，从认知功能主义的视角，通过论证更高阶的超句结构（跨句图谱）的存在，试图解决会话之间的语言、认知以及互动问题。对话句法整合了相关的分析概念，从语言的各个层面，包括音系、形态句法、语义、语用，把纷繁复杂的会话现象纳入统一的、清晰的分析框架。与传统的句法理论相比，它更加立体，分析范围更广，视野更开阔，涉及了语言形式、意义、认知、功能等，这也是我们采用它作为分析手语的理论框架的原因。

三、中国手语的对话句法分析

（一）语料收集

我们邀请了三位聋人朋友，让他们进行不设限制的会话，并告知他们我们将进行全程录像，所获语料将用于语言学研究，征得了他们的同意。我们选取了其中的6分钟自由会话作为我们的语料，在这6分钟中，他们的谈话涉及4个话题，共76句。我们对这76句先做了手语对译，然后进行了汉语转写。举例如下：

（7）

（如图所示，灰衣女为甲，黑衣男为乙，白衣女为丙）

甲：那（指右边）/人/有/过/圣诞节，你/感觉/那（指右边）不/爱/国/是？

有些人正在过圣诞节，你觉得他们不爱国吗？

乙：不是。

不是。

丙：我/感觉/不是。圣诞节/中国/节日/不，国外/传/是。

我感觉不是，但圣诞节不是中国传统节日，是国外传进来的。

（二）手语对话的考察维度

吴铃（2005）的实证研究表明手势词语占聋人表达内容的50%，其他词语占50%。所以聋人不是用双手说话，而是用全身在说话。如果手语研究仅仅停留在对双手的研究上是远远不够的，要向身体的其他部位扩展。也就是说，不能忽略聋人表达时所使用的一切手段，这些都应该被纳入研究范围。

手语作为一种视觉模块的语言，它不完全是线性的，由于打手语有两个可用的、相同的发音器官——双手，再加上非手控特征（non-manual features），三者或两两同现或三者同现，从而使手语具有同时性（simultaneity）的特点（吕会华，2017）。

基于以上的考量，我们在考察手语对话时计划从以下三个维度进行：手势、表情和身势。手势是手语表达的主要通道，主要考察手形、方向、方位和移动等四个方面。聋人在打手势时通常伴随着表情，表情是手语的重要组成部分，聋人在交谈时除了看对方的手势，也把一部分精力放在观察对方的表情上。具体来说，表情的表达主要有四个方面：眼神、眉毛、口型和头部。眼睛是心理的窗户，失去了有声语言，聋人的眼睛似乎比常人更加传神，眉毛会皱起或挑起，口型会伴随着手势变动，头部会摇动或点动，这些表情都是表达意义的，都是手语的重要组成部分。第三个维度是身势，据我们观察，聋人朋友在交谈时，伴随着手势和表情，身体也会发生一些变化，如耸肩、侧倾、前倾、弯腰等，这些身势的变化也传递一定的意义，我们把它们都纳入考量的范围。总结一下以上的讨论，我们可以得出以下图式（图14-1）：

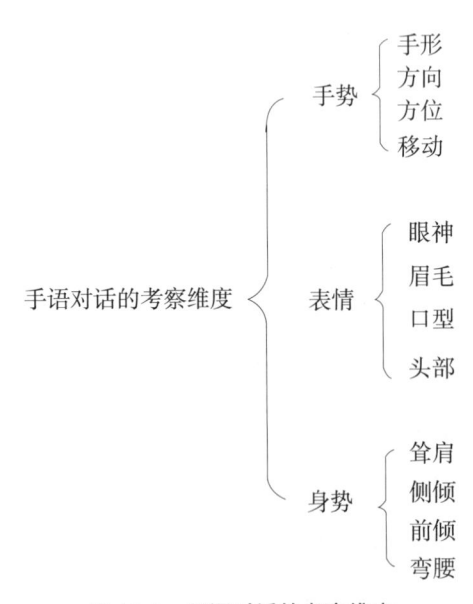

$$
\text{手语对话的考察维度}\begin{cases}\text{手势}\begin{cases}\text{手形}\\\text{方向}\\\text{方位}\\\text{移动}\end{cases}\\\text{表情}\begin{cases}\text{眼神}\\\text{眉毛}\\\text{口型}\\\text{头部}\end{cases}\\\text{身势}\begin{cases}\text{耸肩}\\\text{侧倾}\\\text{前倾}\\\text{弯腰}\end{cases}\end{cases}
$$

图14-1　手语对话的考察维度

（三）手语对话中的共鸣

共鸣是对话句法中的核心概念，Du Bois（2014）把共鸣定义为"语句之间亲近关系的催化激活"，从这一定义，我们可以看出两点：第一，Du Bois仅考虑语言层面的互动，仅限于语句之间的关系。第二，Du Bois对共鸣的定义界限并不清晰，比如，Du Bois提到"亲近关系"（affinity），那么什么是亲近关系？如何才算亲近？如何判断两个词或结构之间存在亲近关系？他没有进一步界定和说明。正因如此，笔者（2018）对对话句法中的共鸣概念进行了深入论述和界定。笔者在论述对话句法共鸣时就已经考虑到了身势语（body language）和手语（sign language），他提出对话共鸣体现在不同的层次和维度上，至少要包括动作和言语两个方面，动作方面包括手势、眼神和其他肢体语言；言语方面可以按照语音、结构层次和交际功能等三个维度继续划分，在语音层面上，可以继续分为音素方面的共鸣和音调的共鸣；在结构层次上，可以分为字、词、句式、标点等四个方面；从交际功能维度，可以分为语义和语用等两个方面。

基于以上的讨论，我们在分析手语对话时，拟从三个方面考察手语对话的共鸣：手势、表情和身势。下面举例说明：

（8）

1. 甲：你/吃/辣/可以？

   你能吃辣吗？

2. 乙：不行/我/辣/吃/不行，我/吃/一/辣/上－火（手放在腹部）/肚子/痛。

   不行，我不能吃辣，我吃一口就会被辣到上火，肚子会很痛。

3. 甲：(向下挥手)，没/办法/重庆/人/喜欢/吃/辣。

　　哎呀，没办法，重庆人喜欢吃辣嘛。

手势是手语传递信息的主要手段，按照 Du Bois（2014）的标注方式，我们先把可能共鸣的手势语部分放到一个纵栏里：

（9）

	手势对译信息									
	A	B	C	D	E	F	G	H	I	J
甲		你		吃		辣		可以		？
乙	不行	我				辣	吃	不行		，
		我		吃	一	辣		上火	肚子痛	。
甲	没办法	重庆人	喜欢	吃		辣				。

但与 Du Bois 不同的是，每一个方格中，除了标注手势对译，还应该标注表情和身势，因为按照我们上文的讨论，手语交谈中表情和身势也在传递一定的语义和语用信息。所以，我们认为手语对话的共鸣可能在手势、表情和身势等三个维度上同时进行。

（10）

	手势/表情/身势									
	A	B	C	D	E	F	G	H	I	J
甲		你/眉毛上挑，嘴唇微张/脖子前倾。		吃/眉毛上挑，嘴唇为"可以"口型/脖子前倾。		辣/眼睛睁大，嘴巴张开/脖子前倾。		可以/疑问的表情/脖子前倾。		？

续表

	手势/表情/身势									
	A	B	C	D	E	F	G	H	I	J
乙	不行	我/嘴唇为"我"口型。				辣	吃/嘴巴微张，类似于"吃"的口型。	不行/眼睛看前方。		，
		我		吃/嘴巴微张，类似于"吃"的口型。	一	辣/嘴巴张开。		上火/眼睛睁大，双手从胸前向脸颊两边上升，身体略微后仰，头往上抬。	肚子痛/眼睛闭上，面露痛苦/一只手捂着肚子/身体弓起，呈疼痛状。	。
甲	没办法/眉头紧锁，眼睛微微闭起，嘴巴噘起，头略微后仰，呈无奈状。	重庆人/嘴噘起，嘴唇为"重庆"口型。	喜欢/嘴巴噘起。	吃/嘴巴噘起。		辣/嘴巴略微张开。				。

首先，由（10）可见，手势对译有大量的共鸣，如A栏第4句中甲打的"没办法"与乙打的"不行"是共鸣的，B栏中所有的主语都是共鸣的"你"—"我"—"我"—"重庆人"。D栏中的"吃"和F栏中的"辣"是完全重复。还有H栏中第2句中的"不行"与第1句中的"可以"也是共鸣，虽然意义是相反的。

其次，（10）中也存在一些表情的共鸣，如F栏中他们在打"辣"时，嘴巴都有微张的动作，表示吃了辣东西之后的感觉和表情。

最后，（10）中也有身势层面的共鸣，如H栏中，甲用手势表达"可以"（你是否可以吃辣）时，也伴随着脖子的前倾，乙在回应此句时，用手势表达"上火"（我吃辣上火），身体略微后仰。甲的前倾和乙的后仰是完美的共鸣和互动，使本次交流顺利完成。

（四）手语对话中的平行结构和跨句图谱

通过对语料的详细考察，我们发现手语对话中也广泛存在平行结构。请看下例：

（11）

乙：（打断一下）/在家里/可以/手机/视频/手语/视频/可以。

哎呀，那用手机视频祝福不就行了吗！

甲：在家里/手机/视频？

手机视频？

乙：对！微信/发/好/视频/好。

对呀！用微信聊天嘛。

丙：不，我/感觉/视频/不行。

不，我感觉视频不能。

（11）呈现的是手势对译语，我们先按照Du Bois（2014）的方式把它的跨句图谱标注出来。

（12）

	手势对译信息									
	A	B	C	D	E	F	G	H	I	J
乙	（打断一下）		在家里	可以			手机	视频		。
甲			在家里				手机	视频		？
乙	对				微信	发		视频	好	。
丙	不	我感觉						视频	不行	。

与共鸣类似,如果只标注手势对译语,表情和身势要表达的信息就会丢失。所以,对平行结构的考察,我们也需要把表情和身势信息考虑在内。

(13)

	手势/表情/身势									
	A	B	C	D	E	F	G	H	I	J
乙	(打断一下)		在家里/嘴巴为"在"口型。	可以			手机/右手放在右耳处,脖子前倾,表打电话状。	视频/眼睛看向双手处,面露微笑。		。
甲			在家里/嘴巴为"在"口型,表情带有疑惑。				手机	视频/嘴巴微张,眼睛看向对方,表示疑惑。		?
乙	对/头点一下,表示赞同。				微信/嘴巴为"WEI"口型。	发/脖子前倾	视频		好/转头朝向另一个人,眼睛睁大,寻求认同。	。
丙	不/嘴巴为"不"口型。	我感觉					视频/头部略微上扬。	不行/嘴巴噘起,摇头。		。

在(11)中,乙首先用手语打出了"(打断一下)/在家里/可以/手机/视频/手语/视频/可以。",主要想表达的是"在家里可以用手机视频",他打了两遍手势"手机/视频""手语/视频",打了两次"可以"。我们可以看出,手语交谈跟有声语言交谈类似,因交谈的随意性,有时会出现重复和省略,但主体的句法结构并不受影响。这一结构被甲获取并进行了平行复制"在家里/手机/视频?"。这里甲的表达与乙的表达形成了平行结构,

249

其跨句图谱可以标示为：

（14）
乙：在家里/可以/手机/视频。
　　↓　↓　　　↓　↓
甲：在家里/　　手机/视频？

手语对话中平行结构大量存在，比如再看（11）的后半部分，乙用手语表达"对！微信/发/好/视频/好"，这里面的基础句法结构是一个述谓结构"做什么+好"，乙可能是因为表达习惯，也可能是想强调，他还是打了两遍，但表达的意思都是"发微信（拜年）好""发视频（拜年）好"，这本身也算是一种平行结构。然后丙说"不，我/感觉/视频/不行"。这里"视频/不行"与上一句中的"视频/好"在结构上也是平行的，虽然意义上是相反的。另外，表情方面，甲在打"在家里"时，嘴巴为"在"的口型，与乙"在"的口型也是平行的。

跨句图谱与共鸣和平行结构密切相关，只要对话中存在共鸣和平行，跨句图谱就是存在的。从更广泛的意义上讲，只要对话成立，跨句图谱就会起作用。总而言之，跨句图谱与共鸣和平行是融为一体的，这一点在手语对话中也不例外。

（五）手语对话与有声语言对话的异同

通过对所收集的手语对话语料的分析，我们发现手语对话和有声语言对话既有相同点，也有不同点。相同点包括：

首先，手语对话与有声语言对话一样，也存在对话句法的相关特征，如共鸣、平行和跨句图谱。这也说明，对话句法理论可以被用于手语对话研究，只是由于手语的特殊性，对话句法的理论分析工具可能需要微调。

其次，手语对话时，语法结构也可以非常灵活，句子顺序打乱也不影响交际，重复、混乱、省略等在有声语言对话中常出现的现象在手语对话中也非常普遍。例如：

（15）
甲：但是/那（指右边）/中国/人/有/在/这儿/过/开心/过/圣诞，是/不/那儿/外国/圣诞节/不管。但是/大家/开心/日子/要。

但是，那些中国人在过圣诞节不是因为它是西方的节日，而是单纯为了庆祝节日而开心，让自己开心而已。

乙：（"但是"）国外/也/有/庆祝/中国/节日/有，比如/一月一（新年拜年）/有。

国外也有人过中国的传统节日，比如过年（除夕）。

在（15）中，甲表达过圣诞时，打了两遍"过"，第二个小句中，"不"字表否定，也被打了两遍，而且"不"的位置应该在"是"前面，但是手语表达时经常被放到句末。乙在回应时，在第一个小句中也打了两遍"有"，在第二个小句中又打了一遍"有"，表示存在，手语句法中的谓词有后置的倾向。

手语对话和有声语言对话也存在许多不同之处，具体来讲：

第一，手语对话时，交谈者可以有多个通道同时进行互动，如手势、表情、身势等。而有声语言对话，主要依赖一个通道，那就是声音。而且，手语对话时，两个交谈者可以同时打手势，因为手语是视觉语言，可以在三维空间中同时进行。但有声语言基本是按照话轮依次进行，因为声音会干扰对方。第二，手语对话中的共鸣不仅发生在手势语层面上，也发生在表情和身势层面上。这就使我们在运用对话句法分析手语对话时,需要重新定义共鸣。第三,手语对话中的平行和跨句图谱也与有声语言不同,它们不仅存在于手势中,也存在于表情和身势等手语的其他组成部分中。

四、手语对话研究的深层理论意义

目前大部分的文献研究的都是手语本身或手语单句的语法和表达,关于手语对话的研究还非常少,这方面还需要大力加强。手语是聋人与外界沟通的桥梁,也是揭示人类语言奥秘的一扇窗,手语研究开启了理解人类语言的一个新视角(刘鸿宇 等,2018)。对手语进行研究,可以为我们更深入地理解语言本质提供资源和支撑。首先,从语言起源的角度来看,手语的历史比有声语言更悠久。手语对话起源于交际需求,手语交流的原始形态是身势语,在语言形成之前就存在了,比如我们的祖先还是猿人时,他们已经可以比较熟练地通过手势进行交流。其次,越是原初的概念,越可以用不同种族的最朴素的手语来表达,而且越相似。比如表达"睡觉""爱""厉害""好"的手势在不同的手语中都大致相似。随着有声语言的出现,手势语开始退化和分化,语言交流越来越依赖声音,民族特性越来越明显,语言类型学的特征也越来越明显。所以从一定意义上来讲,手语对话与有声语言对话是此消彼长的关系。

另外,尽管各种手语之间的词汇和句子结构不尽相同,但是它们的语法结构之间似乎也存在着惊人的相似之处。这说明它们之间存在着语言的普遍性。手语背后的认知规律也具有普遍性,所以手语的认知语言学研究具有很大的发展空间,有特殊的意义。

对手语的研究还可以为像似性与任意性之争提供新的思考和证据。当手语最初被看作一门语言时,语言学家们试图淡化其像似性,因为像似性使手语显得像是一种模仿和哑剧。Frishberg（弗里希伯格）（1975）就美国手语的像似性和任意性变化进行了研究，并预测了变化趋势，即美国手语会慢慢从像似性转向任意性。针对汉语手语也有类似研究，如刘润楠和杨松（2007）。手语中的像似性和任意性并不是完全对立的，它们位于一条线的两端，构成一个连续体。随着手语的开放性和规范化日益增强，以及口语世界对手语世界的介入，有可能手语会从更靠像似性的这一端慢慢向着任意性方向移动（何宇茵 等，2010）。

手语语言学的研究也必将加深我们对人类语言的进一步认识和了解。而随着对手语研究的不断深入而出现的对以往人类语言理论的质疑和挑战，更是语言学家及其他相关学科领域的研究者们不可回避的任务（国华，2005）。

结　语

事实上，迄今为止我们对手语的了解仍然非常有限。学术界以及社会大众对手语还存在一些误解，有很多人还不认可手语是一种语言。所以，针对手语进行的语言学研究有着特殊的意义。相关学者已经意识到这一问题，并针对手语的词汇、语法、手势表达、认知意义等开展了一些探讨，但关于手语的对话研究仍然比较少，这也是本研究的初衷之一。

在本章的开头，我们提出了本研究的研究问题，我们主要想探讨一下中国手语交谈者是如何实现对话共鸣的？中国手语交谈中是否也存在平行结构和跨句图谱？这两个方面分别与有声语言有何异同？然后，我们从整体上对手语进行了介绍，介绍了中国手语的概况、中国手语的语言学特征以及当前手语语言学的研究现状。接下来，我们对本研究的理论框架——对话句法理论进行了介绍，并举例说明了其中三个最重要的概念：平行、共鸣和跨句图谱。之后是本章的重点，我们先介绍了语料的收集情况，然后深入探讨了手语对话的考察维度，因手语是一种视觉语言，与有声语言对话研究不同，手语对话要从手势、表情和身势等三个维度进行考察。基于这个考量，对话句法被用于分析手语对话时，相关的理论分析工具，如共鸣、平行和跨句图谱都要进行相应的修改，要充分考虑到手语对话的多维性，要考虑到手势、表情和身势三个层面的互动。按照这个思路，我们选取相关语料和例子，解释说明了修改后的对话句法分析框架如何在手语对话分析中运行，并对手语对话与有声语言对话的异同进行了比较。手语对话与有声语言对话的相似之处是，它们都存在对话句法的相关特征，如共鸣、平行和跨句图谱，另外，手语对话与有声语言对话一样，也充斥着重复、混乱、省略等现象，但不影响交际的进行。另外，手语对话与有声语言对话也有一些本质性差异，手语对话时，手势、表情、身势有多个通道可以同时进行。最后，我们探讨了手语对话研究的深层理论意义，手语研究可以帮助我们理解语言的本质，揭示语言的奥秘，还可以为一些语言学难题，如像似性与任意性之争提供新的思考和证据。

本研究也是把对话句法理论用于手语研究的初步尝试，在这方面可以做的工作还有很多，如手语对话中的互动因素和互动机制研究，中国手语与美国手语的对话机制比较研究等。期待未来有更多的关于手语研究的成果，以便我们更深入地理解聋人，帮助聋人更好地融入社会。

第四部分

对话句法理论的回顾与展望

第十五章　对话句法理论研究回顾

引　言

如果从Du Bois在2001年初步提出对话句法的思想开始算起，对话句法理论已经经历了20多年的发展。对话句法理论发展的黄金时期始于2014年。这一年国际认知语言学核心期刊 Cognitive Linguistics 第3期刊发了对话句法理论的专刊。借着该刊物的影响力，对话句法理论迅速被学界熟知，引发了大量的相关研究，取得了令人瞩目的成绩，国内外刊物上经常看到相关研究成果的发表。但经过了几年的迅速发展之后，对话句法的热度开始出现降低的苗头，国内外相关的研究逐渐减少，学界对对话句法的关注也逐渐降低。现在是时候该进行冷静的思考了，对话句法理论未来的发展方向是什么？如何继续保持生命力？对话句法理论如何继续为对话研究做出贡献？这些都是非常值得我们思考的问题。只有把这些问题想清楚了，我们才能更好地对对话句法理论做出改进，使之得到进一步发展。

一、对话句法理论的文献计量学分析

文献计量学是指用数学和统计学的方法，定量地分析一切知识载体的交叉科学。它是集数学、统计学、文献学于一体，注重量化的综合性知识体系。近年来，随着文献计量学分析工具的逐渐普及，各类软件被广泛应用于文献信息分析中（杨倩，2021）。各个领域也出现了针对某个研究主题的文献计量学分析综述的论文。目前，中国知网（www.cnki.net）也内嵌了可视化分析功能，我们以"对话句法"为检索词检索相关主题的文献，截至2022年，可搜到60篇文章，我们点击中国知网的可视化分析按钮，这60篇文献的可视化分析结果就被呈现出来。下面我们简要分析一下相关结果，以期对我们了解对话句法的研究现状有所帮助。

从图15-1来看，2000年初到2014年的发文量都非常低。2014年之后开始迅速增长，最高点出现在2019年，仅仅这一年就有13篇相关文章发表。但到了2020年之后，下降的趋势开始出现。这一数据跟我们的直觉相符，跟我们在引言里的预判一致。

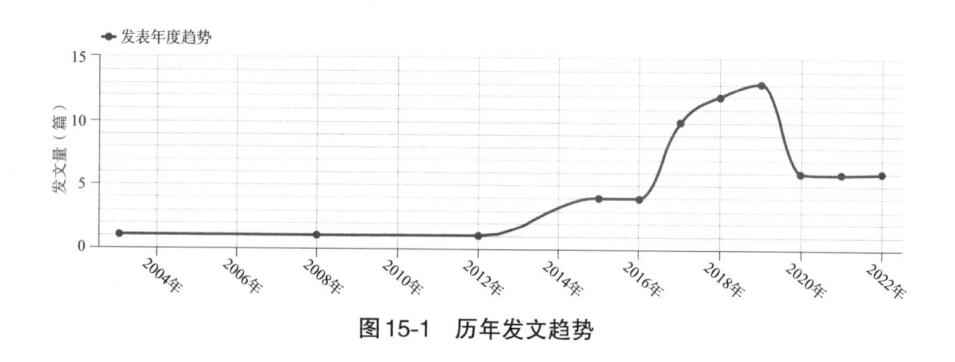

图15-1　历年发文趋势

图15-2呈现的是相关主题的分布情况，从数据来看，"对话句法"是最主要的主题，有23篇，"对话句法理论"有7篇。这两项的数据是最多的，其实这两项说的是一回事，因为有的学者在文中会省略"理论"两字。这样算来，对话句法主题比较集中，占了一半，其他的比较重要的主题是"对话共鸣"和"冲突性话语"，各有3篇文章。然后就是句法学、WH-对话构式、警察讯问等，这些属于对话句法应用的领域。

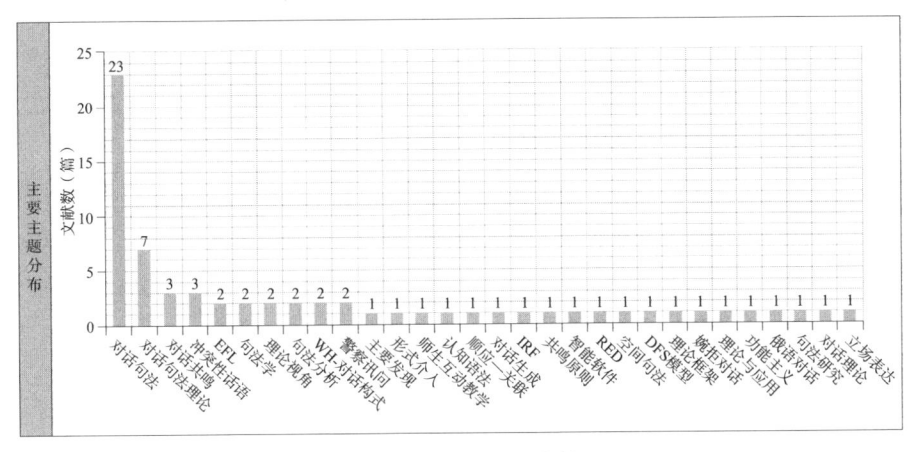

图 15-2 发文主题分布情况

从文献来源来看（图15-3），占比最大的是四川外国语大学，主要是因为该校有多名教师专门研究对话句法，且该校有多名研究生完成的硕士论文都是基于对话句法理论的。另外发文量比较大的是《现代外语》《当代语言学》《外语与外语教学》《外国语（上海外国语大学学报）》等。

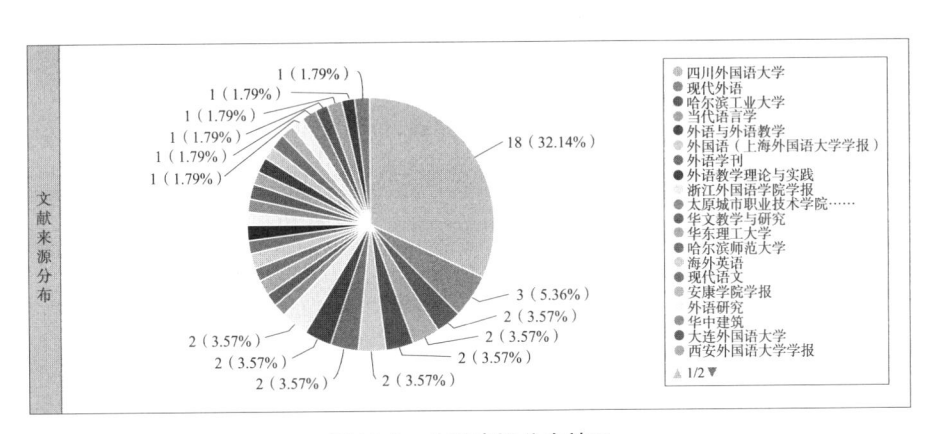

图 15-3 文献来源分布情况

在作者分布方面（图15-4），发文量最大的是四川外国语大学的刘兴兵（6篇）和北京师范大学的王德亮（4篇），其次是四川大学的曾国才和河南大学的孙李英。

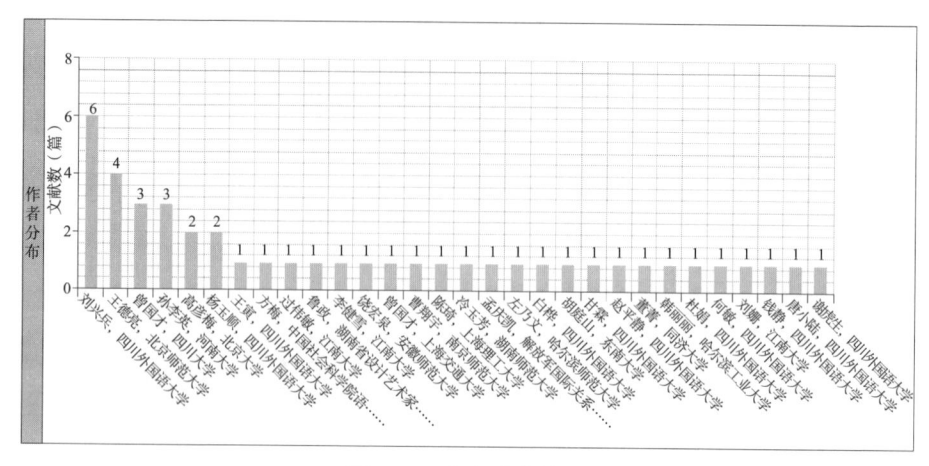

图15-4 作者分布情况

二、对话句法理论的发展脉络梳理

对话句法理论观察到，在对话语篇中，一句话会重现上一句话的部分或全部句法结构模式，形成平行现象，两句话会形成映射关系，在结构和意义上产生某种共鸣（resonance）。把对话与句法结合起来，可以考察对话中的语言、认知和交互过程。这一研究路径对比先前的研究方法有明显的优势，可以更加深入地理解对话结构的特点，厘清其中的语言、认知、功能以及语用互动过程。

会话分析的概念是由美国的社会学家Sacks和Schegloff在美国洛杉矶的自杀预防中心研究求助者的电话录音时共同提出的。一般认为，这一研究领域的理论源头是社会学家Garfinkel（1967）提出的民俗学方法论（ethonomethodology）和社会学家Goffman（1967）提出的互动交际理论。会话分析的研究视角包括微观会话研究和宏观会话研究、静态会话研究和动态会话研究，有三个主要目标：一是揭示会话序列组织的系统特征；二是揭示应对这些序列话语的设计方式；三是揭示互动中言谈表现的社会习惯。会话分析是研究互动交际如何局部构建的方法，旨在揭示会话的基本结构特点，描述并解释会话者进行社会交往所运用并依赖的能力，主要关注会话中话题的组织、话轮的组织、说话人的选择、优先结构、前置系列、会话修正、话题的开始和结束、会话中的人称指示、双关语、笑话、谎话、叙事等（王立非 等，2015）。

我国语言学界对会话分析的认识与探索大多在话语分析（discourse analysis）的框架下进行（何兆熊，2000；钱敏汝，2001）。近年来，一些中国学者开始介绍美国的民族方法学会话分析方法，并尝试采用此方法对会话进行一些研究探索（李悦娥 等，2001；刘虹，2004；刘运同，2007）。

纵观先前的研究成果，我们发现，因其社会学传统，会话分析大多采用民俗学方法对机构语言（institutional language）进行研究。如果采用语言学方法，则大多从语用学视角进行研究，从认知语言学的视角或者从认知功能主义视角进行的研究比较少。一提到"句法"（syntax），我们首先会想到Chomsky，而句法的最大特点就是以句子为限，只研究单句的结构和语法规则。事实上，句法中任何概念都没有排除向对话互动中扩展的可能性。当今大部分语言学家已经忘记了，句法转换的发明者是Zellig Harris。很少有人知道，Harris提出句法转换的目的是解决话语分析中的问题（Harris 1952a/1952b），这一点对对话句法有着非常有意义的启示。早在1946年，Zellig Harris就已经想象着把他的形态句法分析的形式方法扩展到"句子以及话语序列（不管是独白，还是会话）"之中（Harris，1946）[178]。

Du Bois（2014）强调，提到"句法"，大家首先想到的是语言学家的模型，而不是语言现象本身。关于句法，有一个广泛的假设，即它不考虑意义，但是Du Bois主张，我们应该回到那个更天真的时代，在那个时代，"句法"这个词更多被应用于语言现实，而不是解释语言现实的任何断言。比如，Morris（1938）[6]把句法界定为"符号与符号之间的形式关系"。Du

Bois（2014）认为，我们重温Morris的句法定义，不是要摒弃当代流行的句法分析的力量和精巧，而是重新获得自由，以便构建对句法的新设想。如果句法是"符号与符号之间的形式关系"，那么很自然，我们可以把它扩展到句与句之间的结构映射关系之上。

在梳理对话语篇与句法结合起来进行研究的国内外的文献之后就会发现，Du Bois（2001/2010/2014）的对话句法理论（Dialogic Syntax）是目前这个领域取得的最重要的也是最新的研究成果。对话句法理论的主要文献包括Du Bois自己独立发表或会议宣读的论文以及他与他人合著的论文。对话句法理论主要有三个思想来源：第一，Bakhtin的对话理论；第二，Jakobson（1966）对平行结构（Parallelism）的研究；第三是Harris（1952a/1952b/1963）的语篇分析（高彦梅，2015）。2014年，认知语言学界的旗帜刊物 Cognitive Linguistics 第3期出版了一个关于对话句法理论的专刊，里面发表了Du Bois以及他的学生和他的合作者撰写的7篇文章。对话句法理论专刊的发表，在国外认知语言学界引起了轰动，但目前国内关于对话句法理论的研究还很薄弱，基本上还处于引进介绍阶段，需要学界进一步探索。对话句法理论研究具有独到的学术价值和应用价值。

关于单句结构（Chomsky，1957；Tesniere，1959）和语篇结构（Halliday，1985；Grosz et al.，1986；Mann et al.，1987）的研究，学界已经取得了很多成果，但关于对话的研究还比较薄弱。究其原因，对话结构不像单句或语篇那样规整，对话至少有两个参与者，形式灵活，而且有大量的重复、省略、指代现象，口语化程度很高。这就导致关于单句或语篇的很多理论模型在对话中都不适用。但是对话又是我们日常生活中不可或缺的、常见的语言现象，而且未来的人工智能和人机对话都需要我们深刻认识和把握对话现象，最好能够找到对话的规律，把对话的各种变化形式化。所以，对话研究在当前语境下有着特殊意义。

三、对话句法理论的不足和缺陷

对话句法理论把句法看作一种动态的和互动的实践活动,重新给予审视,以获取有关语言、认知和交际的新认识(Du Bois,2014)[366]。对话句法的研究目前存在两个方向:一是理论发展,即把对话句法与认知语法、构式语法、会话分析理论深入结合;二是应用研究,就是将对话句法应用于多种文类、多种语言以及多类语言学论题(如立场)的考察。这些研究已经在句法、语言结构、语用、认知、语言习得、语法化和语言演变等方面得出了一系列独创性的发现(刘兴兵,2015)。但毋庸讳言,对话句法仍是一个年轻的、成长之中的理论,仍然存在诸多不成熟之处。

虽然学者们对对话句法已进行了大约20年的理论发展和应用,但它在诸多方面,如关于对话句法现象和共鸣的定义,对话性和互文性的范围,对话句法关系和单位的定义和描述,句法结构分析和跨句图谱的改进,共鸣原则与合作原则、礼貌原则、关联理论的共存关系,认知方面的探讨,理论的应用、证明和验证等还存在较多不完善之处,迫切需要进一步深入研究(刘兴兵,2021)。

我们也发现对话句法存在以下问题:

第一,对话句法理论只适用于两个连续的对话分析,这里的疑问是:对话句法理论是否也适用于独白,多于两个人的,即三个或三个以上的对话,或者非对话体的语篇,即单一叙述语篇,对话句法能否解释?

第二,共鸣可以体现在多个层面上,如词汇、语音、形态、语义和语用,其他方面还有据可查,但语用方面如何体现才算是语用共鸣?有何判断标准?Du Bois提出对话句法理论时倾向于大而全的想法,但实际操作时还是很有挑战性的,这些方面都值得进一步探索。

第三，按照对话句法的传统，跨句图谱是采用表格式的转写方式。但这也会存在问题，受限于语序，词汇有共鸣时，却碍于纵栏的序列性无法对应，这该如何处理？比如，如果只是按照跨句图谱上下对应，对于疑问句，因顺序不一致的，共鸣怎么算？

结　语

综上所述，对话句法理论作为语言学领域中的新兴理论，经历了20多年的发展，在这段时间里取得了显著的成就。从文献计量学的角度来看，对话句法的研究呈现出逐年增长的趋势，尤其在2014年之后迅速发展，但近年来开始出现了下降的趋势，这也引发了学者们对该理论发展方向的思考。在对对话句法理论的发展脉络进行梳理时，我们可以看到，该理论的核心思想来源于对对话结构的认知和交互过程的研究，其与会话分析、认知语言学等理论的结合为我们理解对话结构提供了新的视角和方法。然而，尽管学界取得了一系列的研究成果，对话句法理论仍然面临着一些挑战，例如其适用范围的限制、共鸣语用方面的定义问题以及跨句图谱处理方式的优化需求等。因此，对话句法理论在未来的发展中需要进一步进行跨学科研究和实践探索，以解决这些挑战，并将其应用于更广泛的语言学研究领域，为我们对对话结构和语言交际过程的理解提供更为深入和全面的视角。

第十六章 对话句法理论研究展望

引 言

对话句法理论是由 Du Bois（2014）提出的一种从认知功能角度理解对话的理论框架。对话句法观察当语言使用者重现前一句话的某些方面时，以及当听话者对平行和共鸣做出回应时，或者从情景意义中获取推断时，所涉及的语言、认知和交互过程。对话句法理论（Du Bois，2014）观察到，一句话会重现上一句话的部分或全部结构模式，形成平行现象，结构和意义上会产生某种共鸣。这种现象在对话中尤其明显。句法在平行结构中被有效利用，一句话和另一句话形成映射（mapping）关系。平行语句之间的共鸣会界定一个关系亲密度的矩阵，触发类比关系，从而产生推断意义的增量。一个语句与另一个语句的并置（juxtaposition），产生的结构耦合（structural coupling）会创造一种新的、更高一阶的语言结构。在这种结构之中，耦合的成分之间重新语境化，产生新的意义启示。在未来，主要的研究问题可以聚焦在以下几个方面：第一，如果以对话句法理论为基础探讨对话现象的认知功能问题，对话句法理论本身还有哪些不完善的地方？在理论框架方面还可以如何进一步提升和发展？第二，对话句法理论有哪些应用领域？如何运用对话句法理论解决一些实际应用问题？例如，特定领域的对话现象，对话中的各种修辞，对话双方的语义语用理解，以及如何协助解决病理语言学中的一些问题，如失语症、自闭症等。第三，对话句法理论是否反映了人类的普遍语言现象？是否是一个普遍理论（universal theory）？是否存在语言差异？那么具体到英语和汉语方面，是否存在应用差异？如果存在差异，差异表现在哪些方面？

在国内外已有相关研究的基础上，从对话句法理论的基本概念入手，运用认知语言学和功能语言学的基本理论，通过理论思辨和批判性分析的方法来分析对话句法理论存在的问题和不足，运用类比分析、案例分析、比较借鉴、系统创新等方法探究对话句法理论可以改进的方向及其应用范围，并基于语料库分析方法，验证对话句法理论的应用效果。重点和难点在于对话句法理论本身的批判性探究。作为一个会话分析领域最新的理论框架，它的提出虽然很取巧，是把对话语篇与句法研究结合起来的典范，融合了认知语言学最新的研究成果，但该理论本身还有一些值得推敲的地方，该理论的某些概念和主张还有些模糊，如何在这些方面进一步开拓，是未来面临的重点和难点。

未来的主要目标是以对话句法理论为基础，探寻对话语篇与句法研究相结合的理论与应用问题。对话句法理论是新兴的认知功能理论，目前在国内还没有形成规模，这一理论又有着巨大的潜力，它的发展将大大推进相关理论的研究。例如，对"句法"概念的重新审视，对会话分析在认知功能主义视角下的研究，对话句法与构式语法的融合，等等。

一、未来研究的基本思路

未来的研究思路是在经典对话句法理论文献的基础上，对对话句法理论的概念界定、理论框架、理论应用做进一步的探索。

未来的研究将综合使用理论与实证相结合的方法。一是理论推导，在原有理论的基础上，做新的演绎推理，如果理论与新的语言现实不一致，我们将修正原有理论框架，提出解释力更强、实用性更强的理论框架。二是在具体的应用研究中，从英语语料库和现代汉语语料库中选用一些真实语料做实证研究，以验证新的理论模型。三是采用语言类型学的研究方法论证语言类型是否是对话句法理论的一个参考，不同语言类型的句法特征在对话句法理论框架中如何表征，采用对比语言学的研究手段验证对话句法理论是否是一个普遍理论（universal theory），对比分析在英汉语中对话句法理论的表现是否有差异。

按此思路设计的未来研究具有很强的可行性：在理论上，对话语篇与句法有融合的可能性。句法不能仅仅局限于单句结构，它可以突破这一局限，扩展研究和应用领域。同时，对话语篇也要依赖于句法的分析手段，深化对话结构的研究，所以，从这一角度来说，两者都留有相互结合的空间和余地，这一研究路径是可行的。

二、可创新之处

在学术思想、学术观点、研究方法等方面的突出特色和可创新之处主要表现在以下方面：第一，对话句法对于意义的研究有重要作用。通过仔细考察两个独立句法结构之间具体的映射关系，对话句法可以为句内共鸣和句间共鸣提供统一的分析框架。通过提出一种新的结构关系概念，对话句法可以充分显示两个内部建构的话语之间的映射过程如何系统地影响彼此的结构和意义。

第二，对话句法把口语现象纳入了直接描写和有效理论化的范围。标准的独白式语法不把复杂的自然口语纳入考察范围，因为里面有太多变体、间断语流和其他不方便分析的地方,但是对话句法可以直接处理所有语言现象,不需要在分析之前对数据进行净化。对话的路径扩展了句法的应用范围和鲁棒性(robustness),通过提出跨句图谱的概念,辨识出更高阶的结构,涵盖了多个平行但是独立,甚至跨越多个交谈者的句子。在对话句法理论看来,口头的、符号化的以及所有偶发语言的全部领域都应该纳入统一语法理论的直接描写和阐释范畴中。

第三,对话句法为语言结构的心理现实性引入了新的证据。对话句法早期的研究成果发现了一些证据,可以证明关于抽象语言结构的某些判断。在激烈的对话中,参与者似乎要通过激活抽象的范畴和结构来回应不断变化的话语环境的挑战。从这个意义上来说,对话句法可以为当代结构语言学的一致分析,包括音系到形态,到句法,甚至句法之外的东西的抽象结构和理论构式提供潜在的支持。

第四,对话句法为对话导引(dialogic bootstrapping)创造了丰富的环境。对话导引是通过利用对话共鸣的协调,学习语言的一种强有力的策略。成人会话的证据表明,在对话的过程中,参与者会自然而然地使用一些平行、范式和语篇中的其他模式,不管是有意还是无意,为了回应实时互动中的紧急情况,参与者双方会共同激活一个对话过程,产生暗示性很强的共鸣话语序列。对儿童或者任何年龄的语言学习者而言,对话导引策略可以促进局部显著模式的有目的学习,从而产生合乎语法的语言范畴、语言结构和语言规则。

三、可开发的应用领域

对话句法理论又是一个应用性很强的理论,相关研究成果可以直接应用于各领域的对话分析、话语分析、会话诊断等。在国外的相关研究中,对话句法被应用于态度立场的研究、平行结构的研究、句法互补的研究、家庭争吵言语研究、议会辩论研究、僧侣论辩研究、儿童语言研究、孤独症中的共鸣研究、教学互动中对话手势研究、对话中的故事研究、仪式话语研究、语言的非字面意义使用，包括反语、戏剧、玩笑以及从理论上探索对话句法与构式语法和认知语法的关系研究等。

结　语

对话句法理论从提出到今天已经有20多年了，但它在理论本身、理论证明、理论应用三个方面还存在一些缺陷和急需回答的问题。关于理论本身，它对对话句法现象和共鸣的定义不够明确，对对话性和互文性的范围限定过于狭窄，对句法关系和单位的定义和描述不够充分，没有深入探讨共鸣原则与合作原则、礼貌原则、关联理论的共存关系，而且其句法结构分析和跨句图谱仍需改进，在认知方面的发展也存在较大局限。关于理论的证明和验证，需要在理论和实证两个方面采用多种手段，多方寻找证据进行证明。理论的应用，需要扩大到更多类型的口头语、书面语、多种论题、多种语言，并充分利用语料库技术。在上述方面经过修正和完善的对话句法必将更好地解释自然语言中的结构重现现象，更好地回答下列问题：句法的平行或对仗对语言使用者做出句法决定有何更深层次的含义？将会为语言学家描述语法系统本身带来何种方法上的改变？最终，这些问题的答案将为我们提供关于语言、认知、交际的新认识、新知识。

未来我们可以继续探讨对话句法理论进一步开拓的可能性，以及在中国语境或汉语语境下，对话句法的应用价值。首先，对话句法研究可以弥补关于对话研究的不足，到目前为止，对单句的句法研究和对语篇的研究已经取得丰硕的成果，但关于对话的研究还比较薄弱。其次，对话句法理论独辟蹊径，从认知功能视角对对话进行研究。先前关于对话的研究，大多是从社会学、民俗学或语用学的角度进行的。认知功能主义的视角将为对话的研究提供新的切入点。再次，对话句法理论可以促进语法、句法、对话和语篇的界面研究。先前的研究大多孤立进行，特别注意研究的界限，如按照Chomsky的观点，句法研究以单句为界限，通过对话句法研究，我们可以把句法研究延伸到对话语篇，以此为基础，把语法研究和对话语篇结合起来，为语言界面研究做出贡献。未来的研究成果也会具有极大的应用价值，对话句法理论融合了句法、语篇语法以及认知功能因素，形成了自己独立的理论框架，而且可能的应用范围也非常广泛。对话句法理论可以与现实中的各领域实际对话相结合，解决具体的应用问题，比如，可以把对话句法理论与失语症和自闭症儿童的话语研究相结合，这方面在国外已经取得了初步成果，期待未来有更多的学者参与进来。

参考文献

[1] AIKHENVALD A Y, 2015. The art of grammar: a practical guide [M]. Oxford: Oxford University Press.

[2] ANTONOPOULOU E, NIKIFORIDOU K, 2011. Construction grammar and conventional discourse: a construction-based approach to discoursal incongruity [J]. Journal of pragmatics (43): 2594-2609.

[3] ARAI M, GOMPEL R P G, SCHEEPERS C, 2007. Priming ditransitive structures in comprehension [J]. Cognitive psychology, 54 (3): 218-250.

[4] ARIEL M, 1990. Accessing noun-phrase antecedents [M]. London: Routledge.

[5] ARIEL M, 2010. Defining pragmatics [M]. Cambridge: Cambridge University Press.

[6] AUSTIN J L, 1962. How to do things with words [M]. Oxford: Oxford University Press.

[7] BAKHTIN M, 1981 [1934]. The dialogic imagination: four essays [M]. Dallas: University of Texas Press.

[8] BAKHTIN M, 1984. Problems of Dostoevsky's poetics: Vol. 8

[M]. Minneapolis, MN: University of Minnesota.

[9] BARLOW M, KEMMER S, 2000. Usage-based models of language [M]. Stanford, CA: Center for the Study of Language and Information.

[10] BEAUGRANDE R, 1979. Text, discourse and process-toward a multidisciplinary science of texts [M]. London: Longman Publishing Group.

[11] BECKER A L, 1995. Beyond translation: essays toward a modern philology [M]. Ann Arbor, MI: University of Michigan Press.

[12] BERMAN R A, SLOBIN D I, 1994. Relating events in narrative: a crosslinguistic developmental study [M]. New York: Psychology Press.

[13] BIBER D, 2006. Stance in spoken and written university registers [J]. Journal of English for academic purposes (5): 97-116.

[14] BIBER D, FINEGAN E, 1988. Adverbial stance types in English [J]. Discourse processes, 11 (1): 1-34.

[15] BIBER D, FINEGAN E, 1989. Styles of stance in English: lexical and grammatical marking of evidentiality and affect [J]. Text, 9 (9): 93-124.

[16] BIRNBACHER D, KROHN D, 2004. Socratic dialogue and self-directed learning [M] //SARAN R, NEISSER B. Enquiring minds: Socratic dialogue in education. Staffordshire, England: Trentham Books: 253-266.

[17] BLANCHE-BENVENISTE C, 1990. Un modele d'analyse syntaxique'en grilles'pour les productions orales [J]. Anuario de psicologia (47): 57-85.

[18] BOCK J K, 1986. Syntactic persistence in language production [J]. Cognitive psychology, 18 (3): 355-387.

[19] BOCK J K, 1989. Close-class immanence in sentence production

[J]. Cognition（2）: 163-186.

[20] BOCK J K, LOEBELL H, 1990. Framing sentences [J]. Cognition（2）: 1-39.

[21] BOCK J K, GRIFFIN Z M, 2000. The persistence of structural priming: transient activation or implicit learning? [J]. Journal of experimental psychology: general, 129（2）: 177-192.

[22] BOCK K, DELL G S, CHANG F, et al, 2007. Persistent structural priming from language comprehension to language production [J]. Cognition, 104（3）: 437-458.

[23] BOD R, 2006. Exemplar-based syntax: how to get productivity from examples [J]. The linguistic review（23）: 275-290.

[24] BOLINGER D, 1952. Linear modification [M]//BOLINGER D. Forms of English. Cambridge: Harvard University Press: 1117-1144.

[25] BOLINGER D, 1954. Meaningful word order in Spanish [J]. Boletin de filologia, Universidad de Chile: 45-56.

[26] BRANIGAN H P, PICKERING M J, CLELAND A A, 1999. Syntactic priming in written production: evidence for rapid decay [J]. Psychonomic Bulletin, 6（4）: 635-640.

[27] BRANIGAN H P, PICKERING M J, CLELAND A A, 2000. Syntactic co-ordination in dialogue [J]. Cognition, 75（2）: B813-825.

[28] BRANIGAN H P, MESSENGER K, 2016. Consistent and cumulative effects of syntactic experience in children's sentence production: evidence for error-based implicit learning [J]. Cognition（157）: 250-256.

[29] BRONE G, ZIMA E, 2014. Towards a dialogic construction grammar: ad hoc routines and resonance activation [J]. Cognitive linguistics,

25（3）：457-495.

［30］BROWN P，LEVINSON S C，1987. Politeness：some universals in language usage［M］. Cambridge：Cambridge University Press.

［31］BURN R P，2000. Numbers and functions：steps into analysis［M］. Cambridge：Cambridge University Press.

［32］BYBEE J，PERKINS R，PAGLIUKA W，1994. The evolution of grammar：tense，aspect，and modality in the languages of the world［M］. Chicago：University of Chicago Press.

［33］CARMINATI M N，COMPEL R V，SCHEEPERS C，et al，2008. Syntactic priming in comprehension：the role of argument order and animacy［J］. Journal of experimental psychology：learning，memory，and cognition，34（5）：1098-1100.

［34］CHAFE W，1977. Creativity in verbalization and its implications for the nature of stored knowledge［M］//FREEDLE R O. Discourse production and comprehension. New Jersey：Ablex Publishing Corporation：144-145.

［35］CHAFE W，1977. The recall and verbalization of past experience［M］//COLE R. Linguistic institute visiting lecture series. Bloomington：Indiana University Press：215-246.

［36］CHAFE W，1986. Evidentiality in English conversation and academic writing［M］//CHAFE W，NICHOLS J. Evidentiality：the linguistic coding of epistemology. Norwood，New Jersey：Ablex Publishing Corporation：261-272.

［37］CHAFE W，1994. Discourse，consciousness，and time：the flow and displacement of conscious experience in speaking and writing［M］. Chicago：University of Chicago Press.

[38] CHAFE W, 2005. The analysis of discourse flow [J]. The handbook of discourse analysis (1): 671-687.

[39] CHAFE W, NICHOLS J, 1986. Evidentiality: the linguistic coding of epistemology [M]. Norwood, New Jersey: Ablex Publishing Corporation.

[40] CHANG F, DELL G S, BOCK K, et al, 2000. Structural priming as implicit learning: a comparison of models of sentence production [J]. Journal of psycholinguistic research, 29 (2): 217-230.

[41] CHOMSKY N, 1957. Syntactic structures [M]. The Hague: Mouton.

[42] CHOMSKY N, 1965. Aspects of the theory of syntax [M]. Cambridge, MA: MIT Press.

[43] CHOMSKY N, 1968. Language and mind [M]. New York: Harcourt Brace Jovanovich.

[44] CHOMSKY N, 1981. Principles and parameters in syntactic theory [M] //HORNSTEIN N, LIGHTFOOT D W. Explanation in linguistics: the logical problem of language acquisition. London: Longman: 32-75.

[45] CLARK H H, 1996. Using language [M]. Cambridge: Cambridge University Press.

[46] CONRAD S, BIBER D, 2000. Adverbial marking of stance in speech and writing [M] //HUNSTON S, THOMPSON G. Evaluation in text: authorial stance and the construction of discourse. Oxford: Oxford University Press: 57-73.

[47] COUPER-KUHLEN E, SELTING M, 2001. Introducing interactional linguistics [M] //SELTING M, COUPER-KUHLEN E. Studies

in interactional linguistics. Amsterdam/Philadelphia: John Benjamins Publishing Company: 1-22.

［48］COUPER-KUHLEN E, SELTING M, 2018. Interactional linguistics: studying language in social interaction［M］. Cambridge: Cambridge University Press.

［49］COUPER-KUHLEN E, SELTING M, DREW P, 1996. Prosody in conversation［M］. Cambridge: Cambridge University Press.

［50］CROFT W, 2001. Radical construction grammar［M］. Oxford: Oxford University Press.

［51］CROFT W, 2007. Construction grammar［M］//GEERAERTS D, CUYCKENS H. The oxford handbook of cognitive linguistics. Oxford: Oxford University Press: 463-508.

［52］CRYSTAL D, 2008. A dictionary of linguistics and phonetics［M］. 6rd ed. Oxford: Wiley-Blackwell.

［53］CULICOVER P W, 2014. The history of syntax［M］//CARNIE A, SIDDIQI D, SATO Y, et al. The routledge handbook of syntax. London: Routledge: 465-489.

［54］CUTLER A, 2012. Native listening: language experience and the recognition of spoken words［M］. Cambridge, MA: MIT Press.

［55］DALEY C T, 2002. The need for cross-cultural research on the pervasive developmental disorders［J］. Transcultural psychiatry, 39 (4): 532-551.

［56］DAVIES B L, 2007. Grice's cooperative principle: meaning and rationality［J］. Journal of pragmatics (39): 2308-2331.

［57］DAVIES B, HARRÉ R, 1990. Positioning: the discursive

production of selves [J]. Journal for the theory of social behavior, 20 (1): 43-63.

[58] DAVIS J F, 1830. Poeseos sinensis comentarii [J]. Transactions of the Royal Society of Great Britain and Ireland (2): 410-419.

[59] JAEGHER H D, PAOLO E D, GALLAGHER S, 2010. Can social interaction constitute social cognition? [J]. Trends in cognitive sciences, 14 (10): 441-447.

[60] DELL G S A, 1986. Spreading-activation theory of retrieval in sentence production [J]. Psychological review, 93 (3): 283-321.

[61] DIESSEL H, 2017. Usage-based linguistics [EB/OL]. [2024-03-02]. https://doi. org/10. 1093/acrefore/9780199384655. 013. 363.

[62] DOWNS R M, STEA D, 1973. Image and environment: cognitive mapping and spatial behaviour [M]. Chicago: Aldine Publishing Company.

[63] DU BOIS J W, 2001. Towards a dialogic syntax [Z]. Ms. Department of Linguistics, University of California, Santa Barbara.

[64] DU BOIS J W, 2003a. Dialogic syntax: the syntax of engagement [R]. Helsinki: The Department of General Linguistics Research Colloquium, University of Helsinki.

[65] DU BOIS J W, 2003b. Discourse and grammar [J]. The new psychology of language: cognitive and functional approaches to language structure: 47-87.

[66] DU BOIS J W, 2005. Creative priming: reproductive freedom in dialogic syntax [R]. Oakland: Annual Meeting of the Linguistic Society of America.

[67] DU BOIS J W, 2007. The stance triangle [M] //ENGLEBRETSON

R. Stancetaking in discourse: subjectivity, evaluation, interaction. Amsterdam/Philadelphia: John Benjamins Publishing Company: 139-182.

［68］DU BOIS J W, 2010. Towards a dialogic syntax［EB/OL］.［2021-12-20］. https://www.researchgate.net/publication/272577218_Towards_a_dialogic_syntax.

［69］DU BOIS J W, 2012. Dialogic syntax: the structure of engagement［EB/OL］.［2021-12-20］. http://savoirsenmultimedia.ens.fr,accessed on.

［70］DU BOIS J W, 2014. Towards a dialogic syntax［J］. Cognitive linguistics, 25（3）: 359-410.

［71］DU BOIS J W, GIORA R, 2014. From cognitive-functional linguistics to dialogic syntax［J］. Cognitive linguistics, 25（3）: 351-357.

［72］DU BOIS J W, HOBSON R P, HOBSON J A, 2014. Dialogic resonance and intersubjective engagement in autism［J］. Cognitive linguistics, 25（3）: 411-441.

［73］EDELMAN S, 2008. Computing the mind［M］. Oxford: Oxford University Press.

［74］ENGLEBRETSON R, 2007. Stancetaking in discourse: subjectivity, evaluation, interaction［M］. Amsterdam/Philadelphia: John Benjamins Publishing Company.

［75］ERDMANN P, 1990. Discourse and grammar: focussing and defocussing in English［M］. Tübingen: Max Niemeyer Verlag.

［76］EVANS N, BERGQVIST H, SAN ROQUE L, 2018. The grammar of engagement I: framework and initial exemplification［J］. Language and cognition（10）: 110-140.

［77］FAIRCLOUGH N, 1995. Critical discourse analysis［M］.

Harlow: Longman Group UK Ltd.

[78] FAUCONNIER G, 1985. Mental spaces [M]. Cambridge, MA: MIT Press.

[79] FAUCONNIER G, 1994. Mental spaces: aspects of meaning construction in natural language [M]. Cambridge: Cambridge University Press.

[80] FAUCONNIER G, 1997. Mapping in thought and language [M]. Cambridge: Cambridge University Press.

[81] FAUCONNIER G, TURNER M, 1998. Conceptual integration networks [J]. Cognitive science, 22 (2): 133-187.

[82] FIBRAS J, 1966a. Non-thematic subjects in contemporary English [J]. Travaux Linguistique de Prague (2): 239-256.

[83] FIBRAS J, 1966b. On defining the theme in functional sentence perspective [J]. Travaux Linguistique de Prague (1): 267-280.

[84] FILLMORE C J, 1975. An alternative to checklist theories of meaning [J]. Proceedings of the First Annual Meeting of the Berkeley Linguistics Society: 123-131.

[85] FILLMORE C J, 1981. Pragmatics and the description of discourse [M] //COLE P. Radical pragmatics. New York: Academic Press: 143-166.

[86] FILLMORE C J, 1982. Frame semantics [C] //The Linguistic Society of Korea. Linguistics in the morning calm. Seoul: Hanshin Publishing Co: 111-137.

[87] FILLMORE C J, KAY P, O'CONNOR M C, 1988. Regularity and idiomaticity in grammatical conditions: the case of let alone [J]. Language (64): 501-538.

[88] FILLMORE C J, ATKINS B S T, 1992. Towards a frame based lexicon: the semantics of risk and its neighbors [M] //LEHRER A, KITTAY E F. Frames, fields, and contrasts: new essays in semantics and lexical organization. London/New York: Routledge: 75-102.

[89] FILLMORE C J, ATKINS B S T, 2000. Describing polysemy: the case of "crawl" [M] //RAVIN Y, LEACOCK C. Polysemy: theoretical and computational approaches. Oxford: Oxford University Press: 91-110.

[90] FISCHER K, 2010. Beyond the sentence: constructions, frames and spoken interaction [J]. Constructions & frames, 2 (2): 185-207.

[91] FISCHER S, GONG Q, 2010. Variation in East Asian sign language structures [M] //BRENTARI D. Sign languages (Cambridge language survey series). New York: Cambridge University Press: 502-521.

[92] FOX B A, THOMPSON S A, FORD C E, et al, 2013. Conversation analysis and linguistics [M] //SIDNELL J, STIVERS T. The handbook of conversation analysis. Oxford: Wiley-Blackwell: 726-740.

[93] FREIRE P, 1970. Pedagogia del oprimido [M]. Mexico: Siglo XXI Editores.

[94] FRIED M, ÖSTMAN J, 2004. Construction grammar in a cross-language perspective [M]. Amsterdam/Philadelphia: John Benjamins Publishing Company.

[95] FRIED M, ÖSTMAN J, 2005. Construction grammar and spoken language: the case of pragmatic particles [J]. Journal of pragmatics (37): 1752-1778.

[96] FRISHBERG N, 1975. Arbitrariness and iconicity: historical change in American Sign Language [J]. Language, 51 (3): 696-719.

[97] FROMKIN V, RODMAN R, HYAMS N, 2014. An introduction to language [M]. 10th ed. Boston: Wadsworth Cengage Learning.

[98] GARFINKEL H, 1967. Studies in ethnomethodology [M]. Oxford: Wiley-Blackwell.

[99] GARROD S, PICKERING M J, 2004. Why is conversation so easy? [J]. Trends in cognitive science, 8 (1): 8-11.

[100] GENTNER D, MARKMAN A, 1997. Structure mapping in analogy and similarity [J]. American psychologist, 52 (1): 45-56.

[101] GENTNER D, CHRISTIE S, 2010. Mutual bootstrapping between language and analogical processing [J]. Language and cognition, 2 (2): 261-283.

[102] GENTNER D, 1983. Structure-mapping: a theoretical framework for analogy [J]. Cognitive science, 7 (2): 155-170.

[103] GENTNER D, 2003. Why we're so smart [M] //GENTNER D, GOLDIN-MEADOW S. Language in mind: advances in the study of language and thought. Cambridge, MA: MIT Press: 195-235.

[104] GIAVAZZI M, SAMBIN S, DIEGO-BALAGUER R D, et al, 2018. Structural priming in sentence comprehension: a single prime is enough [J]. Plos one, 13 (4): e0194959.

[105] GIBBS R W, COLSTON H L, 1995. The cognitive psychological reality of image schemas and their transformations [J]. Cognitive linguistics, 6 (4): 347-378.

[106] GIORA R, 2007. "A good Arab is not a dead Arab - a racist incitement": on the accessibility of negated concepts [M] //KECSKÉS I, HORN L R. Explorations in pragmatics: linguistic, cognitive, and intercultural

aspects. Berlin: Mouton de Gruyter: 129-162.

[107] GIORA R, RAPHAELY M, FEIN O, et al, 2014. Resonating with contextually inappropriate interpretations in production: the case of irony [J]. Cognitive linguistics, 25 (3): 443-456.

[108] GIVÓN T, 1979a. Discourse and syntax [M]. New York: Academic Press.

[109] GIVÓN T, 1979b. On understanding grammar [M]. New York: Academic Press.

[110] GIVÓN T, 1984. Syntax: a functional-typological introduction [M]. Amsterdam/Philadelphia: John Benjamins Publishing Company.

[111] GOFFMAN E, 1959. The presentation of self in everyday life [M]. Garden City/New York: Doubleday.

[112] GOFFMAN E, 1967. Interaction ritual: essays on face to face behaviour [M]. New York: Anchor Books.

[113] GOFFMAN E, 1981. Forms of talk [M]. Philadelphia: University of Pennsylvania Press.

[114] GOLDBERG A E, 1995. Constructions: a construction grammar approach to argument structure [M]. Chicago: Chicago University Press.

[115] GOLDBERG A E, 2006. Constructions at work: the Nature of generalization in language [M]. Oxford: Oxford University Press.

[116] GOODWIN M H, 1990. He-said-she-said: talk as social organization among black children [M]. Bloomington: Indiana University Press.

[117] GRABE W P, 1984. Towards defining expository prose with a theory of text construction [D]. Los Angeles: University of Southern

California.

[118] GRICE H P, 1967. Logic and conversation [Z]. Unpublished manuscript of the William James Lectures, Harvard University.

[119] GRICE H P, 1975. Logic and conversation [M] //COLE P, MORGAN J. Studies in syntax and semantics III: speech acts. New York: Academic Press: 183-198.

[120] GRIES S T, 2005. Syntactic priming: a corpus-based approach [J]. Journal of psycholinguistic research, 34 (4): 365-399.

[121] GRIMES J, 1975. The thread of discourse [M]. The Hague: Mouton.

[122] GROSS J, YELLEN J, 1999. Graph theory and its applications [M]. Boca Raton: CRC.

[123] GROSZ B, SIDNER C, 1986. Attentions, intentions and the structure of discourse [J]. Computational linguistics, 12 (3): 175-204.

[124] GUMPERZ J, 1982. Discourse strategies [M]. Cambridge: Cambridge University Press.

[125] HALLIDAY M A K, 1967. Notes on transitivity and theme in English: Part 2 [J]. Journal of linguistics, 3 (2): 177-274.

[126] HALLIDAY M A K, 1970. Language structure and language function [M] //LYONS J. New horizons in linguistics. New York: Penguin books: 141-165.

[127] HALLIDAY M A K, 1974. Explorations in the function of language [M]. London: Arnold.

[128] HALLIDAY M A K, 1985. An introduction to functional grammar [M]. London: Arnold.

[129] HALLIDAY M A K, HASAN R, 1985. Language, context, and text [M]. Geelong: Deakin University Press.

[130] HALLIDAY M A K, HASAN R, 1976. Cohesion in English [M]. London: Longman.

[131] HARE M L, GOLDBERG A E, 1999. Structural priming: purely syntactic? [M] //HAHN M, STONES S C. Proceedings of the Twenty-First Annual Meeting of the Cognitive Science Society. New York: Psychology Press: 208-211.

[132] HARRIS Z S, 1946. From morpheme to utterance [J]. Language, 22(3): 161-183.

[133] HARRIS Z S, 1951. Structural linguistics [M]. Chicago: University of Chicago Press.

[134] HARRIS Z S, 1952a. Discourse analysis [J]. Language, 28(4): 1-30.

[135] HARRIS Z S, 1952b. Discourse analysis: a sample text [J]. Language, 28(4): 474-494.

[136] HARRIS Z S, 1963. Discourse analysis reprints [M]. The Hague: Mouton.

[137] HARRIS Z S, 1982. A grammar of English on mathematical principles [M]. New York: John Wiley & Sons.

[138] HARRIS Z S, 1991. A theory of language and information [M]. Oxford: Clarendon.

[139] HARTMANN R R K, STORK F C, 1972. Dictionary of language and linguistics [M]. London: Applied Science Publishers Ltd.

[140] HARTSUIKER R J, KOLK H H J, 1998. Syntactic persistence in

Dutch [J]. Language and speech, 41 (2): 143-184.

[141] HERITAGE J, 2012a. Epistemics in action: action formation and territories of knowledge [J]. Research on language and social interaction, 45 (1): 1-29.

[142] HERITAGE J, 2012b. The epistemic engine: sequence organization and territories of knowledge [J]. Research on language and social interaction, 45 (1): 30-52.

[143] HINDS J, 1976. Aspects of Japanese discourse structure [M]. Tokyo: Kaitakusha.

[144] HINDS J, 1977. Conversational structure [M] //HINDS J. Proceedings of the 2nd Annual Meeting of the University of Hawaii-Hawaii Association of Teachers of Japanese. Honolulu: University of Hawaii Press: 52-81.

[145] HOBSON R P, HOBSON J A, GARCÍA-PÉREZ R M, et al, 2012. Dialogic linkage and resonance in autism [J]. Journal of autism and developmental disorders, 42 (12): 2718-2728.

[146] HOEY M, 2012. Lexical priming [M] //CHAPELLE C A. The encyclopedia of applied linguistics. New York: John Wiley & Sons.

[147] HOHLE B, 2009. Bootstrapping mechanisms in first language acquisition [J]. Linguistics, 47 (2): 359-382.

[148] HOWLIN P, GOODE J, HUTTON J, et al, 2004. Adult outcome for children with autism [J]. Journal of child psychology and psychiatry, 45 (2): 212-229.

[149] HUDSON R A, 2007. Language networks: the new word grammar [M]. Cambridge: Cambridge University Press.

[150] HUNSTON S, 2007. Using a corpus to investigate stance

quantitatively and qualitatively [M] //ENGLEBRETSON R. Stancetaking in discourse: subjectivity, evaluation, interaction. Amsterdam/Philadelphia: John Benjamins Publishing Company: 27-48.

[151] IRVINE J T, 2009. Stance in a colonial encounter: how Mr. Taylor lost his footing [M] //JAFFE A. Stance: sociolinguistic perspectives. Oxford: Oxford University Press: 53-71.

[152] JACKENDOFF R, 1997. Twistin' the night away [J]. Language, 73 (3): 534-559.

[153] JACKSON C N, RUF H T, 2017. The priming of word order in second language German [J]. Applied psycholinguistics, 38 (2): 315-345.

[154] JAFFE A, 2009. Introduction: the sociolinguistics of stance [M] //JAFFE A. Stance: sociolinguistic perspectives. Oxford: Oxford University Press: 3-28.

[155] JAKOBSON R, 1966. Grammatical parallelism and its Russian facet [J]. Language, 42: 398-429.

[156] JAKOBSON R, 1990. On language [M]. Cambridge: Harvard University Press.

[157] JOHNSON M, 1987. The body in the mind [M]. Chicago: University of Chicago Press.

[158] JOHNSTONE B, 1994. Repetition in discourse: interdisciplinary perspectives [M]. Norwood, New Jersey: Ablex Publishing Corporation.

[159] JOHNSTONE B, 2009. Stance, style, and the linguistic individual [M] //JAFFE A. Stance: sociolinguistic perspectives. Oxford: Oxford University Press: 29-52.

[160] KARKKAINEN E, 2003. Epistemic stance in English conversation

[M]. Amsterdam/Philadelphia: John Benjamins Publishing Company.

[161] KARKKAINEN E, 2007. The role of I guess in conversational stancetaking [M]//ENGLEBRETSON R. Stancetaking in discourse: subjectivity, evaluation, interaction. Amsterdam/Philadelphia: John Benjamins Publishing Company: 183-219.

[162] KAY P, FILLMORE C J, 1999. Grammatical constructions and linguistic generalizations: the what's X doing Y? construction [J]. Language, 75(1): 1-33.

[163] KEENAN E O, 1977. Making it last: repetition in children's discourse [M]//ERVIN-TRIPP S, MITCHELL-KERNAN C. Child discourse. New York: Academic Press: 125-138.

[164] KERN F, SELTING M, 2013. Conversation analysis and interactional linguistics [M]//CHAPELLE C A. The encyclopedia of applied linguistics. Oxford: Wiley-Blackwell: 1012-1016.

[165] KIESLING S F, PAVALANATHAN U, FITZPATRICK J, et al, 2018. Interactional stancetaking in online forums [J]. Computational linguistics, 44(4): 689-718.

[166] KITCHIN R M, 1994. Cognitive maps: what are they and why study them? [J]. Journal of environmental psychology, 14(1): 1-19.

[167] KITCHIN R, FREUNDSCHUH S, 2000. Cognitive mapping: past, present and future [M]. London: Routledge.

[168] KLEIN-ANDREU E, 1983. Discourse perspectives on syntax [M]. New York: Academic Press.

[169] KOYMEN B, KYRATZIS A, 2014. Dialogic syntax and complement constructions in toddlers' peer interactions [J]. Cognitive

linguistics, 25（3）: 497-522.

［170］KRASHEN S, 1980. The input hypothesis［M］//ALATIS J. Current issues in bilingual education. Washington D. C.: Georgetown University Press: 168-180.

［171］KRASHEN S, 1982. Second language acquisition and second language learning［M］. Oxford: Pergamon Press.

［172］KRISTEVA J, 1986a. The kristeva reader［M］. New York: Columbia University Press.

［173］KRISTEVA J, 1986b. Word, dialogue and novel［M］//MOI T. The Kristeva Reader. Oxford: Basil Blackwell.

［174］KUNO S, 1972. Pronominalization, reflexivization and direct discourse［J］. Linguistic Inquiry, 3（2）: 161-195.

［175］KUNO S, 1972. Functional sentence perspective: A case study from Japanese and English［J］. Linguistic Inquiry, 3（3）: 269-320.

［176］KUNTAY A, SLOBIN D I, 1996. Listening to a Turkish mother: Some puzzles for acquisition［M］//SLOBIN D I, GERHARDT J, KYRATZIS A, et al. Social interaction, social context, and language: essays in honor of Susan Ervin-Tripp. New York: Psychology Press: 265-286.

［177］LABOV W, 1984. Field methods of the project on linguistic change and variation［M］//BAUGH J, SHERZER J. Language in use: Readings in sociolinguistics. Upper Saddle River: Prentice Hall: 28-53.

［178］LAKOFF G, 1987. Women, fire and dangerous things: What categories reveal about the mind［M］. Chicago: University of Chicago Press.

［179］LANGACKER R W, 1988. A usage-based model［M］//RUDZKA-OSTYN B. Topics in cognitive linguistic. Amsterdam/Philadelphia:

John Benjamins Publishing Company: 127-161.

[180] LANGACKER R W, 2000. A dynamic usage-based model [M] // BARLOW M, KEMMER S. Usage-based models of language. Stanford: Center for the Study of Language and Inf: 1-63.

[181] LANGACKER R W, 2001. Discourse in cognitive grammar [J]. Cognitive linguistics, 12 (2): 143-188.

[182] LAURY R, ETËLAMÄKI M, COUPER-KUHLEN E, 2014. Introduction: approaches to grammar for interactional linguistics [J]. Pragmatics, 24 (3): 435-452.

[183] LEDOUX K, TRAXLER M J, SWAAB T Y, 2007. Syntactic priming in comprehension: Evidence from event-related potentials [J]. Psychological science, 18 (2): 135-143.

[184] LEVELT W J M, 1989. Speaking: from intention to articulation [M]. Cambridge: MIT Press.

[185] LEVELT W J M, KELTER S, 1982. Surface form and memory in question answering [J]. Cognitive Psychology, 14 (1): 78-106.

[186] LEVINSON S C, 1989. A review of relevance [J]. Journal of linguistics, 25 (2): 455-472.

[187] LINDSTRÖM J, LONDEN A, 2008. Constructing reasoning: the connectives föratt (causal), såatt (consecutive) and men att (adversative) in Swedish conversations [M] //LEINO J. Constructional reorganization. Amsterdam/Philadelphia: John Benjamins Publishing Company: 105-152.

[188] LINELL P, 2009a. Grammatical constructions in dialogue [C] // BERGS A, DIEWALD G. Contexts and constructions. Amsterdam/Philadelphia: John Benjamins Publishing Company: 97-110.

［189］LINELL P, 2009b. Rethinking language, mind and world dialogically: Interactional and contextual theories of human sense-making [M]. Charlotte, NC: Information Age Publishing.

［190］LONGACRE R E, 1971. Philippine discourse and paragraph studies in memory of Betty McLachlin [M]. Canberra: Australian National University Press.

［191］LONGACRE R E, 1976. An anatomy of speech notions [M]. Lisse: The Peter de Ridder Press.

［192］LONGACRE R E, 1983. The grammar of discourse [M]. New York: Plenum.

［193］LOWTH R, 1815［1753］. Lectures on the sacred poetry of the Hebrews [M]. Boston: Joseph T. Buckingham.

［194］MACWHINNEY B, 1999. The emergence of language [M]. New York: Psychology Press.

［195］MACWHINNEY B, 2019. Understanding spoken language through TalkBank [J]. Behavior research methods, 51（4）: 1919-1927.

［196］MACWHINNEY B, 2000. The Childes project: tools for analyzing talk [M]. 3rd ed. New York: Psychology Press.

［197］MANN W C, THOMPSON S A, 1987. Rhetorical structure theory: a framework for the analysis of texts [M]. Marina del Rey, CA: Information Sciences Institute.

［198］MARTIN J R, WHITE P R, 2005. The language of evaluation: appraisal in English [M]. New York: Palgrave MacMillan.

［199］MARTIN J R, 2000. Beyond exchange: appraisal systems in English [M] //HUNSTON S, THOMPSON G. Evaluation in text: authorial stance and the construction of discourse. Oxford: Oxford University Press: 142-175.

[200] MASCHLER Y, NIR B, 2014. Complementation in linear and dialogic syntax: the case of Hebrew divergently aligned discourse [J]. Cognitive linguistics, 25 (3): 523-557.

[201] MATTHEWS P H, 2005 [1997]. The concise Oxford dictionary of linguistics [M]. Oxford: Oxford University Press.

[202] MCCAWLEY J D, 1998. The syntactic phenomena of English [M]. Chicago: University of Chicago Press.

[203] MCDONOUGH K, TROFIMOVICH P, 2009. Using priming methods in second language research [M]. London: Routledge.

[204] MCENERY T, XIAO R, 2008. CALLHOME Mandarin Chinese transcripts - XML version [EB/OL]. [2021-12-20]. https://catalog.ldc.upenn.edu/LDC2008T17.

[205] MCEVOY R E, LOVELAND K A, LANDRY S H, 1988. The functions of immediate echolalia in autistic children's developmental perspective [J]. Journal of autism and developmental disorders, 18 (4): 657-668.

[206] MEDIN D L, GOLDSTONE R L, GENTNER D, 1993. Respects for similarity [J]. Psychological review, 100 (2): 254-278.

[207] MORRIS C W, 1938. Foundations of the theory of signs [M]. Chicago: University of Chicago Press.

[208] MYERS G, 2010. Stance-taking and public discussion in blogs [J]. Critical discourse studies, 7 (4): 263-275.

[209] NAIGLES L R, 2017. Innovative investigations of language in autism spectrum disorder [M]. Washington, D.C.: American Psychological

Association.

[210] NAIGLES L R, CHIN I, 2015. Language development in children with autism [M] //BAVIN E, NAIGLES L R. Cambridge handbook of child language. 2nd ed. Cambridge: Cambridge University Press: 637-658.

[211] NAZARUK M, 2011. Reflexivity in anthropological discourse analysis [J]. Anthropological notebooks, 17 (1): 73-83.

[212] NEELY J H, 1990. Semantic priming effects in visual word recognition: a selective review of current findings and theories [M] //BESNER D, HUMPHREYS G W. Basic processes in reading: visual word recognition. London: Routledge: 264-323.

[213] NELSON L, 2004. The socratic method [M] //SARAN R, NEISSER B. Enquiring minds: socratic dialogue in education. Staffordshire, England: Trentham Books: 15-24.

[214] NIKIFORIDOU K, MARMARIDOU S, MIKROS G, 2014. What's in a dialogic construction? A constructional approach to polysemy and the grammar of challenge [J]. Cognitive linguistics, 25 (4): 655-699.

[215] NINIO A, SNOW C E, 1996. Pragmatic development [M]. Boulder, Colorado: Westview Press.

[216] NORMAN W M, 1980. Grammatical parallelism in Quiché ritual language [J]. Berkeley linguistics society (6): 387-399.

[217] OAKLEY T, 2004. Image schema [M] //GEERAERTS D, GUYKENS H. Handbook of cognitive linguistics. Oxford: Oxford University Press: 214-235.

[218] OCHS E, 1993. Indexing gender [M] //DURANTI A, GOODWIN C. Rethinking context. Cambridge: Cambridge University Press:

335-358.

[219] OCHS E, SCHEGLOFF E A, THOMPSON S A, 1996. Interaction and grammar [M]. Cambridge: Cambridge University Press.

[220] ONNIS L, WATERFALL H R, EDELMAN G M, 2008. Learn locally, act globally: learning language from variation set cues [J]. Cognition, 109 (3): 423-430.

[221] ONO T, THOMPSON S A, 1995. What can conversation tell us about syntax? [M] //DAVIS P W. Alternative linguistics: descriptive and theoretical modes. Amsterdam/Philadelphia: John Benjamins Publishing Company: 213-271.

[222] PALMER F R, 1979. Modality and the English modals [M]. London/New York: Longman.

[223] PAPAFRAGOU A, 1997. Modality: a case-study in semantic under determinacy [M]. Amsterdam/Philadelphia: John Benjamins Publishing Company.

[224] PFAU R, STEINBACH M, 2006. Modality-independent and modality-specific aspects of grammaticalization in sign languages [J]. Spine (24): 5-98.

[225] PICKERING M J, BRANIGAN H P, 1998. The representation of verbs: evidence from syntactic priming in language production [J]. Journal of memory and language, 39 (4): 633-651.

[226] PICKERING M J, BRANIGAN H P, 1999. Syntactic priming in language production [J]. Trends in cognitive sciences, 3 (4): 136-141.

[227] PICKERING M J, FERREIRA V S, 2008. Structural priming: a critical review [J]. Psychological bulletin, 134 (3): 427-459.

［228］PINKER S，1984. Language learnability & language development ［M］. Cambridge：Harvard University Press.

［229］REITTER D，KELLER F，MOORE J D，2011. A computational cognitive model of syntactic priming ［J］. Cognitive science，35（4）：587-637.

［230］RUBIN D C，1995. Memory in oral traditions：the cognitive psychology of epic，ballads，and counting-out rhymes ［M］. Oxford：Oxford University Press.

［231］RUIZ-RUIZ J，2009. Sociological discourse analysis：methods and logic ［J］. Forum：qualitative social research，10（2）：1-99.

［232］SACKS H，SCHEGLOFF E A，1974. Two preferences in the organization of reference to persons in conversation and their interaction ［M］// AVISON N H，WILSON R J. Ethnomethodology：labelling theory and deviant behavior. London：Routledge and Kegan Paul：15-21.

［233］SACKS H，SCHEGLOFF E A，JEFFERSON G，1974. A simplest systematics for the organization of turn-taking for conversation ［J］. Language，50（4）：696-735.

［234］SAFTOIU R，2019. The dialogic turn in language study：a review of the Routledge handbook of language and dialogue ［J］. Language and dialogue，9（3）：971-983.

［235］SAG I A，HANKAMER J，1984. Towards a theory of anaphoric processing ［J］. Linguistics and philosophy，7（3）：325-345.

［236］SAKITA T，2006. Parallelism in conversation：resonance，schematization，and extension from the perspective of dialogic syntax and cognitive linguistics ［J］. Pragmatics & cognition，14（3）：467-500.

[237] SAKITA T, 2008. A cognitive basis of conversation: alignment through resonance [M] //KODAMA K, KOYAMA T. Linguistic and cognitive mechanisms: festschrift for Professor Masa-aki Yamanashi on the occasion of his sixtieth birthday. Tokyo: Hitsuji: 621-633.

[238] SANUA V D, 1986. A Comparative study of opinions of USA and European professionals on the etiology of infantile autism [J]. Journal of international social psychiatry (32): 16-30.

[239] SAUSSURE F D, 1916. Cours de linguistique générale [M]. Paris: Payot.

[240] SCHA R, 1990. Taaltheorie en taaltechnologie: competence en performance [M] //KORT R D, LEERDAM G L J. Computertoepassingen in de Neerlandistiek. Almere: LVVN: 7-22.

[241] SCHEEPERS C, 2003. Syntactic priming of relative clause attachments: persistence of structural configuration in sentence production [J]. Cognition, 89 (3): 179-205.

[242] SCHEGLOFF E A, 1979. The relevance of repair to syntax-for-conversation [M] //GIVÓN T. Discourse and syntax. New York: Academic Press: 261-286.

[243] SCHEGLOFF E A. 1996. Turn organization: One intersection of grammar and interaction [M] //OCHS E, SCHEGLOFF E A, THOMPSON S A. Interaction and grammar. Cambridge: Cambridge University Press: 52-133.

[244] SCHEGLOFF E A. 2007. Sequence organization in interaction: a primer in conversation analysis [M]. Cambridge: Cambridge University Press.

[245] SCHEGLOFF E A, SACKS H, 1973. Opening up closings [J].

Semiotica, 8（4）: 289-327.

［246］SCHEGLOFF E A, JEFFERSON G, SACKS H, 1977. The preference for self-correction in the organization of repair in conversation［J］. Language, 53（2）: 361-382.

［247］SCHERER K R, 2005. What are emotions? And how can they be measured?［J］. Social science information, 44（4）: 695-729.

［248］SCOVEL T, 2001. Learning new languages: a guide to second language acquisition［M］. Boston: Heinle &Heinle.

［249］SELTING M, COUPER-KUHLEN E, 2001. Studies in interactional linguistics［M］. Amsterdam/Philadelphia: John Benjamins Publishing Company.

［250］SHAW E, DELAPORTE Y, 2015. A historical and etymological dictionary of American sign language［M］. Washington: Gallaudet University Press.

［251］SHOR I, FREIRE P, 1987. A pedagogy for liberation: dialogues on the transforming education［M］. New York: Bergin & Garvey.

［252］SILVERSTEIN M, 1984. On the pragmatic "poetry" of prose: parallelism, repetition and cohesive structure in the time course of dyadic conversation［M］//SCHIFFRIN D. Meaning, form and use in context: linguistic applications. Washington, D. C. : Georgetown University Press: 181-199.

［253］SOLAN Z, HORN D, RUPPIN E, et al, 2005. Unsupervised learning of natural languages of the United States of America［J］. Proceedings of the national academy of sciences of the United States of America, 102（33）: 11629-11634.

[254] SPERBER D, 1994. Understanding verbal understanding [M] // KHALFA J. What is intelligence? Cambridge: Cambridge University Press: 179-198.

[255] SPERBER D, WILSON D, 1995 [1986]. Relevance: communication and cognition [M]. Oxford: Blackwell.

[256] SPERBER D, WILSON D, 1987. Presumptions of relevance [J]. Behavioral and brain sciences, 10 (4): 736-753.

[257] STOKOE W C, CASTERLINE D C, CRONEBERG C G, 1965. A dictionary of American sign language on linguistic principles [M]. Washington, D.C.: Gallaudet College Press.

[258] SUN X, ALLISON C, MATTHEWS F E, et al, 2015. Exploring the underdiagnosis and prevalence of autism spectrum conditions in Beijing [J]. Autism research, 8 (3): 250-260.

[259] TAGER-FLUSBERG H, ROGERS S, COOPER J, et al, 2009. Defining spoken language benchmarks and selecting measures of expressive language development for young children with autism spectrum disorders [J]. Journal of speech, language, and hearing research, 52 (3): 643-652.

[260] TANNEN D, 1987. Repetition in conversation: towards a poetics of talk [J]. Language, 63 (3): 574-605.

[261] TANTUCCI V, 2013. Interpersonal evidentiality: the Mandarin V-过guo construction and other evidential systems beyond the "source of information" [J]. Journal of pragmatics (57): 210-230.

[262] TANTUCCI V, 2017a. From immediate to extended intersubjectification: a gradient approach to intersubjective awareness and semasiological change [J]. Language and cognition, 9 (1): 88-120.

［263］TANTUCCI V, 2017b. An evolutionary approach to semasiological change: overt influence attempts through the development of the Mandarin 吧-ba particle［J］. Journal of pragmatics, 120（2）: 35-53.

［264］TANTUCCI V, 2020. From co-actionality to extended intersubjectivity: drawing on language change and ontogenetic development［J］. Applied linguistics, 41（2）: 185-214.

［265］TANTUCCI V, 2021. Language and social minds: the semantics and pragmatics of intersubjectivity［M］. Cambridge: Cambridge University Press.

［266］TANTUCCI V, WANG A, 2018. Illocutional concurrences: the case of evaluative speech acts and face-work in spoken Mandarin and American English［J］. Journal of pragmatics（138）: 60-76.

［267］TANTUCCI V, WANG A, 2020. Diachronic change of rapport orientation and sentence-periphery in Mandarin［J］. Discourse studies, 22（2）: 146-173.

［268］TANTUCCI V, WANG A, 2021. Resonance and engagement through (dis-) agreement: evidence of persistent constructional priming from Mandarin naturalistic interaction［J］. Journal of pragmatics（175）: 94-111.

［269］TESNIERE L, 1959. Elements de syntaxe structurale［M］. Paris: Editions Klincksieck.

［270］TOMASELLO M, 2008. The origins of human communication［M］. Cambridge, MA: MIT Press.

［271］TOMASELLO M, 2019. Becoming human: a theory of ontogeny［M］. Cambridge: Belknap Press.

［272］TRAVIS C E, CACOULLOS R T, 2012. Discourse syntax［M］//

HUALDE J I, OLARREA A, O'ROURKE E. Handbook of Hispanic linguistics. Oxford: Wiley-Blackwell: 653-672.

［273］TRAXLER M J, 2008. Lexically independent priming in online sentence comprehension［J］. Psychonomic bulletin & review, 15（1）: 149-155.

［274］TSAO Y, WU M, FEUSTEL T, 1981. Stroop interference: hemispheric difference in Chinese speakers［J］. Brian and language, 13（2）: 372-378.

［275］USHCHYNA V, 2020. From stance to identity: stancetaking in contemporary English risk discourse［J］. Cognition, communication, discourse（20）: 73-91.

［276］VAN DIJK T A, 1972. Some aspects of text grammars［M］. Berlin/Boston: De Gruyter Mouton.

［277］VAN DIJK T A, 1985. Handbook of discourse analysis［M］. New York: Academic Press.

［278］VAN RIEMSDIJK H, WILLIAMS E, 1986. Introduction to the theory of grammar［M］. Cambridge, MA: MIT Press.

［279］VERHAGEN A, 2015. Grammar and cooperative communication［M］//DABROWSKA E, DIVJAK D. Handbook of cognitive linguistics. Berlin/Boston: De Gruyter Mouton: 232-252.

［280］VOLOSHINOV V N, 1973［1929］. Marxism and the philosophy of language［M］. New York: Seminar Press.

［281］VYGOTSKY L S, 1978. Mind in society: the development of higher psychological processes［M］. Cambridge: Harvard University Press.

［282］WIDE C, 2009. Interactional construction grammar: contextual features of determination in dialectal Swedish［M］//BERGS A，DIEWALD G. Contexts and constructions. Amsterdam/Philadelphia：John Benjamins Publishing Company：111-142.

［283］WU R-J R，2004. Stance in talk：a conversation analysis of Mandarin final particles［M］. Amsterdam/Philadelphia：John Benjamins Publishing Company.

［284］YANG J H，FISCHER S D，2002. Expressing negation in Chinese sign language［J］. Sign language & linguistics，5（2）：167-202.

［285］YULE G，2006. The study of language［M］. 3rd ed. Cambridge：Cambridge University Press.

［286］ZIMA E，2013. Cognitive grammar and dialogic syntax：exploring potential synergies［J］. Review of cognitive linguistics，11（1）：36-72.

［287］TASATZ G E，1985.有关语言习得的三种主要理论［J］.肖苏亦，译.国外语言学（4）：1-5.

［288］谭霞灵，等，2008.汉语沟通发展量表使用手册：普通话及广东话版本［M］.北京：北京大学医学出版社.

［289］巴赫金，2009a.巴赫金全集：第2卷［M］.钱中文，译.2版.石家庄：河北教育出版社.

［290］巴赫金，2009b.巴赫金全集：第4卷［M］.钱中文，译.2版.石家庄：河北教育出版社.

［291］弗莱雷，2001.被压迫者教育学［M］.上海：华东师范大学出版社.

［292］陈冠杏，杨希洁，2014.自闭症儿童会话能力探究［J］.中国特殊教育（11）：45-51.

［293］程锡麟，1996.互文性理论概述［J］.外国文学（1）：72-78.

［294］戴炜栋，何兆熊，2010.新编简明英语语言学教程［M］.2版.上海：上海外语教育出版社.

［295］董晓慧，2018.高中英语新手教师的课堂会话研究：批评话语分析的视角［D］.宁波：宁波大学.

［296］董燕萍，梁君英，2002.走近构式语法［J］.现代外语（2）：142-152.

［297］杜福兴，2005.也谈关联理论［J］.外语教学（2）：29-33.

［298］方纲厚，2000.浅论对话教学法的应用［J］.福建师大福清分校学报（4）：60-63.

［299］方梅，2016.互动语言学与汉语研究：第1辑［M］.北京：世界图书出版公司北京公司.

［300］方梅，乐耀，2017.规约化与立场表达［M］.北京：北京大学出版社.

［301］方梅，李先银，谢心阳，2018.互动语言学与互动视角的汉语研究［J］.语言教学与研究（3）：1-16.

［302］房锦霞，2010.论交际中的认知语用推理机制［J］.太原理工大学学报（社会科学版），28（4）：77-79.

［303］冯晨，2018.轻度自闭症儿童在母子会话情境中的会话能力研究［D］.南京：南京师范大学.

［304］冯丽萍，高晨阳，2020.输入方式及语篇位置对汉语二语学习者句法启动效应的影响研究［J］.语言教学与研究（4）：37-48.

［305］高彦梅，2015.Du Bois的对话句法［J］.语言学研究（1）：79-92.

［306］高彦梅，2018.对话共鸣与衔接和谐［J］.现代外语，41（3）：320-332.

［307］高宇翔，顾定倩，2013.中国手语的发展历史回顾［J］.当代语

言学，15(1)：94-100.

[308] 龚群虎，2005.手语问题讲话[M]//沈玉林.双语聋教育的理论与实践.北京：华夏出版社：39-60.

[309] 龚群虎，2009.聋教育中手语和汉语问题的语言学分析[J].中国特殊教育(3)：63-67.

[310] 国华，2005.用手表达的语言：从语言学角度认识手语[J].中国特殊教育(9)：50-54.

[311] 何敏，2018.多模态对话共振与主体互涉研究：来自汉语高功能自闭症儿童的证据[D].重庆：四川外国语大学.

[312] 何旭良，杨峰，2018.自闭症儿童的语言研究现状及构想[J].医学与哲学(B)，39(8)：25-28.

[313] 何宇茵，马赛，2010.基于语料库的中国手语象似性研究[J].中国特殊教育(9)：53-57.

[314] 何兆熊，2000.新编语用学概要[M].上海：上海外语教育出版社.

[315] 何自然，冉永平，1998.关联理论：认知语用学基础[J].现代外语(3)：92-107.

[316] 胡庭山，孟庆凯，2015.认知—功能视域下的对话句法：理论与应用[J].外语研究，32(6)：17-21.

[317] 胡壮麟，2011.语言学教程[M].4版.北京：北京大学出版社.

[318] 黄志成，王俊，2001.弗莱雷的"对话式教学"述评[J].全球教育展望(6)：57-60.

[319] 纪云霞，林书武，2002.一种新的语言理论：构块式语法[J].外国语(上海外国语大学学报)(5)：16-22.

[320] 贾冠杰，2004.第二语言习得理论之间的矛盾统一性[J].外语

与外语教学（12）：34-36.

［321］江加宏，2010.美国手语的转喻认知［J］.中国特殊教育（2）：9-12.

［322］姜琳，2012.被动结构的跨语言启动及其机制［J］.现代外语，35（1）：54-61.

［323］乐耀，2017.互动语言学研究的重要课题：会话交际的基本单位［J］.当代语言学，19（2）：246-271.

［324］乐耀，方梅，2017.互动语言学［EB/OL］.［2021-12-20］.http://book.newdu.com/m/view.php?aid=72114.

［325］李桂东，2019.立场与立场表达的对话句法表征［J］.现代语文（3）：168-174.

［326］李恒，2017.手语语用学初探：以中国手语为例［J］.中国听力语言康复科学杂志，15（1）：57-60.

［327］李恒，吴铃，2013.中国手语情感隐喻的认知研究［J］.语言文字应用（4）：54-61.

［328］李健萍，2017.对话句法视域下EFL语法教学研究：以宾语从句为例［D］.重庆：四川外国语大学.

［329］李荣宝，2006.跨语言句法启动及其机制［J］.现代外语（3）：275-283.

［330］李小坤，庞继贤，2009.互文性：缘起、本质与发展［J］.西北大学学报（哲学社会科学版），39（4）：152-155.

［331］李晓燕，2008.汉语自闭症幼儿语言发展和交流的个案研究［D］.上海：华东师范大学.

［332］李晓燕，周兢，2006.自闭症儿童语言发展研究综述［J］.中国特殊教育（12）：60-66.

［333］李宇明，2019.语言学的问题意识、话语转向及学科问题［J］.广州大学学报（社会科学版），18（5）：96-105.

［334］李玉环，李玉梅，2014.保罗·弗莱雷"对话式教学"新论［J］.教育评论（5）：165-167.

［335］李悦娥，范宏雅，2002.话语分析=Discourse Analysis［M］.上海：上海外语教育出版社.

［336］李中山，韩笑，冯丽萍，2020.国内句法启动研究二十年文献计量分析（2000—2019）［J］.云南师范大学学报（对外汉语教学与研究版）（2）：53-63.

［337］廖巧云，侯国金，2005.多级二步明示推理及其泛式［J］.解放军外国语学院学报（5）：7-10.

［338］廖秋忠，1991.篇章与语用和句法研究［J］.语言教学与研究（4）：16-44.

［339］林大津，谢朝群，2003a.互动语言学的发展历程及其前景［J］.现代外语（4）：411-418.

［340］林大津，谢朝群，2003b.互动语言学对修辞学研究的启示［J］.福建师范大学学报（哲学社会科学版）（6）：31-36.

［341］林皓，陈振宇，2020.实质问的本质与演化：手语"摊手"等语言现象的启发［J］.外国语（上海外国语大学学报），43（4）：75-91.

［342］刘虹，2004.会话结构分析［M］.北京：北京大学出版社.

［343］刘丹丹，丁琼，2019.影响句法启动的内外因素研究［J］.英语教师，19（12）：9-11.

［344］刘锋，张京鱼，2017.互动语言学对话语小品词研究的启示［J］.外语教学，38（1）：30-33.

［345］刘锋，张京鱼，2020.汉语语法研究的互动语言学方法论启示

[J].山东外语教学，41（4）：63-72.

［346］刘鸿宇，WOLL B，付继林，2018.手语语言学发展的比较与借鉴：从Bencie Woll院士《透过聋人之眼看语言》看中国手语研究［J］.燕山大学学报（哲学社会科学版），19（1）：67-72.

［347］刘润楠，2005.中国大陆手语语言学研究现状［J］.中国特殊教育（5）：26-29.

［348］刘润楠，杨松，2007.试论手语词汇的任意性和理据性［J］.中国特殊教育（5）：38-42.

［349］刘珊珊，2014.来华汉语学习者课堂会话交际策略调查［D］.广州：暨南大学.

［350］刘兴兵，2015.对话句法：理论与意义［J］.外国语文，31（6）：63-69.

［351］刘兴兵，2016a.对话句法理论与立场研究［J］.安康学院学报，28（1）：28-35.

［352］刘兴兵，2016b.Du Bois对话句法理论中体现的巴赫金对话理论思想［J］.西安外国语大学学报，24（1）：21-25.

［353］刘兴兵，2020.对话句法理论的互涉原则：互涉的形式何以产生互涉的意义？［J］.外语教学理论与实践（2）：15-21.

［354］刘兴兵，2021.对话句法理论目前存在的问题［J］.外语教学理论与实践（3）：26-34.

［355］刘兴兵，赵平静，白桦，2019.共鸣原则的普遍适用性：来自汉语的证据［J］.成都大学学报（社会科学版）（2）：75-80.

［356］刘运同，2007.会话分析概要［M］.上海：学林出版社.

［357］陆俭明，2008.构式语法理论的价值与局限［J］.南京师范大学文学院学报（1）：142-151.

［358］罗桂花，2012.互动语言学：语言产生于互动 互动塑造语言［N］.中国社会科学报.

［359］吕会华，2017.中国手语和汉语句法比较：以两类简单句和关系从句为例［J］.北京联合大学学报，31（1）：19-24.

［360］吕会华，高立群，2011.中国手语的关系从句［J］.当代语言学，13（2）：116-123.

［361］马文，2011.会话中人称指代语的优选原则［J］.外国语（上海外国语大学学报），34（2）：14-22.

［362］苗兴伟，1999.关联理论对语篇连贯性的解释力［J］.外语教学与研究（3）：9-14.

［363］倪兰，2007.中国手语动词方向性研究［D］.上海：复旦大学.

［364］宁春岩，1981.普遍语法与个别语法：乔姆斯基理论研究之一［J］.外语学刊（2）：16-20，65.

［365］潘文国，1997.汉英语对比纲要［M］.北京：北京语言大学出版社.

［366］钱冠连，1994.论构建语用推理模式的出发点：新格赖斯理论评论［J］.现代外语（3）：12-16.

［367］钱敏汝，2001.篇章语用学概论［M］.北京：外语教学与研究出版社.

［368］钱中文，2009.理论是可以常青的：论巴赫金的意义［C］//巴赫金.巴赫金全集：第1卷.2版.石家庄：河北教育出版社.

［369］秦海鹰，2004.互文性理论的缘起与流变［J］.外国文学评论（3）：19-30.

［370］曲卫国，1993.也评"关联理论"［J］.外语教学与研究（2）：9-13.

［371］沈家煊，2016.从英汉答问方式的差异说起［M］//方梅.互动语言学与汉语研究：第1辑.北京：世界图书出版公司北京公司：1-18.

［372］沈家煊，2020."互文"和"联语"的当代阐释：兼论"平行处理"和"动态处理"［J］.当代修辞学（1）：1-17.

［373］沈玉林，邵宝兴.中国手语实用会话［M］.郑州：郑州大学出版社，2009.

［374］司艳辉，康光明，2012."先天与后天"语言习得的生物语言学诠释［J］.哈尔滨学院学报，33（4）：93-96.

［375］苏怡，2018.学龄前孤独谱系障碍儿童汉语核心语法的习得［J］.心理科学进展，26（3）：391-399.

［376］苏怡，谢帆，2018.汉语孤独谱系障碍儿童早期语言及沟通发展水平研究［J］.语言文字应用（2）：118-127.

［377］孙李英，2017.对话句法理论框架下的会话含义生成探究［J］.浙江外国语学院学报（6）：26-34.

［378］孙颖，葛明贵，2018.句法启动的产生机制［J］.心理科学，41（4）：822-827.

［379］田婷，2017.自然会话中"其实"的话语标记功能及言者知识立场［J］.汉语学习（4）：93-102.

［380］王斌，2001.映射及其认知运作［J］.外语研究（3）：36-40.

［381］王德春，张辉，2001.认知语言学研究现状［J］.外语研究（3）：1-10.

［382］王立非，李琳，2015.会话分析的国际研究进展：考察与分析（2008—2012）［J］.外国语（上海外国语大学学报）（1）：72-81.

［383］王天翼，甘霖，2018.对话句法学之再认识［J］.外语与外语教学（6）：78-85.

[384] 王耀辉, 1999.文学文本解读 [M].武汉：华中师范大学出版社.

[385] 王寅, 2007.认知语言学 [M].上海：上海外语教育出版社.

[386] 王寅, 曾国才, 2016a.WH-问答构式的对话句法学分析：WH-问答构式系列研究之一 [J].外语与外语教学（1）：50-57, 106.

[387] 王寅, 曾国才, 2016b.WH-问答对话构式的认知语用分析（之三）[J].中国外语（3）：23-29.

[388] 王卓慈, 张卫凤, 2010.潜隐还是显在：李碧华影调小说的"文本互涉"现象 [J].唐都学刊（3）：109-113.

[389] 吴铃, 2005.汉语手语语法研究 [J].中国特殊教育（8）：15-22.

[390] 吴铃, 李恒, 2012.中国手语中的时间空间隐喻 [J].中国特殊教育（12）：25-29.

[391] 吴志芳, 2009.对英语会话中认知立场状语Probably和Maybe的语料库对比研究 [J].江南大学学报（教育科学版），29（2）：166-170.

[392] 武和平, 王晶, 2016."基于用法"的语言观及语法教学中的三对关系 [J].语言教学与研究（3）：1-9.

[393] 夏秸, 陈新仁, 2020.语言学领域立场研究路径的历时嬗变 [J].浙江外国语学院学报（4）：41-47.

[394] 项成东, 2003.语篇模糊与空间映射理论 [J].外语与外语教学（6）：12-16.

[395] 谢帆, 苏怡, 2016.学龄前孤独谱系障碍儿童词汇习得的量表研究 [J].语言文字应用（3）：61-68.

[396] 辛斌, 2000.语篇互文性的语用分析 [J].外语研究（3）：14-16.

[397] 熊学亮, 1999.认知语用学概论 [M].上海：上海外语教育出版社.

[398]徐盛桓,2007.基于模型的语用推理[J].外国语(上海外国语大学学报)(3):2-9.

[399]严辰松,2006.构式语法论要[J].解放军外国语学院学报(4):6-11.

[400]杨达复,2003.格赖斯:会话含义的推断[J].外语教学(1):11-14.

[401]杨慧,郭熙煌,2018.句法—语义启动的认知机制研究[J].湖北大学学报(哲学社会科学版),45(4):144-150.

[402]杨倩,2021.常见文献计量学工具的分析功能比较研究[J].情报探索(10):87-93.

[403]游顺钊,徐林,1986.基本手势序和词序共性所受的制约[J].国外语言学(2):55-62.

[404]于国栋,2003.支持性言语反馈的会话分析[J].外国语(上海外国语大学学报)(6):23-29.

[405]于松梅,张宁生,2004.聋人手语的语言学研究[J].中国特殊教育(9):62-64.

[406]余晓婷,贺荟中,2009.国内手语研究综述[J].中国特殊教育(4):36-41.

[407]袁文晗,2016.自闭症儿童会话技能障碍及干预方法[J].文教资料(36):33-34.

[408]臧胜楠,潘爽,2021.互动语言学研究拓宽国际中文教学思路[N].中国社会科学报.

[409]曾国才,2015.认知语言学前沿动态:对话句法学初探[J].现代外语,38(6):842-848.

[410]曾国才,2017.后现代哲学视野下的对话构式语法研究[J].当

代外语研究（4）：10-14.

［411］曾国才，2019.话语认知分析：从对话句法走向对话构式［J］.外语学刊（6）：7-12.

［412］曾国才，2021.对话语言学：核心思想及其启示［J］.当代外语研究（3）：53-60.

［413］张文杰，2015.自闭症儿童会话维持能力及教育干预研究：以山东某自闭症干预机构为例［D］.温州：温州大学.

［414］张亚非，1992.关联理论述评［J］.外语教学与研究（3）：9-16.

［415］张媛，王文斌，2019.认知语言学与互动语言学的可互动性探讨：宏观和微观层面［J］.外语教学与研究，51（4）：496-507.

［416］赵艳芳，2001.认知语言学概论［M］.上海：上海外语教育出版社.

［417］中国社会科学院语言研究所词典编辑室，2012.现代汉语词典［M］.6版.北京：商务印书馆.

［418］周利娟，郭涛，2000.再谈合作原则、礼貌原则及关联原则［J］.外语学刊（1）：37-40.

［419］朱火红，郑海燕，金志成，等，2009.中国4—6岁儿童口语句法启动效应的实验研究［J］.心理科学，32（4）：816-819.

图书在版编目（CIP）数据

对话句法理论：本体研究与应用研究/王德亮著.—北京：中国国际广播出版社，2023.12
ISBN 978-7-5078-5490-9

Ⅰ.①对⋯ Ⅱ.①王⋯ Ⅲ.①汉语－句法－研究 Ⅳ.①H146.3

中国国家版本馆CIP数据核字（2023）第247003号

对话句法理论：**本体研究与应用研究**

著　　者	王德亮
策划编辑	肖　阳
责任编辑	张　玥
校　　对	张　娜
版式设计	邢秀娟
封面设计	赵冰波

出版发行	中国国际广播出版社有限公司［010-89508207（传真）］
社　　址	北京市丰台区榴乡路88号石榴中心2号楼1701 邮编：100079
印　　刷	环球东方（北京）印务有限公司

开　　本	710×1000　1/16
字　　数	280千字
印　　张	20.5
版　　次	2024年5月 北京第一版
印　　次	2024年5月 第一次印刷
定　　价	58.00元

版权所有　盗版必究